垄断行为救济制度的
修改与完善研究

杨亦晨 著

A Study on Design and
Reform of Antitrust Remedies

图书在版编目(CIP)数据

垄断行为救济制度的修改与完善研究 / 杨亦晨著. 北京：北京大学出版社，2024.7. -- ISBN 978-7-301-35172-7

Ⅰ. D922.294.4

中国国家版本馆 CIP 数据核字第 2024E22W56 号

书　　　名	垄断行为救济制度的修改与完善研究 LONGDUAN XINGWEI JIUJI ZHIDU DE XIUGAI YU WANSHAN YANJIU
著作责任者	杨亦晨　著
责任编辑	张文桢　王建君
标准书号	ISBN 978-7-301-35172-7
出版发行	北京大学出版社
地　　　址	北京市海淀区成府路 205 号　100871
网　　　址	http://www.pup.cn　http://www.yandayuanzhao.com
电子邮箱	编辑部 yandayuanzhao@pup.cn　总编室 zpup@pup.cn
新浪微博	@北京大学出版社　@北大出版社燕大元照法律图书
电　　　话	邮购部 010-62752015　发行部 010-62750672 编辑部 010-62117788
印　刷　者	河北博文科技印务有限公司
经　销　者	新华书店
	650 毫米×980 毫米　16 开本　17 印张　259 千字 2024 年 7 月第 1 版　2024 年 7 月第 1 次印刷
定　　　价	59.00 元

未经许可，不得以任何方式复制或抄袭本书之部分或全部内容。
版权所有，侵权必究
举报电话：010-62752024　电子邮箱：fd@pup.cn
图书如有印装质量问题，请与出版部联系，电话：010-62756370

前　言

在《反垄断法》的框架下，对于达成并实施垄断协议或滥用市场支配地位的经营者，我国反垄断执法机构通常采取"责令停止违法行为"的措施，并没收违法所得或处以罚款。这种事后处置模式，旨在通过惩罚实现法律威慑性，防止垄断行为的反复，但却无法指导相关经营者对垄断行为的反竞争效果进行弥补。如何补救垄断行为所带来的竞争损害，需由反垄断执法机构设计并要求相关经营者采取具体的措施或行动，从而恢复相关市场的竞争秩序。垄断行为救济措施的缺位，导致反垄断执法机构在完成繁复的调查取证、事实分析与违法认定之后，仍难以消除垄断行为的反竞争效果及有效恢复相关市场的竞争秩序。简言之，救济制度的缺位可能会消减反垄断执法机构对垄断行为认定工作的效力，并难以实现执法的初衷。

鉴于此，有必要开展垄断行为救济制度的修改与完善研究，这也是贯彻落实2020年《中共中央、国务院关于新时代加快完善社会主义市场经济体制的意见》中提出的"完善竞争政策框架，建立健全竞争政策实施机制，强化竞争政策基础地位"的有益尝试。本书将围绕以下三个核心问题对如何构建垄断行为救济制度进行系统探讨：①是否须在《反垄断法》框架下构建垄断行为救济制度；②构建垄断行为救济制度的一般性理论框架是什么；③如何设计与实施数字经济平台垄断行为救济措施的专门性适用规则。

是否须在《反垄断法》框架下构建垄断行为救济制度，是本书立论的前提与基础。第一章将梳理目前《反垄断法》框架下针对垄断行为的两种主要处置模式及其局限性，以凸显构建垄断行为救济制度的必要性。其一，关于"责令停止违法行为"附加罚款的处置模式，本书引证我国原料药行业反垄断行政执法的相关案例，说明在相关行业具有结构性问题的情况下，即使处以高额罚款并实施"禁令"，也难以恢复相关市场的竞争秩序。其二,关于中止调查程序的经营者承诺制度,即在应对复杂且耗时的垄断案件时,可以采取中止程序并实施和解协议以恢复市场竞争秩序。由于经营者承诺制度适用范围的特殊性,其难以替代救济措施的作用。

关于构建垄断行为救济制度的一般性理论框架,笔者分两部分进行阐述。第二章围绕救济措施的概念界定、内涵及其应然目标,论证需以比例原则作为救济措施的必要限制,明确与民事诉讼中损害赔偿制度之间的边界,阐述垄断行为救济措施在反垄断法体系中的应然定位。在此基础上,第三章分别从行为性与结构性、主动型与回应型、需求端与供给端、强制性与协作性四个不同的维度对垄断行为救济措施进行分类,在以比例原则为基础的一般性适用规则之上,讨论并提出不同类型救济措施的具体选择与设计标准。

在讨论一般性理论框架的基础上,本书的后半部分纵深进入关于数字经济下垄断行为救济措施的设计与实施的探索。之所以讨论救济措施的设计与实施,是因为数字经济的特点向传统救济措施提出了明显的挑战,需构建具有针对性的特殊规则。更重要的是,从一般性理论框架到数字经济下垄断行为救济措施的设计与实施的探索过程中,笔者探讨了两者的共性要素、发展趋势乃至理论基础,从而揭示垄断行为救济制度协调发展的可能性路径。关于数字经济下垄断行为救济措施的设计与实施,将从数字平台维度与数据维度进行探讨。第四章主要着眼于数字平台维度,在明确数字平台市场的经济学特征及如何挑战传统救济措施的基础上,提出了三种可能的重塑进路:①建立垄断行为损害理论与救济措施之间的逻辑关系;②运用复合型救济措施而非单一的救济措施;③需将事后救济措施与事前监管相结合。第五章则从数据维度切入,探讨脱胎于传统强制交易救济措施的强制开放数据,是否可以作为数据驱动的排他性垄断行为的最优救济措施。结合数据驱动的竞争损害理论,在讨论数据是否可以认定为"关键设施"的基础上,提出个人数据保护规则的优化路径。

目 录

第一章 反垄断法框架下建立垄断行为救济制度的必要性 ……… 1
第一节 反垄断法中针对垄断行为的救济措施 ……………………… 1
一、垄断行为的主要救济措施:"责令停止违法行为" ……………… 1
二、垄断行为的特殊救济措施:经营者承诺制度 …………………… 3
第二节 责令停止附加罚款模式的局限:以我国原料药
行业反垄断行政处罚为例 …………………………………… 6
一、我国原料药行业反垄断行政处罚概述 ………………………… 6
二、高额罚款未必具备现实威慑力 ………………………………… 10
三、"责令停止违法行为"难以恢复市场竞争秩序 ………………… 15
第三节 经营者承诺制度作为垄断救济措施的局限 ………………… 18
一、经营者承诺制度恢复市场竞争秩序的效率性 ………………… 18
二、经营者承诺制度无法替代救济制度:以牺牲威慑性为前提
的效率性 …………………………………………………………… 21
第四节 小结 …………………………………………………………… 23

第二章 构建垄断行为救济制度的理论框架 …………………………… 25
第一节 垄断行为救济措施的概念界定 ……………………………… 25
一、普通法系与大陆法系中的救济措施 …………………………… 25
二、垄断行为救济措施的源起 ……………………………………… 27
三、反垄断语境下救济措施的功能性定义 ………………………… 29
第二节 垄断行为救济措施的应然目标 ……………………………… 31
一、终止垄断行为 …………………………………………………… 31
二、防止垄断行为的反复 …………………………………………… 34

  三、恢复市场竞争秩序 ……………………………………… 37
  四、补偿垄断行为的受损害方 …………………………… 41
 第三节 垄断行为救济措施的必要限制 ………………………… 44
  一、限制垄断行为救济措施的法理基础 ………………… 44
  二、比例原则在传统惩罚理论中的规范功能 …………… 46
  三、比例原则在反垄断法语境下的功能拓展 …………… 48
  四、比例原则作为限制规则的适用路径 ………………… 50
 第四节 垄断行为救济措施与民事诉讼损害赔偿的制度协调 … 53
  一、反垄断公共执行与民事诉讼的关系 ………………… 53
  二、损害赔偿可否替代救济措施：以美国模式与欧盟模式的
    比较为例 ……………………………………………… 56
  三、民事损害赔偿作为公共执行救济措施的补充 ……… 61
 第五节 小结 ……………………………………………………… 64

第三章 垄断行为救济措施的具体类型与选择标准 …………… 67
 第一节 回应型与主动型：如何设计主动型救济措施 ………… 67
  一、主动型救济措施的现实需求 ………………………… 67
   （一）救济措施具有"主动型"内核 …………………… 67
   （二）实施主动型救济措施的必要性 …………………… 68
  二、主动型救济措施施加作为义务的风险 ……………… 70
   （一）主动型救济措施忽略事前考量的风险 …………… 70
   （二）主动型救济措施缺乏事后监督的风险 …………… 71
  三、主动型救济措施的设计、实施与监管思路 ………… 73
   （一）救济措施的设计与垄断行为的认定相结合 ……… 73
   （二）"基于原则"的自主型救济措施 ………………… 75
 第二节 行为性与结构性：如何在个案中选择有效的救济措施 … 76
  一、超越行为性或结构性二分法：以目标作为分类标准 … 76
   （一）行为性救济措施 …………………………………… 79

（二）结构性救济措施 …………………………………… 80
　　（三）责令许可或互联互通 ……………………………… 81
　二、选择有效措施的基本原则 ……………………………… 83
　　（一）比例原则 …………………………………………… 83
　　（二）非惩罚性原则 ……………………………………… 84
　　（三）平等对待原则 ……………………………………… 85
　三、有效救济措施的选择方法 ……………………………… 85
　　（一）以"反射"垄断行为作为主要方法 ………………… 86
　　（二）设计具体的目标而非具体的救济措施 …………… 87

第三节　需求端与供给端：如何通过需求端恢复市场竞争秩序 … 88
　一、针对需求端设计救济措施的必要性 …………………… 88
　二、需求端救济措施的设计方法 …………………………… 91
　　（一）降低需求端市场的准入门槛 ……………………… 91
　　（二）向需求端披露必要信息 …………………………… 92
　　（三）降低需求端的选择与转换成本 …………………… 93
　三、介入需求端市场竞争的考量因素 ……………………… 94
　　（一）界定相关市场 ……………………………………… 94
　　（二）设计"一揽子"需求端救济措施 …………………… 95
　　（三）改变需求端的选择结构 …………………………… 95
　　（四）实时监测救济措施的效果 ………………………… 95
　　（五）针对需求端救济措施进行事后审查 ……………… 96

第四节　强制性与协作性：如何协调法律责任与市场竞争秩序
　　　　恢复的关系 …………………………………………… 96
　一、从强制性向协作性救济措施的转变 …………………… 96
　二、强制性与协作性救济措施的混同可能导致过度监管 … 98
　　（一）缺少反垄断调查的司法审查 ……………………… 98
　　（二）不当扩张垄断行为的范畴 ………………………… 100
　三、强制性或协作性救济措施的选择标准 ………………… 102

（一）经营者自愿原则 ……………………………………… 103
（二）垄断行为的性质 ……………………………………… 105
第五节 小结 …………………………………………………… 107

第四章 数字经济下垄断行为救济措施的设计与实施：数字平台维度 …………………………………………………………… 109

第一节 数字平台市场的经济学特征 …………………………… 109
　一、规模经济与网络效应 ………………………………… 109
　二、转换成本与锁定效应 ………………………………… 112
　三、进入壁垒与"瓶颈"效应 ……………………………… 116
　四、"数字守门人"与不可或缺的交易相对人 …………… 118
第二节 重塑数字平台垄断行为的救济措施的必要性 ………… 120
　一、数字平台市场对反垄断法性质的挑战 ……………… 123
　二、恢复数字平台市场竞争秩序的挑战 ………………… 125
　三、传统救济措施应对数字平台垄断的效果有限 ……… 128
第三节 救济措施重塑进路之一：建立损害理论与救济措施的
　　　逻辑关系 ……………………………………………… 130
　一、以谷歌搜索滥用市场支配地位案为切入点 ………… 130
　二、以平等对待竞争者作为救济措施：数字平台是否负有平等
　　　对待的义务 …………………………………………… 132
　　（一）反垄断法框架下平等对待义务的法理依据 …… 132
　　（二）平等对待义务是否具有经济学意义 …………… 135
　三、搜索中立原则：作为救济措施的合理性 …………… 138
第四节 救济措施重塑进路之二：运用复合型救济措施 ……… 141
　一、以算法价格合谋的新型垄断行为作为切入点 ……… 141
　　（一）算法技术在价格合谋中的作用 ………………… 141
　　（二）价格合谋的反垄断规制 ………………………… 142
　　（三）算法价格合谋的认定标准与反竞争效果 ……… 144

二、强制开放算法作为合谋行为救济措施的局限 …………… 148
　（一）强制开放算法的情形与条件 ………………………… 148
　（二）强制开放算法可能引发的问题 ……………………… 150
三、目标导向下的复合型救济措施 …………………………… 152
　（一）以算法透明度作为行为性救济措施 ………………… 153
　（二）在相关市场引入不对称条件作为结构性救济措施 … 155

第五节　救济措施重塑进路之三：事后救济与事前监管相结合 … 156
一、事后救济与事前监管的案例梳理 ………………………… 156
　（一）建立平等对待义务与应对数字平台的"自我偏向"规则 … 156
　（二）限制排他性垄断行为的事后救济与事前监管的不足 … 158
　（三）应对新型剥削型滥用行为的救济措施与相关跨部门条例 … 159
二、运用事前监管举措维护数字平台市场竞争秩序的前提 … 160
　（一）数字平台"根深蒂固"的市场力量 ………………… 160
　（二）事后救济措施应对数字平台垄断行为的乏力 ……… 162
三、数字平台市场事前监管举措的应然目标 ………………… 163
　（一）公平 …………………………………………………… 164
　（二）可竞争性 ……………………………………………… 165
　（三）创新与透明度 ………………………………………… 166
四、事前监管与事后救济的组合框架 ………………………… 167
　（一）救济措施的类型权衡：以错判成本理论为基础 …… 167
　（二）在错判成本框架下组合事前监管与事后救济 ……… 170

第六节　小结 …………………………………………………… 173

第五章　数字经济下垄断行为救济措施的设计与实施：数据维度 …… 175

第一节　数据作为竞争要素的特征与价值 …………………… 175
一、数据的生命周期 …………………………………………… 175
二、数据的主要特征 …………………………………………… 176

三、数据作为无形资产的计算方法 …………………………………… 178
第二节 数据驱动的竞争损害理论 ………………………………………… 179
　一、数据驱动对消费者福利及创新的正面影响 ……………………… 181
　二、数据驱动的网络效应与市场集中 ………………………………… 182
　三、数据驱动的"多米诺"效应与进入壁垒 …………………………… 186
　四、数据驱动的纵向一体化与对创新的扼杀 ………………………… 188
第三节 数据驱动的排他性垄断行为：强制开放数据是否为
　　　　最优救济措施 …………………………………………………… 190
　一、强制开放数据作为滥用市场支配行为的救济措施 ……………… 191
　　（一）强制开放数据在反垄断法框架下的可行性 …………………… 191
　　（二）强制开放数据作为恢复性救济措施的局限性 ………………… 194
　二、强制开放数据作为救济措施：以谷歌广告案为例 ……………… 197
　　（一）谷歌广告案的基本情况 ………………………………………… 197
　　（二）谷歌相关用户数据是否构成关键设施 ………………………… 202
　　（三）拒绝访问谷歌相关用户数据是否会抑制相关市场的竞争 …… 205
　　（四）谷歌拒绝开放相关用户数据是否有合理理由 ………………… 207
　三、强制开放数据的权衡：数据控制者与数据主体之间的权利
　　　边界 …………………………………………………………………… 209
　　（一）数据控制者是否应遵守相应的法定义务 ……………………… 212
　　（二）是否取得相关数据主体的同意 ………………………………… 213
　　（三）是否对敏感个人数据进行共享 ………………………………… 215
　　（四）强制开放匿名数据是否更具有可行性 ………………………… 216
第四节 强制开放数据作为救济措施的完善路径 ………………………… 217
　一、路径之一：限制对用户数据的收集 ……………………………… 217
　　（一）提供第三方数据仓 ……………………………………………… 217
　　（二）缩短数据公司保存数据的期间 ………………………………… 220
　二、路径之二：限制大批量共享用户的原始数据 …………………… 222
　　（一）共享用户原始数据范围的权衡标准 …………………………… 222

(二)数据集共享的隐私保障:匿名化处理与"数据沙盒" ……… 224
　三、路径之三:完善用户数据可携权 ………………………… 226
　　(一)数据可携权的市场竞争功能 …………………………… 226
　　(二)界定数据可携权的范畴 ………………………………… 229
　　(三)提供持续、实时的数据可携权 ………………………… 231
　第五节　小结 …………………………………………………… 233

结论:"威慑之外,辅以救济" ………………………………… 235

参考文献 ………………………………………………………… 239

第一章　反垄断法框架下建立垄断行为救济制度的必要性

第一节　反垄断法中针对垄断行为的救济措施

一、垄断行为的主要救济措施："责令停止违法行为"

根据《反垄断法》[①]第 56 条与第 57 条的规定，经营者违反相关规定，达成并实施垄断协议或滥用市场支配地位，由反垄断执法机构"责令停止违法行为"。所谓"责令停止违法行为"，即反垄断执法机构要求相关经营者停止正在进行的违法行为。在欧盟竞争法框架下，"责令停止违法行为"亦被称作"停止令"（cease and desist order）。根据《欧共体条约第 81 号和第 82 条的实施条例》[②]（以下简称《欧盟第 1/2003 号条例》）第 3 条的规定，当竞争执法机构发现经营者存在违法行为时，可以通过行政决定要求其停止违法行为。而所谓"救济措施"的概念首次出现在 2007 年微软案[③]中。在以往的垄断协议或滥用市场支配地位的相关案件中，并没有超越"责令停止违法行为"的具体救济措施。

通过对国家市场监督管理总局（以下简称"国家市监总局"）公布的行政处罚决定书进行检索可知，2019 年 1 月 1 日至 2024 年 1 月 1 日，包

[①] 《反垄断法》于 2008 年 8 月 1 日起生效并实施，2021 年 11 月 9 日，全国人大常委会对《反垄断法（修正草案）》进行审议，并于 10 月 23 日公开向社会征求意见。修正后的《反垄断法》于 2022 年 6 月 24 日正式公布，并于 2022 年 8 月 1 日起实施。关于垄断行为法律责任的规定在第 56 条、第 57 条，与 2008 年《反垄断法》第 46 条、第 47 条对于实施垄断行为的经营者的事后处置模式相比，未进行根本性的调整。

[②] See Council Regulation (EC) No. 1/2003.

[③] See Case T-201/04, Microsoft v. Commission [2007], ECR Ⅱ-3601, para. 1256.

括国家市监总局在内的各级反垄断执法机构共查处60件垄断案件,其中涉及垄断协议的有54件,涉及滥用市场支配地位的有6件。① 在这60件垄断案件中,反垄断执法机构仅采取"责令停止违法行为"作为救济手段。2021年国家市监总局在针对阿里巴巴②与美团③的行政处罚决定书中,明确在"责令停止违法行为"的基础上,发布相关《行政指导书》,要求当事人从严格落实平台经营者主体责任、加强内控合规管理、保护消费者权益等方面进行全面整改,依法合规经营。该行政指导书不具有法律强制力,但具有救济措施的性质。如果将上述行政指导书归类为某种行为性救济措施,那么以"责令停止违法行为"作为救济措施的案件仍然有58件,占比高达97%。由此可见,"责令停止违法行为"是目前针对垄断行为最主要的救济手段。

有观点认为"责令停止违法行为"是最直接的一种行为性救济措施,在某些情况下,仅实施"禁令"即可停止违法行为,并可消除其对相关市场的反竞争效果。以2016年利乐公司滥用市场支配地位案④为例,该案中明确了具体如何"责令停止违法行为",即①不得在提供设备和技术服务时无正当理由搭售包材;②不得无正当理由限制包材原纸供应商向第三方供应牛底纸;③不得制定和实施排除、限制包材市场竞争的忠诚折扣。换言之,即明确要求利乐公司停止既有的搭售、拒绝交易及忠诚折扣的行为。原则上,"责令停止违法行为"可以成为结束违法行为的手段,但上述"禁令"在某种程度上需依赖罚款的威慑力,震慑相关经营者停止并不再从事相关垄断行为。

亦有观点认为"责令停止违法行为"并不能被界定为真正意义上的救济措施,因为即使责令相关经营者停止其违法行为,但是对竞争秩序

---

① 参见国家市场监督管理总局官网,https://www.samr.gov.cn/zw/xzcfjd/index.html,访问日期:2024年3月26日。设定检索的时间为2019年1月1日至2024年1月1日。以"滥用市场支配地位""垄断协议"为类别,对《反垄断法》第13条、第17条、第46条、第47条分别进行检索,最终确定样本的数据。

② 参见国家市场监督管理总局《关于阿里巴巴行政处罚决定书》(国市监处〔2021〕第28号)。

③ 参见国家市场监督管理总局《关于美团行政处罚决定书》(国市监处〔2021〕第74号)。

④ 参见国家工商行政管理总局《关于利乐公司滥用市场支配地位案的行政处罚决定书》(工商竞争案字〔2016〕1号)。

的伤害仍然可能持续。例如,在网络效应显著的行业中,相关经营者可以从过去的违法行为中持续地获得垄断利益,并且对消费者福利亦可能造成持续性的伤害。换言之,如果将救济措施定义为结束违法行为,需回答两个问题,即什么是"有效结束违法行为",以及如何"有效地结束违法行为"。

欧盟法院在 UFEX 一案的判决似可以回答上述问题。① 欧盟法院认为,在完成反垄断调查后,不仅要责令相关经营者停止违法行为,还应评估该违法行为的反竞争效果是否仍然持续存在。所谓"有效地结束违法行为",除了"责令停止违法行为",还应消除违法行为对相关市场竞争秩序的影响。欧盟法院明确表示,反垄断执法机构不仅有权禁止违法行为,还可以责令相关经营者采取具体措施或行动以弥补其违法行为带来的反竞争效果。此观点亦在微软案中得到了赞同,美国最高法院认为,垄断行为救济措施须停止违法行为,防止再次发生,并恢复竞争秩序,并且以积极的措施处理类似行为以防止再次发生。② 恢复竞争秩序须创造失去的竞争机会,并且使得违法者处于不利地位或有利于竞争者。

二、垄断行为的特殊救济措施:经营者承诺制度

在我国反垄断法框架下,经营者承诺制度主要包括两个部分:附加限制性条件的经营者集中制度和针对垄断行为的经营者承诺制度。附加限制性条件的经营者集中制度规定于《反垄断法》第 35 条。该制度针对具有或者可能具有排除竞争的经营者集中案件,可以通过附加限制性条件予以救济,最终达成经营者集中。由于本书的研究对象为垄断行为的救济制度,对于经营者承诺制度的讨论,重点将置于后者,即针对垄断行为

---

① See Case C-119/97P, UFEX v. Commission [1999], ECR Ⅰ-1341, paras. 93-94:"欧盟委员会被要求在每件案件中评估垄断行为对市场竞争秩序造成破坏的严重性及其效果的持续性。这一义务意味着其须考虑相关违法行为的持续时间与程度,以及对相关市场竞争状态的影响。""即使垄断行为被责令停止后,欧盟委员会仍然有权采取行动,以期消除这一行为所带来的影响。"

② 关于美国法院对微软案处理的详细讨论,参见 Carl Shapiro, Microsoft: A ReMedial Failure, 75 Antitrust Law Journal 739, 749(2009)。

的经营者承诺制度。该制度亦被称为"和解协议"(commitment),规定于《反垄断法》第53条。如果反垄断执法机构认为经营者所提供的承诺足以解决所确定的竞争问题,就可以选择中止调查。换言之,可以在不确定垄断行为的性质,亦不对相关经营者进行罚款的情况下,结束反垄断调查,因此,该制度也被认为是垄断行为的"快速解决方案",以结束垄断行为并恢复相关市场的竞争秩序。此外,《反垄断法》第53条强调,承诺决定是为了"在反垄断执法机构认可的期限内采取具体措施消除该行为后果的,反垄断执法机构可以决定中止调查"。这与《欧盟第1/2003号条例》第9条的规定相似,这种决定可以在规定的期限内通过,并得出不再有理由让欧盟委员会采取行动的结论。①

反垄断法框架下针对垄断行为的经营者承诺制度的基本程序如图1-1,可以看作是被调查的经营者与反垄断执法机构之间的博弈。被调查的经营者可以在调查期间的任何阶段申请启动承诺程序,在提出具有可行性的和解协议之后,反垄断执法机构将评估该和解协议是否可能充分解决已确定的竞争问题,并决定是否中止调查程序。如果提议的和解协议被接受,反垄断执法机构应在时限内监督和解协议的执行情况,以决定是否终止调查并通过最终的承诺决定。在此程序中,如果出现以下情况,反垄断执法机构应恢复调查:①经营者未履行承诺的;②作出中止调查决定所依据的事实发生重大变化的;③中止调查的决定是基于经营者提供的不完整或者不真实的信息作出的。

图1-1 反垄断法框架下针对垄断行为的经营者承诺制度的基本程序

2015年国家工商行政管理总局(以下简称"国家工商总局")针对北京盛开体育有限责任公司(以下简称"北京盛开公司")公布了终止

---

① See Council Regulation (EC) No. 1/2003.

调查决定书及最终承诺决定书,完整地揭示了承诺程序。① 2011年2月25日,北京盛开公司与 March Hospitality AG 公司签订合同,成为2014年巴西世界杯门票的独家代理。从2011年9月16日开始,北京盛开公司将"世界杯"门票与巴西的酒店住宿、交通等旅游服务进行捆绑销售,并声明不参加该公司提供的旅游服务就无法购票。截至2014年3月19日,北京盛开公司共向其客户销售了54张捆绑式门票。国家工商总局于2014年3月19日开启反垄断调查,并于2014年6月3日发布中止调查的决定,其中包括简短的案情摘要和北京盛开公司提出的和解协议。2015年1月12日,国家工商总局公布最终承诺决定,认为北京盛开公司已经履行了其提出的承诺,由此决定终止对涉嫌搭售行为的反垄断调查。

根据以上内容可以得出结论,在承诺程序中是由反垄断执法机构决定是否接受和解协议,并具有完全的自由裁量权作出中止及终止调查的决定。在此程序中,有利害关系的第三方无权参与并提出意见。然而,值得注意的是,更有效的承诺程序应允许有利害关系的第三方直接参与,因为仅仅是反垄断执法机构与被调查的经营者之间的谈判并不能充分保障第三方的利益。② 在欧盟竞争法框架下,具有利害关系的第三方可以对承诺决定提出司法审查的上诉。例如,在 Alrosa v. Commission 中,有利害关系的第三方向法院提起诉讼,要求废除欧盟委员会此前的经营者承诺决定,理由是该案中的和解协议并不能解决相应的竞争问题,不符合比例原则。③ 由此,《欧盟第 1/2003 号条例》第 27 条第(4)款规定,欧盟委员会须公布案件的简明摘要和承诺的主要内容或建议的执行方案。具有利害关系的第三方可以在欧盟委员会公布的期限内提交其意见,该期限不得少于一个月。④

从另一角度而言,之所以需要具有利害关系的第三方参与经营者承

---

① 参见国家工商行政管理总局《关于北京盛开体育发展有限公司滥用市场支配地位案的终止调查决定书》(工商竞争案字〔2014〕1 号)。

② See Case C-441/07 P, Alrosa v. Commission [2010], ECR Ⅰ-5949.

③ See Case T-170/06, Alrosa v. Commission [2007], ECR Ⅱ-2601; Case C-441/07 P, Alrosa v. Commission [2010], ECR Ⅰ-5949.

④ See Council Regulation (EC) No. 1/2003.

诺程序,是因为所谓和解协议或承诺并未建立在完整的反垄断调查之上。被调查的经营者是否实施了垄断行为,该行为的性质为何,对相关市场的竞争秩序具有何种程度的影响都不清楚。在此情形下的救济措施,可能出现两种情形:第一,过于狭窄,不能解决被调查的经营者涉嫌的垄断行为所产生的反竞争效果,无法恢复相关市场的竞争秩序;第二,过于宽泛,被调查的经营者在面临反垄断罚款的威胁下,被迫作出超出恢复市场竞争秩序必要的承诺。① 由此,似可以得出结论,针对垄断行为的经营者承诺制度虽然可以恢复相关市场的竞争秩序,但无法替代救济措施。

第二节 责令停止附加罚款模式的局限:以我国原料药行业反垄断行政处罚为例

一、我国原料药行业反垄断行政处罚概述

2018年,国家市监总局认定江西省的三家冰醋酸原料药生产商达成横向协议,将冰醋酸的销售价格从9.3元/千克增加至33元/千克,直接导致下游相关药品生产商的产量急剧减少,甚至造成血液透析液生产的暂停。对此,国家市监总局责令以上三家原料药生产商停止相关违法行为,并分别处以上一年度销售收入4%的罚款及没收违法所得,共计1283万元。② 一周之后,国家市监总局又对湖南尔康医药经营有限公司与河南九势制药股份有限公司,两家扑尔敏原料药生产厂家进行了处罚,认为其滥用中国扑尔敏原料药市场的支配地位,以不公平高价销售商品,并且搭售与拒绝供货,对相关市场造成了严重影响。国家市监总局责令其停止违法行为,罚款与没收违法所得共计1243万元。③ 这些案件在当时引起了学术界与实

---

① See Yves Botteman, Agapi Patsa, Towards a More Sustainable Use of Commitment Decision in Article 102 TFEU Cases, 1 Journal of Antitrust Enforcement, 347(2013).
② 参见国家市场监督管理总局《关于冰醋酸原料药垄断案的行政处罚决定书》(国市监处〔2018〕17—19号)。
③ 参见国家市场监督管理总局《关于扑尔敏原料药案的行政处罚决定书》(国市监处〔2018〕21—22号)。

务界的高度关注,首先是罚款与没收违法所得数额总计超千万元;其次是案件涉及某类药品所必需的原料药,由于不公平高价及拒绝交易行为导致相关药品的大量减产,对相当数量的患者造成严重影响。

2020年4月14日,国家市监总局公布葡萄糖酸钙原料药行政处罚决定书,认定山东康惠医药有限公司、潍坊普云惠医药有限公司及潍坊太阳神医药有限公司三家经营者的行为违反《反垄断法》第17条第(一)项、第(五)项的规定,构成以不公平的高价销售商品及滥用市场支配地位的行为,责令其停止违法行为,并罚款与没收违法所得共计3.255亿元。① 上述三家葡萄糖酸钙原料药经营者,利用其在中国注射用葡萄糖酸钙原料药销售市场的支配地位,以不公平的高价对外销售注射用葡萄糖酸钙原料药,并附加回购制剂生产经营者的制剂成品,即葡萄糖酸钙注射液,要求制剂生产经营者作为其代工厂按其指令销售制剂成品等不合理交易条件。上述行为排除、限制了市场竞争,损害了葡萄糖酸钙注射液生产经营者和患者的利益。该案创下了原料药领域反垄断行政处罚最高纪录,并且是前一纪录的近30倍。

2015年之前,我国常用药品的价格或价格范围,特别是国家医疗保险计划覆盖的药品都是由政府决定的。转折点出现在国家发展和改革委员会(以下简称"国家发改委")等七家单位于2015年5月4日联合发布的《推进药品价格改革的意见》。该意见取消了药品定价制度,允许大多数药品的价格由市场决定。与此同时,国家发改委预见到药品定价的放开会引起某些竞争问题,因此在宣布药品价格改革的同时,发布了《关于加强药品市场价格行为监管的通知》,明确表示将运用《反垄断法》防止药品市场价格改革后出现串通和操纵价格、滥用市场优势地位实行高价等行为。的确,自2015年药品价格改革以来,我国反垄断执法机构重点关注原料药行业,在原料药领域已经调查并处理了十多件相关案件。表1-1列举了2015—2021年我国反垄断执法机构针对原料药行业的执法情况。②

---

① 参见国家市场监督管理总局《关于葡萄糖酸钙原料药案的行政处罚决定书》(国市监处〔2020〕8号)。
② 本书列举了具有代表性的案件,均搜索于国家市监总局和各地市场监督管理局的网站,以及新闻报道,但仍然可能存在统计不全的问题。

表 1-1　2015—2021 年我国反垄断执法机构针对原料药行业的执法情况

日期	涉案主体	垄断行为	罚款情况
2015年10月	一家别嘌醇制造商①	滥用市场支配地位,无正当理由拒绝销售	处以重庆青阳药业有限公司 2013 年度销售额 3% 的罚款 43.93 万元 共计 43.93 万元
2016年1月	五家别嘌醇制造商②	签订并实施关于定价和分配销售市场的横向垄断协议	处以重庆青阳药业有限公司、重庆大同医药有限公司、世贸天阶制药（江苏）有限责任公司、上海信谊联合医药药材有限公司、商丘华杰医药有限公司罚款 399.54 万元 共计 399.54 万元
2016年7月	三家艾司唑仑制造商③	签订并实施横向价格垄断协议	处以华中药业股份有限公司、山东信谊制药有限公司、常州四药制药有限公司罚款 260.00 万元 共计 260.00 万元
2016年12月	一家苯酚原料药生产商④	滥用市场支配地位,无正当理由拒绝销售	处以重庆西南制药二厂有限责任公司 2015 年度销售额 1% 的罚款 1.72 万元,没收非法所得 48.29 万元 共计 50.01 万元
2017年1月	一家要用水杨酸甲酯制造商⑤	滥用市场支配地位,施加不合理的交易条件	处以武汉新兴精英医药有限公司 2016 年度销售额 3% 的罚款 37.23 万元,没收非法所得 183.69 万元 共计 220.92 万元

---

① 参见重庆市工商行政管理局《关于重庆青阳药业有限公司涉嫌滥用市场支配地位拒绝交易案的行政处罚决定书》(渝工商经处〔2015〕15 号)。
② 参见《国家发展改革委依法查处别嘌醇片垄断协议案》,载中华人民共和国中央人民政府官网,http://www.gov.cn/xinwen/2016-01/28/content_5036816.html,访问日期:2024 年 3 月 26 日。
③ 参见《国家发展改革委依法查处艾司唑仑药品垄断协议案》,载中华人民共和国国家发展和改革委员会官网,https://www.ndrc.gov.cn/xwdt/xwfb/201607/t20160728_955602_ext.html,访问日期:2024 年 3 月 26 日。
④ 参见重庆市工商行政管理局《关于苯酚原料药滥用市场支配地位案的行政处罚决定书》(渝工商经处字〔2016〕15 号)。
⑤ 参见湖北省工商行政管理局《关于药用水杨酸甲酯滥用市场支配地位案的行政处罚决定书》(鄂工商处字〔2017〕201 号)。

(续表)

日期	涉案主体	垄断行为	罚款情况
2017年7月	二家异烟肼原料药制造商①	滥用其市场支配地位,实施不公平高价,无正当理由拒绝交易	处以浙江新赛科药业有限公司、天津汉德威药业有限公司罚款44.39万元 **共计44.39万元**
2018年12月	三家冰醋酸制造商②	签订并实施横向价格垄断协议	处以台山市新宁制药有限公司、四川金山制药有限公司、成都华邑药用辅料制造有限责任公司罚款1283万元,没收违法所得136万元 **共计1283万元**
2018年12月	二家扑尔敏原料药制造商③	滥用市场支配地位,实施不公平高价、搭售与拒绝交易行为	处以湖南尔康医药经营有限公司2017年度销售额8%的罚款847.94万元;处以河南九势制药股份有限公司2017年度销售额4%的罚款155.73万元,没收违法所得239.47万元 **共计1243.14万元**
2020年4月	三家葡萄糖酸钙注射液制造商④	滥用市场支配地位,实施不公平高价,附加不合理交易条件	处以山东康惠医药有限公司2018年度销售额10%的罚款1.438亿元,没收违法所得1.089亿元;处以潍坊普云惠医药有限公司2018年度销售额9%的罚款4830万元,没收违法所得605万元;处以潍坊太阳神医药有限公司2018年度销售额7%的罚款1240万元,没收违法所得605万元 **共计3.25亿元**
2021年1月	一家巴曲酶原料药制造商⑤	滥用市场支配地位,拒绝交易行为	处以先声药业集团有限公司2019年度销售额50.367亿元2%的罚款1.01亿元 **共计1.01亿元**

---

① 参见《新赛科公司、汉德威公司因原料药价格垄断行为被依法处罚》,载中华人民共和国国家发展和改革委员会官网,https://www.ndrc.gov.cn/xwdt/xwfb/201707/t20170731954599_ext.html,访问日期:2024年3月26日。

② 参见国家市场监督管理总局《关于冰醋酸原料药垄断案的行政处罚决定书》(国市监处〔2018〕17—19号)

③ 参见国家市场监督管理总局《关于扑尔敏原料药案的行政处罚决定书》(国市监处〔2018〕21—22号)。

④ 参见国家市场监督管理总局《关于葡萄糖酸钙原料药案的行政处罚决定书》(国市监处〔2020〕8号)。

⑤ 参见国家市场监督管理总局《关于先声药业集团有限公司滥用市场支配地位案的行政处罚决定书》(国市监处〔2021〕1号)。

二、高额罚款未必具备现实威慑力

如上文所述,2020 年有关原料药生产商的罚款数额是 2018 年的近 30 倍。2020 年达到峰值(图 1-2)。除罚款数额为直观的指标外,还有其他两项指标亦体现出针对原料药行业反垄断行政处罚的严厉程度。其一,提高了罚款的力度。根据 2008 年《反垄断法》第 46 条第 1 款与第 47 条的规定,罚款的上限接近经营者上一年度销售额的 10%。在扑尔敏原料药案中,国家市监总局对湖南尔康医药经营有限公司处以 2017 年度销售额 8% 的罚款。这一纪录被 2020 年葡糖糖酸钙原料案的罚款数额刷新,山东康惠医药有限公司被处以 2018 年度销售额 10% 的罚款。其二,在征收罚款的同时,也没收违法所得。由于我国《反垄断法》并未明确罚款与没收违法所得是否须同时进行,具体如何实施由反垄断执法机构自由裁量。[①] 反垄断执法机构利用其自由裁量权,在处以行政罚款的同时,亦没收违法所得,从而达到最大的威慑效果,但是这种双重罚款可能会产生过度的威慑力,超出经营者的承受能力。

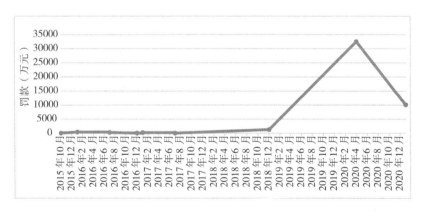

图 1-2　2015—2021 年原料药行业反垄断行政处罚数额情况

---

① 针对我国反垄断罚款制度的综合评述,参见王健:《我国反垄断罚款制度的革新:基于整体主义理念的研究》,载《法商研究》2022 年第 1 期。

由此,似可以得出结论,反垄断执法机构针对原料药行业的行政罚款几乎已经顶格处理了,理论上应产生足够的威慑。然而,为什么原料药行业的不公平高价与短缺问题仍在继续?关于别嘌醇原料药的两起案件似乎可以提供答案。重庆青阳药业有限公司是别嘌醇原料药的制造商,此药物可以用于治疗痛风。2015年10月,重庆市工商行政管理局认为该公司滥用市场支配地位并且拒绝销售。在实施反垄断调查的过程中发现,重庆青阳药业有限公司在中国别嘌醇原料药相关市场中拥有100%的生产份额。2013年10月至2014年3月,该公司拒绝向下游市场的别嘌醇药物生产商供应相关原料药,由此,在短短6个月内,重庆青阳药业有限公司在别嘌醇原料药市场的份额从10%增加到60%,也造成别嘌醇原料药的市场价格从240元/千克急剧上升到535元/千克,对客户和整个行业产生了重大危害。2016年1月,国家发改委对重庆青阳药业有限公司再次开展反垄断调查,发现该公司于2014年4月起强迫三家下游市场中的别嘌醇药物生产商达成垄断协议,以提高别嘌醇药物的销售价格,并通过垄断协议划分销售市场。如果生产商拒绝遵守这一协议,该公司将再次拒绝销售。因此,国家发改委认为重庆青阳药业有限公司达成并实施价格垄断与分割市场的垄断协议,要求该公司向其下游生产商供应原料药。

上述关于重庆青阳药业有限公司的案件是密切相关的。2015年重庆市工商行政管理局认定该公司占据市场支配地位,存在滥用其市场支配地位的行为,责令其停止相关违法行为,并实施了罚款,同时要求该公司向下游生产商供应原料药。然而,在此之后,该公司仍然是中国唯一一家具有别嘌醇原料药生产许可的经营者。甚至,在国家发改委对其实施第二次反垄断调查与执法之后,该公司在相关市场的支配地位仍然未改变。由此可见,罚款作为针对垄断行为实施者的惩罚措施,在某些情形下并不能改变相关市场的结构及经营者的市场力量或市场支配地位,甚至威慑力都可能失灵,无法阻止垄断行为的反复。

罚款作为针对垄断行为实施者的惩罚措施,具有防止未来可能出现的垄断行为的作用,且让其他经营者感受到正义。从康德的理论出发,惩罚也体现了报应的目的。对于不利于经济发展的因素,惩罚的实施不仅能够直接控制行为,还具有表达的功能。具言之,惩罚的表达功能不仅表明了某一行为应被禁止,而且证明其具有可谴责性。虽然宣布某些行为具有违法性可能起到一定的教育作用,但惩罚可以更好地表达行为的可谴责性。此外,一旦某一行为被认为具有可谴责性,人们通常希望对该行为进行惩罚,并且惩罚方式是有效的。惩罚的严重程度通常取决于以下因素:一是违法行为后果的严重程度,即对于相关市场竞争秩序的破坏程度;二是行为人违法意图的强弱程度;三是违法者对惩罚的敏感性。从法律和经济学的角度来看,这些因素主要考虑违法行为的社会危害性、违法者的收益和惩罚的成本。

在欧盟竞争法框架下,与上述原料药案件的情形相类似,惩罚的形式不涉及没收经营者的违法所得,仅限于罚款。① 但是,由于罚款金额是基于经营者上一年度营业额,因此,具有市场支配地位的经营者因其具有垄断收益,通常面临高额的罚款。② 除此以外,为了实现惩罚性与威慑性,在欧盟各成员国的竞争法中,惩罚不仅包括经营者罚款,还涉及对个人的惩罚。③ 对个人惩罚的常见形式是行政罚款,在某些情形下,个人甚至会面临刑事惩罚。④ 在美国反垄断法框架下,对个人的惩罚一般适用《谢尔曼法》第2条的规定。根据该条规定,美国司法部可以对个人处以最高100万美元的罚款。在涉及实质性违反《谢尔曼法》的民事诉讼中,美国司法部只能寻求衡平法上的救济,禁止涉案经营者采取违法行为,而不能对其进行处罚。现有观点认为,在民事诉讼中,当事人可以提出三倍赔偿的诉求,可能将极大地削弱美国司法部对涉案经营者进行罚款的必要性。不过值得注意的是,2021年美国《竞争和反垄断法执行改革法案》意在赋予司法部和联邦贸易委员对经营者排他性垄断行为处以

---

① See Council Regalation (EC) No. 1/2003.
② See Case AT. 40099, Google Android v. Commission [2018]; Case AT. 39740, Google Search v. Commission [2017]; Case COMP/37.990, Intel v. Commission [2009]; Case AT. 40220, Google Qualcomm v. Commission [2018].
③ 《欧盟第2019/1号指令》第13—15条规定,各成员国的竞争法应确保其反垄断执法机构可以实施有效的、符合比例原则且具有劝阻性的罚款。基于此规定,各成员国竞争法的罚款规则与欧盟竞争法的规则基本一致。
④ 关于欧盟竞争法惩罚制度的详细讨论及与美国反垄断惩罚制度的比较研究,参见 Michael J. Frese, Sanctions in EU Competition Law, Hart Publishing, 2014, pp. 56-68。

罚款的权力。①

我国《反垄断法》第 56 条规定,经营者的法定代表人、主要负责人和直接责任人员对达成垄断协议负有个人责任的,可以处 100 万元以下的罚款。经营者组织其他经营者达成垄断协议或者为其他经营者达成垄断协议提供实质性帮助的,适用前述规定。有观点认为,反垄断立法的趋势即在垄断协议与滥用市场支配地位两方面,除经营者承担违法行为的相关责任以外,对违法行为负有责任的个人也需承担相应的责任,以提高对违法经营者的威慑力。② 此外,还增设了特别威慑条款,《反垄断法》第 63 条规定:"违反本法规定,情节特别严重、影响特别恶劣、造成特别严重后果的,国务院反垄断执法机构可以在本法第五十六条、第五十七条、第五十八条、第六十二条规定的罚款数额的二倍以上五倍以下确定具体罚款数额。"此特别威慑条款与美国《克莱顿法》第 4 条的规定类似,即如果经营者违法相关反垄断法,法院可以判决其支付给被侵权人三倍的损害赔偿。无论是我国《反垄断法》规定的特别威慑罚款,还是美国具有补偿性质的三倍赔偿,都是为了惩罚涉案经营者,以充分实现罚款的威慑力。

然而,在力图实现罚款威慑力的同时,亦需考虑罚款可能带来的成本。以美国反垄断中民事诉讼的三倍赔偿为例,经营者市场地位的对抗性可能加剧其继续实施垄断行为的力度,经营者一般不会从公共利益保护的角度看待反垄断问题。相较之下,反垄断执法机构可能会从更宏观的角度审慎充分地考虑是否采取威慑性罚款。由此可见,私人诉讼并非公共执行的有效替代,虽然公共执行可能存在执法预算不足等缺陷,但其更有助于公共利益的保护。与此同时,过度的行政罚款亦可能带来所谓"寒蝉效应",其造成后果的严重程度甚至不亚于放任垄断行为的发生。③ 在相关市场中,已具有市场支配地位的经营者,自认为具有市场支

---

① 参见美国国会参议员埃米·克洛布彻 2021 年提出的《竞争和反垄断法执行改革法案》。第 9(a)节试图在《克莱顿法》中引入新的第 26A 节,第 26A(f)节包含司法部的民事处罚权。第 9(b)条旨在为《联邦贸易委员会法》第 5 条增加一个(p)款,赋予联邦贸易委员会民事处罚权。
② 参见王晓晔:《〈反垄断(修正草案)〉的评析》,载《当代法学》2022 年第 3 期。
③ 针对"寒蝉效应"的具体解释,参见 Donald I. Baker, The Use of Criminal Law Remedies to Deter and Punish Cartels and Bid-Rigging, 69 Geo Wash L Rev., 695 (2001)。

配地位的经营者,或接近市场支配地位的经营者,都有可能因为过度的惩罚而丧失参与市场竞争的积极性。当然,如果具有市场支配地位的经营者实施排他性的垄断行为,放任其垄断行为的做法同样会打击新进入或者打算进入市场的竞争者的积极性。

由此,针对垄断行为的惩罚,不仅需要考虑过度的威慑力可能导致的寒蝉效应,还需要关注惩罚对保护市场参与者积极性的作用。虽然具有市场支配地位经营者的垄断行为会因其垄断而对市场的竞争秩序及消费者产生相当的负面效果,但也存在反例。例如,具有市场支配地位的经营者采取掠夺性定价的市场策略,消费者实际上可从掠夺性定价中受益。如果该策略失败,也不会造成市场垄断和产生补偿。惩罚所面临的最大问题是威慑效果与迅速结束违法行为及其持续影响之间的权衡。

考虑到各种复杂的原因,美国和欧盟的反垄断执法机构时常选择协商解决方案。此时,若涉案经营者接受协商解决方案并切实履行相关承诺,则反垄断执法机构一般会放弃对其垄断行为违法性的认定及惩罚。例如,欧盟委员会在 2004 年①与 2009 年②两起与微软有关的案件中,作出了不同的惩罚决定。在这两起案件中,微软实施了基本相同的侵害行为,即将应用程序、IE 浏览器及视频播放器,与其视窗操作系统进行捆绑销售。在 2004 年微软搭售案中,欧盟委员会决定对微软处以 10 亿欧元的罚款。相较之下,对 2009 年微软搭售案,欧盟委员会同意了微软的承诺,因此免于罚款。如前文所述,经营者承诺制度无论从法理还是从恢复市场竞争秩序的实际效果的角度,都无法替代常规的反垄断调查确定垄断行为性质,即反竞争效果的重要性。换言之,当惩罚无法实现威慑力时,与相关经营者达成和解协议似可有效停止违法行为并恢复市场竞争秩序,然而这一效率性却是以牺牲威慑性为代价。因为基于经营者承诺制度而实施的救济措施,一般并非源于实际存在的违法行为,违法行为与救济措施之间的联系相当松散,因此需谨慎实施。③

---

① See Case COMP/C-3/37/792, Microsoft v. Commission [2004].
② See Case COMP C-3/39.530, Microsoft v. Commission [2009].
③ 关于承诺制度与救济制度的比较及救济措施的应然定位,详细讨论请参见本书第二章第四节。

三、"责令停止违法行为"难以恢复市场竞争秩序

自2015年针对原料药行业的反垄断审查逐渐加强,然而似乎难以重塑原料药行业的市场竞争秩序,阻止垄断行为的反复发生。2018年11月7日,辽宁省药品和医疗器械采购中心公布《关于发布辽宁省易短缺药品2018年第3号预警预报的通知》,公告称15家药品生产经营者因原料药供应不足而减少产量,6家药品生产经营者因上游原料药生产经营者拒绝供应原料药而不得不停产,2种药品因原料药价格过高而出现短缺。[①] 2018年12月12日,《山西省关于公示取消乐普药业股份有限公司复方氨维胶囊挂网资格的通知》显示,因原材料短缺,乐普药业的复方氨维胶囊已停止生产,因此企业申请取消在山西省挂网,并承诺在全国范围内取消挂网及供货。[②] 由于原料药价格过高,2022年国家卫生健康委员会、国家发展改革委员会、工业和信息化部等十二部门发布的《关于国家短缺药品清单的通知》显示,国家短缺药品清单共计6个品种。[③]

事实上,并非仅别嘌醇原料药在中国境内有唯一一家特许生产经营者。根据在国家药品监督管理局(以下简称"国家药监局")官网检索的数据,我国总共生产约1500种原料药,其中一家特许生产商独家生产原料药的有50种,两家特许生产商生产原料药的有44种,三家特许生产商生产原料药的有40种。[④] 换言之,如图1-3所示,我国近10%的原料药特许生产商不超过三家。

[①] 参见《原料药涨价,中标价太低无法供应,知名药企遭警告!》,载搜狐网,https://www.sohu.com/a/273878959_564023,访问日期:2024年3月26日。

[②] 参见《山西省关于公示取消乐普药业股份有限公司复方氨维胶囊挂网资格的通知》,载易联招采网,https://yp.eliancloud.cn/Channel/Info/522fd57f-761f-44b4-b6a3-2687ffb14469,访问日期:2024年3月26日。

[③] 参见《让短缺药品不短缺!四部门最新发文》,载中国网,http://fc.china.com.cn/2022-08/11/content_42066274.htm,访问日期:2024年3月26日。

[④] 该数据通过国家药品监督管理局官网检索得到,具体检索方式以"特许生产商"为主题词,检索时间为2022年1月1日至2022年6月1日。

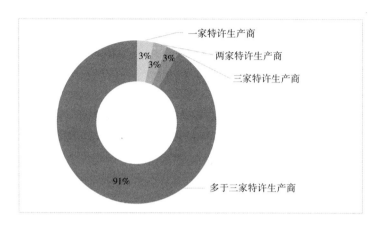

图 1-3　我国原料药特许生产商比例情况

在寡头垄断的市场结构中,有限数量的原料药生产商很容易达成并实施横向协议以固定销售价格或者瓜分销售市场。的确如此,如上文所述,横向垄断协议是原料药行业最常见的垄断行为之一。根据我国《药品管理法》,生产商要生产原料药,需要经过一系列的政府审批程序,包括药品生产资质、安全生产认证、环境影响评估等。实践中,生产商通常需要几年时间来完成审批程序,从而获得国家药监局颁发的原料药批准文号。因此,原料药行业寡头垄断的市场结构可能主要归因于严格而复杂的药品生产资格审批程序。

在原料药领域,另一种常见的垄断行为则是,具有市场支配地位的原料药生产商拒绝向下游成品药生产商提供原料药,或施加不合理的交易条件。与原料药生产的审批程序相比,成品药生产的准入程序相对宽松,因此,成品药生产经营者的数量远远大于原料药生产经营者的数量。根据国家药监局的统计,在某些情形下,一家原料药生产经营者最多需要向一百六十九家成品药生产经营者供应原料药。① 与此同时,根据我国《药品注册管理办法》,如果成品药生产经营者要改变其原料药供应商,那么需要向省级医药产品管理部门申请批准。由于这一过程复杂且

---

① 参见《一家原料药最多对应169家制剂企业,原料药垄断怎解?》,载"CPHI世界制药原料中国展"微信公众号,访问日期:2024年3月26日。

严格,大多数成品药生产商尽可能与原料药生产商建立长期合作。由此,上下游生产经营者之间产生了密切依赖性。再者,原料药本来就是成品药生产的"必要设施",因此,成品药生产经营者通常被动地接受原料药的不公平高价或其他不合理的交易条件。

2019年7月15日,针对原料药领域的垄断行为,国家药监局发布《关于进一步完善药品关联审评审批和监管工作的有关事宜的公告》。该公告"总体要求"部分的第1款规定,原辅包与药品制剂关联审评审批由原辅包登记人在登记平台上登记,药品制剂注册申请人提交注册申请时与平台登记资料进行关联。由此建立了原辅包与制剂共同审评审批的管理制度,对原辅包不单独进行审评审批。根据该公告,下游成品药生产经营者将有机会自行生产原料药,而不必向上游生产经营者申请供应原料药。通过对原料药审批机制的改革,寡头垄断的市场结构可能逐步得到重构,上下游市场之间强烈的相互依赖关系也将得到改善。这一规定在某种程度可以被认为是结构性救济措施,通过改变市场结构来恢复原料药行业的市场秩序。然而,颁布一项行政法规通常需要很长的时间,颁布法规则可能需要更长的时间,因此这项公告是否会改变原料药行业的市场结构需关注其生效后的效果。

由此可以得出结论,"责令停止违法行为"附加罚款难以对原料药生产商产生足够的威慑力,既没有消除垄断行为的反竞争效果并恢复相关市场的竞争秩序,亦无法阻止原料药生产商重复之前的垄断行为。"责令停止违法行为"作为一项基础性的救济措施,作为对于违法行为的"禁令",是针对垄断行为实施反垄断执法的前提。然而,其在原料药行业既无法消除垄断行为对相关市场已经产生的损害,亦无法恢复相关市场的竞争秩序。对于原料药市场而言,上述措施无法发挥效用的根本原因在于,无法改变原料药行业的寡头垄断市场结构,因此需要行为性甚至结构性救济措施的实施。

例如,在重庆青阳药业有限公司滥用市场支配地位案中,重庆市工商行政管理局针对该公司与其下游相关药品生产厂家的协议进行了至少6个月的审查与评估,以防其后可能与其他原料药生产商签订横向垄断协议的行为。此外,重庆市工商行政管理局可以要求该公司在2个月内提出整改措施,说明其如何在公平与非歧视的条件下向下游相关药品生产商持续供货。① 重庆市工商行政管理局认为没有同样有效的行为性救济措施,任何同样有效的行为性救济措施对相关经营者造成的负担都比结构性救济措施更大。只有出于经营者结构本身产生的持久或重复侵权的实质性风险而改变经营者在实施垄断行为之前的市场结构的做法才是符合比例原则的。② 因此,重庆市工商行政管理局可以要求重庆青阳药业有限公司提出如何在一年内"剥离"其关于别嘌醇制造的至少50%股权的具体方案。③

第三节 经营者承诺制度作为垄断救济措施的局限

一、经营者承诺制度恢复市场竞争秩序的效率性

反垄断执法机构与垄断行为的实施者之间经谈判达成的协议,即所谓经营者承诺,可以从最低限度发挥法律的教育与表达功能。我国《反垄断法》第53条第1款规定:"对反垄断执法机构调查的涉嫌垄断行为,被调查的经营者承诺在反垄断执法机构认可的期限内采取具体措施消除该行为后果的,反垄断执法机构可以决定中止调查。中止调查的决定应当载明被调查的经营者承诺的具体内容。"由此可见,我国针对垄断行为的经营者承诺制度的基本程序,类似于《欧盟第1/2003号条例》第9条的"承诺决定",即相关经营者保证改变涉嫌侵害行为的非正式结案。与之相类似,在美国反垄断法框架下,联邦贸易委员会或司法部签发的"同意令"也通常是相关案件经营者承诺制度的重要组成部分。

由此可见,对于反垄断执法机构,经营者承诺制度所需资源较少、速度较快,而且支持其在针对垄断行为的司法审查与反竞争效果审查较少

---

① See Case COMP/282.12, Master Card v. Commission [2014].
② See Council Regulation (EC) No. 1/2003.
③ See Case 26811, Europemballage v. Commission [1971]; Case 34801, Frankfurt Airport v. Commission [1998].

的情况下,选择更为灵活的方式结束相关违法行为,并恢复相关市场的竞争秩序。① 对于经营者而言,经营者承诺制度具有避免罚款、防止后续私人执行,以及快速解决相关问题的优势。因此,在针对滥用市场支配地位等较为复杂的反垄断案件中,经营者承诺已经逐渐成为较为常见的方式。② 但是从行政程序的角度看,通过经营者承诺制度解决相关案件,可能并非流程迅速、成本较低的解决方式。不过在大多数情况下,经营者承诺的达成意味着相关案件不会经过司法程序,这无疑有助于节约司法资源。

反垄断执法机构实施有效救济措施的权力相当广泛。相较之下,在协商过程中,可纳入的经营者承诺制度的救济措施的权力有限。③ 一般而言,只有当某一种救济措施可以实现救济目标时,反垄断执法机构才会倾向于通过与相关经营者谈判的方式解决相关案件。原因分别如下:首先,在垄断经营者收入分配问题上,反垄断执法机构更倾向于对补偿进行谈判,从而确保相关经营者接受此类本已无法实施的救济措施。但在大多数情况下,被控诉的侵权者可能不再具有同意补偿的意愿和动机。其次,虽然结构性救济措施原则上能够在诉讼程序中适用,但受到比例原则的严格限制。因此,为了减少结构性救济措施的实施难度,反垄断执法机构更倾向于与相关经营者达成实施结构性救济措施的一致意见。此外,由于结构性救济措施的实施在涉及累犯的情况下尤为重要,罚款不能成为经营者承诺制度中经营者承诺的一部分。从既有实践来看,结构性救济措施和威慑性惩罚之间依然有待权衡。最后,反垄断执法机构采用不完全"反射"滥用行为的救济措施是为了向侵权者施压,以便更好地达成反垄断的目的。但在诉讼过

---

① 效率和成本是选择救济措施种类的重要因素。参见尚明:《经营者并购反垄断控制——欧盟及部分成员国立法执法经验》,法律出版社2008年版,第162—163页。
② 对我国《反垄断法》中和解协议的讨论及和解协议在欧盟竞争法框架下的运用,参见Mario Mariniello, Commitments or Prohibition? The EU Antitrust Dilemma Bruegel Policy Brief Issue No. 1 (2014); Wouter P. J. Wils, Ten Years of Commitment Decisions under Article 9 of Regulation 1/2003: Too Much of a Good Thing? Concurrences Journal 6th International Conference New frontiers of Antitrust, 2015, accessed March 26, 2024, https://ssrn.com/abstract=2617580>。
③ 针对可纳入的救济措施的详细讨论,参见Florian Wagner-Von Papp, Best and Even Better Practices in Commitment Procedures after Alrosa: the Danger of Abandoning the Struggle for Competition Law, 49 Common Market Law Review, 929(2012); Erling Hjelmeng, Competition Law Remedies: Striving for Coherence or Finding New Ways? 50 Common Market Law Review, 1007(2003)。

程中,反垄断执法机构很难对侵权者施压。如欧盟法院认为,救济措施不得超过实现所寻求目标的适当必要限度,以促使相关经营者遵守规则。这意味着,如果欧盟委员会意图"围困"侵权者,那么其在诉讼前对侵权者施压是最佳时机。此外,欧盟委员会在经营者承诺制度中采用不完全"反射"滥用行为的救济措施也更为安全。最后,鉴于罚款在欧盟的竞争执法中处于核心地位,对可能被判处的罚款数额进行调整是和解程序中必不可少的环节。①

以2004年微软搭售案为例,欧盟委员会在其决定中认为,微软将视频播放器和Windows系统捆绑的做法属于滥用市场支配地位的行为。但鉴于法院要求救济措施"反射"该违法行为,欧盟委员会仅要求微软分别提供两种Windows系统,区别只在于有无视频播放器,但它们的价格完全相同。该案的后续结果也表明,几乎所有原始设备制造商和客户都选择购买附加视频播放器的Windows系统,这意味着欧盟委员会的救济措施是无效的。② 相较之下,欧盟委员会在2009年微软搭售案中作出的决定更为有效。该案中,欧盟委员会同样面临应用程序网页浏览器和Windows系统绑定的问题。不同之处在于,欧盟委员会未受救济措施"反射"违法行为的限制,且微软同意让用户自行选择浏览器。微软对用户"自行选择浏览器"的承诺无疑是有效的救济措施③,这样可以抵消捆绑销售的不利影响④。问

---

① 和解并不是通过惩罚和威慑手段来实现整体社会价值,而在于利用高效和低成本的方式消除行为造成的不利影响。参见殷继国:《反垄断执法和解制度:国家契约化之滥觞》,中国法制出版社2013年版,第73页。

② 关于在2004年微软搭售案中,欧盟委员会提供的救济措施的详细讨论,参见 Nicolas Economides, Ioannis Lianos, The Elusive Antitrust Standard on Bundling in Europe and in the United States in the Aftermath of the Microsoft Cases, 76 Antitrust Law Journal, 483(2009)。

③ 关于2009年微软搭售案的和解协议,参见 Case COMP/C-3/39.530, Microsoft v. Commission [2009]。

④ 针对2009年微软搭售案的救济措施,有观点认为,救济措施的选择与垄断行为相关的损害理论(即搭售)并无充分的关系,并认为救济措施更适合于基于"关键设施理论"的滥用市场支配地位的行为。像该案中的搭售,微软的视窗软件给予浏览器以杠杆作用,导致使用微软系统的用户必然会使用被搭售的浏览器。在此情况下,更有必要采取上述救济措施。将这一选择权交给终端消费者而不是设备制造商,似乎能更有效地促成浏览器之间的竞争,因此,"自行选择浏览器"不仅可以作为一种积极的禁止性救济措施,还可以作为一种恢复性救济措施。更详细的讨论,参见 Nicolas Economides, Ioannis Lianos, The Elusive Antitrust Standard on Bundling in Europe and in the United States in the Aftermath of the Microsoft Case, 76 Antitrust Law Journal, 483 (2009)。

题在于,该救济措施是否为法院所承认。由于《欧盟第 1/2003 号条例》第 7 条中"承诺"的边界尚不确定,而救济措施的承诺也不一定完全"反射"垄断行为,因此,欧盟委员会认为,在经营者承诺制度中确定救济措施更为安全。

二、经营者承诺制度无法替代救济制度:以牺牲威慑性为前提的效率性

如前文所述,首先,与经营者达成经营者承诺,相比经历常规的反垄断调查,确定垄断行为的性质及反竞争效果似更有效率,并且可以运用比例原则对反垄断执法机构实施经营者承诺制度时的自由裁量权进行有效的限制。比例原则有助于限制反垄断执法机构滥用经营者承诺制度,因为基于该制度而设计的救济措施一般并非基于实际存在的违法行为,违法行为与救济措施之间的联系相当松散。[①] 其次,比例原则充分体现了司法审查的限度。司法审查并非无限,而比例原则可以检验反垄断执法机构作出的决定是否正确。最后,比例原则有助于审视救济措施的目的。总体来看,比例原则发挥着重要作用,经营者承诺制度中设计的救济措施至少应与其违法行为有一定程度的因果关系。

然而,关于经营者承诺制度的运用,仍然应当秉持审慎的立场。

首先,经营者承诺制度必然会对经营者适应竞争规则的方式产生影响。具言之,在相似案件中,经营者作出的承诺很可能成为其免受处罚的"避风港"。在此情况下,相关市场的所有经营者的后续相似行为就有可能受到影响。但是,某一经营者将自己的市场行为对标其他经营者之前业已达成的经营者承诺可能是不当的,且易间接降低市场竞争积极性。

其次,频繁使用经营者承诺制度也可能导致反垄断法的威慑性不足。原因有二:其一,经营者承诺制度并未彰显反垄断法的权威,被控

[①] 关于违法行为与和解协议中救济措施之间的关系,参见 Case C-441/07 P, A/rosa v. Commission [2010], ECR I-5949;对于该案件更加详细的讨论,参见 Georgiev, Contagious Efficiency: The Growing Reliance on U.S. Style Antitrust Settlements in EU law Utah Law Review, 1019 (2007); Wagner-von Papp, Best and even Better Practices in Commitment Procedures after Alrosa: The Dangers of Abandoning the Struggle for Competition Law, Common Market Law Review, 929(2012).

诉侵权者也不会承认自身行为的违法性。经营者承诺制度削弱了违法行为和救济措施之间的联系,致使反垄断法降低了对违法行为的澄清力度。进一步而言,如果反垄断案件没有最终裁决,那么违法行为无法得到有效威慑。其二,和解协议只能发挥最低限度的教育功能,只能表明反垄断执法机构认定某些行为似乎违法,而不能充分体现被控诉者的违法行为。在经营者承诺制度的语境下,反垄断法的表达功能不复存在,因为法律一旦成为可以意思自治的内容,那么法律就可能不再重要。经营者承诺制度的频繁使用加剧了其不当使用的风险。一般而言,决定使用经营者承诺制度的前提是相关经营者的违法程度较轻。但是,如果反垄断执法机构低估违法行为的侵害程度,那么违法行为同样无法得到有效威慑。

最后,虽然某些经过谈判而形成的救济措施具有一定的威慑作用,但由于经营者承诺制度与惩罚在目的上并不一致,因此,惩罚的比较优势未能得到彰显。经营者承诺制度的使用模糊了市场竞争和行政监管之间的界限,因经营者承诺制度而产生的救济措施可能突破了反垄断法中救济措施固有的功能,诸如改变市场结构以消除经营者违反规则的动机,或搭建更具竞争力的市场结构等。此外,救济措施也会与薄弱的侵害调查结果相结合。① 从另一角度看,经营者承诺制度也可能产生过度或不充分的救济效果。对此,外部选择的限制及根据比例原则的审查都可以有效防止该问题的发生。② 其中,外部选择是指谈判的中断,以及被控诉侵权者、反垄断执法机构提起的诉讼,这些行动意味着经营者承诺制度自始无效,从而避免过度或不充分的救济。

综上所述,诸多市场中最为基本的竞争问题是市场结构、竞争者/业务之间的结构联系,以及协议的深刻体现。有鉴于此,违法行为的界定和制止可能颇为困难,且不一定有助于市场竞争秩序的恢复。在此情况

---

① 关于和解协议所采取的救济措施的深入讨论,参见 Malgorzata Sadowska, Bert Willems, Power Markets Shaped by Antitrust, 9 European Competition Journal, 131(2013).

② 关于比例原则在救济措施的设计中如何发挥作用,参见本章第三节。但和解协议中的救济措施可能会出现以下情形,即反垄断执法机构会利用其地位在与相关经营者的谈判中进行施压,从而产生不符合比例原则的救济措施。

下,经营者承诺制度可以有效应对市场竞争的复杂性。问题仍在于,如何规范经营者承诺制度的使用,以及如何通过实施经营者承诺制度解决市场竞争问题。[①]

第四节 小 结

针对垄断行为的事后处置,为何要在实施"责令停止违法行为"与罚款之余,还要设计具体的救济措施?通过"禁令"终止违法行为,并依靠罚款的威慑力,似可以阻止违法行为的实施者及其他经营者再次实施违法行为。本章所讨论的构建救济制度的必要性,其实是在讨论实施救济措施具有怎样的目的和作用。

从惩罚的机理出发,罚款不仅给垄断行为的实施者带来具体的威慑力,还对其他经营者具有普遍的威慑力,由此防止垄断行为的反复。如果罚款能够对垄断行为的实施者构成足够的威慑,则对救济措施的讨论似是多余的。然而,通过对我国原料药市场的分析,仅仅实施"责令停止违法行为"的"禁令"与罚款,难以对相关经营者形成足够的威慑力。更重要的是,即使对经营者实施"禁令"与高额罚款,亦无法恢复相关市场的竞争秩序。这也是罚款不应当被定义为救济措施的原因,因为救济措施并不是对违法行为实施者的惩罚,亦不是对因违法行为而受损的个人或经营者的补偿。

救济措施的目的并非仅仅在狭义上终止违法行为,而是在广义上消除垄断行为的反竞争效果,以及恢复相关市场的竞争秩序,如此才能与反垄断执法机构在大量的调查取证、事实分析的基础上对违法行为作出的认定相对应。换言之,即使救济措施可能难以设计,亦难以监督,但违法行为被认定之后,仍须实施救济措施以实现阻止违法行为的最终目的。

[①] 关于此类问题亦有学者指出,法院应判断和解协议的内容是否在公共利益的考量范围之内。参见蒋悟真:《反垄断法中的公共利益及其实现》,载《中外法学》2010年第4期。

第二章 构建垄断行为救济制度的理论框架

第一节 垄断行为救济措施的概念界定

一、普通法系与大陆法系中的救济措施

在对普通法系救济措施的研究中,救济措施缺少"固定的核心含义",并且这一概念常与其他概念混用。[①] 换言之,救济措施的定义会随着语境的变化而改变。以医学上的治疗方法为例,某一治疗方法既可以是治疗性的,也可以是治愈性的,或者两者兼具。[②] 此外,几乎所有的法律问题都伴随着救济措施的提出,这一现状加剧了救济措施概念的模糊化。[③] 可见,当前救济措施的法律定义面临难以精确化的困境,致使救济措施的概念呈现不同的内涵且存在重合。[④] 由此,救济措施的定义在一定程度上取决于其分类标准:强制性救济措施与非强制性救济措施,也可以分为替代性救济措施(如损害赔偿)与特定(禁令)救济措施。[⑤] 此外,根据不同的功能(如补偿、赔偿、处罚、强制执行和宣告性救济),救济措施也存在

[①] 关于救济在普通法语境下的定义,参见 Rafal Zakrewski, Remedies Reclassified, Oxford University Press, 2005, p. 2。由于救济措施缺乏稳定的核心定义,因此,救济措施一词在不同的场合与其他概念进行混用。

[②] See Kellis E. Parker, Modern Judicial Remedies: Cases and Materials, Little Brown, 1975, p. 10.

[③] See Stephen Michael Waddams, Remedies as a Legal Subject, 3 Oxford Journal of Legal Studies, 113(1983).

[④] 根据不同的分类方法,救济措施的范围可能十分广泛。See Katri Pass, Non-Structural Remedies In EU Merger Control, 27 European Competition Law Review, 216(2006).

[⑤] 当抽象概念不足以把握某一具体事物的多样性时,类型化是首要的辅助思考形式。参见〔德〕卡尔·拉伦茨:《法学方法论》,陈爱娥译,商务印书馆2003年版,第337页。

不同的分类。①

从救济措施与实体权利相比较的角度来看，二者有所不同，前者基于特定情形而产生，该特定情形是法院发布的特定司法裁判。因此，救济措施与实体权利的区分标准通常基于形式，即法院有无发布司法裁判。② 这一分类方法与"基于目标"的传统分类方法不同，并未将救济措施分为补偿、赔偿和处罚等救济措施。③ 据此，救济措施分为两类：一类是复制实体权利的复制性救济措施；另一类则是"在很大程度上调整或改变当事人实体权利"的转换性救济措施。④

上述分类方法不仅涵盖了非民事的救济措施，还揭示了救济措施和实体权利存在某种内在联系。法院可以通过定量的形式评估该权利（如损害赔偿），或者在"禁令"中对该权利进行重申。转换性救济措施可能会重新创造或消除现有权利，通常涉及相当程度的自由裁量权，法院可以利用自由裁量权选择是否采取救济措施并决定其内容。⑤ 因此，与转换性救济措施相联系的自由裁量权的本质是一种创造救济措施的自由裁量权，且不受原告实体权利的严格限制。这一类型的救济措施有助于灵活决策与个人处理，当然也可能弱化实施的可预测性与平等性。

在大陆法系国家，一些国家的法律体系中并无"救济措施"这一法律概念。⑥ 例如，如果将救济措施的功能定位为"纠正"，那么法国的法律体系中还没有发展出针对违反民事义务而进行救济的一般理论。但值得注意的是，虽然法国的法律体系中不存在与"救济"相似的一般概念，但其

---

① See Rafal Zakrewski, Remedies Reclassified, Oxford University Press, 2005, pp. 11-12.

② See Rafal Zakrewski, Remedies Reclassified, Oxford University Press, 2005, pp. 46-47.

③ See Rafal Zakrewski, Remedies Reclassified, Oxford University Press, 2005, p. 78. 作者认为，无法构建一个完全基于目标的分类以涵盖所有类型的救济措施，并且救济措施的目标过于多样化。如果采用基于目标的分类，一些类型的救济措施可能无法涵盖其中。

④ See Rafal Zakrewski, Remedies Reclassified, Oxford University Press, 2005, p. 60. 救济措施在很大程度上是修改或改变当事人实质性权利的某种救济措施。

⑤ 与复制性救济措施不同，虽然复制性救济措施也存在自由裁量权，但不能超出实体权利的范畴，而转换性救济措施未被实体权利界定，因此两者之间的自由裁量程度是不同的。

⑥ 关于不同法律体系中救济措施界定的比较研究，参见 Yehuda Adar, Gabriela Shalev, The Law of Remedies in a Mixed Jurisdiction: The Israeli Experience, 12 Tulane European and Civil Law Forum, 111(2008)。

合同法和侵权法仍然建立了救济的具体制度与规则。① 德国的法律体系也有类似的情况,德国在 2002 年对债法进行了重大修改,从而建立了一个可纠正"违法行为"的救济措施规则体系。②

相较之下,"救济措施"这一概念更多地被运用于公法领域③,因为其与有效司法保护原则密切相关。作为欧盟法律制度的一般原则,有效司法保护原则源自欧盟成员国共同的宪法传统,而救济措施与有效司法保护原则的关系在《欧盟基本权利宪章》第 47 条有所体现,该条要求成员国建立包含救济措施及其程序规则在内的法律体系,以保障欧盟法律制度承认的基本权利。④ 鉴于"救济措施"法律概念的模糊性,以及欧盟的法律制度及各成员国的法律体系对"救济措施"的理解缺乏一致性,救济措施的功能性定义可能会对其概念的理解提供一定帮助。

二、垄断行为救济措施的源起

所谓垄断行为救济措施,这一概念首次出现在 2007 年微软案中。欧洲普通法院认为,如果行政处罚决定书中规定了救济措施,那么有关经营者必须执行这些措施,并承担与执行这些措施有关的所有费用,否则将面临承担《欧盟第 1/2003 号条例》第 16 条规定的定期支付罚款的责

---

① 关于法国法中救济制度的整体状况,参见 Rene David, A Law of Remedies and a Law of Rights, in English Law and French Law: A Comparison in Substance London, 11ed., Stevens and Sons, 1980, pp. 1–15。

② 关于德国法救济制度的概述,参见 Reinhard Zimmermann, The New German Law of Obligations: Historical and Comparative Perspectives, Oxford University Press, 2006, p. 3。

③ 自 20 世纪以来,制定一部保护竞争过程的一般性法律逐渐成为欧洲大多数地区和美国的法律及经济秩序的核心内容。参见〔美〕戴维·J. 格伯尔:《二十世纪欧洲的法律与竞争》,冯克利、魏志梅译,中国社会科学出版社 2004 年版,第 1 页;苏永钦:《经济法的挑战》,清华大学出版社 2005 年版,第 94 页。

④ 针对救济措施与相关程序,参见相关欧盟的判例法,相关判例法的精神与《欧盟基本权利宪章》第 47 条基本一致,参见 Case C-213/89, The Queen v. Secretary of State for Transport, Factortame Ltd. and Others [1990], ECR Ⅰ-2433; Case C-50/00, Unión de Pequeños Agricultores v. Commission [2002], ECR Ⅰ-6677, para. 41。确定由欧盟各成员国建立救济措施与程序体系,确保基本权利获得有效的司法保护,参见 Case C-432/05, Unibet (International) Ltd. v. Justitiekanslern [2007], ECR Ⅰ-2271, paras. 42–44。

任。① 此外,法院进一步指出,虽然欧盟委员会有权力制定救济措施,但是也应适用比例原则。判例法表明,欧盟委员会在制定为制止垄断行为而对经营者施加的救济措施时,并没有无限制的自由裁量权。在适用《欧盟第 1/2003 号条例》第 3 条的情况下,比例原则要求为终止垄断行为而对经营者施加的负担,不应当超过为实现所寻求的目标的适当性和必要程度,即重新建立对被违反规则的遵守。② 2007 年微软案之前的反垄断案件中,并没有出现所谓"救济措施"的概念。在欧盟竞争法关于垄断协议及滥用市场支配地位行为的相关规则中也没有相应的救济措施。仅《欧盟第 1/2003 号条例》第 3 条指出,当欧盟委员会发现存在违法行为时,可以通过行政决定要求有关经营者"停止违法行为"。③

"救济"的概念对于以大陆民法体系为基础的欧洲共同体法律来说是陌生的。④ 同样,这一概念在英国的法律体系中也未得到充分的发展,直到 20 世纪 70 年代,其才对所谓救济措施进行了合理化分类。⑤ 在 2007 年微软案之前,欧盟法院在相关案例中都未使用"救济措施"的概念,而是仅使用《欧盟第 1/2003 号条例》第 3 条中的"结束违法行为"这一表述,以申明某一垄断行为不符合欧盟竞争法,并对相关经营者施加积极或者消极的责任。

在 Commercial Solvents 一案中,欧盟委员会指出,之所以将《欧盟第 1/2003 号条例》第 3 条第 1 款设置为一般条款,是因为违反《欧洲联盟运作条约》(以下简称《欧盟运作条约》)第 101 条和第 102 条的行为可以有很多形式,以至于根据《欧盟第 1/2003 号条例》不可能提供一个欧盟委员会能够下令采取的措施目录,从而结束垄断行为。⑥ 尽管《欧盟第 1/2003 号条例》第 3 条没有明确承认欧盟委员会可以实施救济措施,但是欧盟委员会认为,如果没有所谓具体措施,仅仅依靠垄断行为的"停止与制

---

① See Case T-201/04, Microsoft v. Commission [2007], ECR II-3601, para. 1256.
② See Case T-201/04, Microsoft v. Commission [2007], ECR II-3601, para. 1276.
③ 在欧盟竞争法中,"责令停止违法行为"亦被称为"停止令"(Cease and Desist Order)。
④ 关于"救济"在大陆法系的发展与相关规则,可参见前文的讨论。
⑤ See Lawson Frederick Henry, Remedies of English Law, Penguin Books, 1972, p. 150.
⑥ See Case 6-7/73, Instituto Chemioterapico Italiano S.P.A.; Case Commercial Solvents Corporation v. E.C. Commission [1974], 1 C.M.L.R. 309, pp. 331-335.

止"命令可能并不能产生较好的效果。因此,欧盟委员会在该案中,在认定经营者实施滥用市场支配地位行为的基础上,施加积极的措施,要求在特定时间以最高价格向竞争者提供特定数量的特定产品。

欧盟法院同意欧盟委员会在该案中对所谓"结束垄断行为"这一表述作出的广义解释,并进一步指出,制定相应的救济措施须针对已经确定的垄断行为,并须说明事实上具体救济措施所带来的效果。为达到相应的效果,欧盟委员会可在必要时要求经营者提交相应的建议,以纠正其垄断行为的反竞争效果。该案中,为确定拒绝销售是滥用市场支配地位的行为,欧盟委员会有权要求经营者提供一定数量的原材料,以弥补拒绝销售行为所带来的反竞争效果。① 该案表明,救济措施的概念不仅包括结束垄断行为,还包括纠正行为。反垄断执法机构可以根据适合个案的最有效方案来制定救济措施,并且要求经营者采取或者不采取某些行动,以结束垄断行为。②

三、反垄断语境下救济措施的功能性定义

鉴于普通法系与大陆法系针对"救济措施"缺乏清晰的概念界定,以及该概念在法律体系中的不稳定地位,功能性定义可能是解决这一定义难题的有效途径之一。③ 功能性定义的重点应置于救济措施在救济过程中的功能上,因为救济措施在反垄断法及其实践中普遍存在④,可以广义地理解为补偿、赔偿、处罚及预防。在反垄断法语境下,救济措施的主要目的在于恢复市场竞争秩序⑤,并且最大程度地减

---

① See Case 6-7/73, Istituto Chemioterapico Italiano S.P.A. and Commercial Solvents Corporation v. E.C. Commission [1974], 1 C.M.L.R. 309, paras. 45-46.

② See Case T-76/89, Independent Television Publications Ltd. v. Commission [1991], ECR II-575, para. 70.

③ 参见周旺生:《法的功能和法的作用辨异》,载《政法论坛》2006年第5期。

④ 目前各国反垄断执法机构和国际组织一般采用"救济"一词,表示反垄断审查中对参与集中方附加的限制性条件。参见金美蓉、董艺琳:《经营者集中反垄断域外救济冲突与国际合作机制》,载《法学家》2022年第2期。

⑤ 关于反垄断法中救济措施的目标的经典论述,参见Melamed A. Douglas, Afterword: The Purposes of Antitrust Remedies, 76 Antitrust Law Journal, 359(2009).

少垄断行为的发生。① 由此,救济措施主要通过终止侵权、消除违法行为的影响,处罚违法者与赔偿被侵权者,以及通过解决竞争的特定问题来实现以上目标。②

首先,从功能性定义的角度,救济措施被视为侵权人犯下错误的救济措施,包括损害被侵权人的基本权利与相关法益。对此,被侵权人有权请求违法者停止违法行为、支付损害赔偿、补偿或采取特定行为。在欧盟竞争法框架下,《欧盟第1/2003号条例》第7条将救济措施与终止侵权联系在一起,此时可以将救济措施狭义地理解为违法行为的终止措施。与此同时,从结果导向出发,救济措施也可以广义地理解为对违法行为影响的消除。在实施救济措施的过程中,侵权人将被要求履行某种不作为的消极行为或者实施某种特定方式的积极行为。此外,竞争法中对违法行为的纠正或对被侵犯的权利提供赔偿的形式分为两种:一种涉及基于收益恢复的补偿;另一种则涉及基于损失恢复的赔偿。因此,救济过程中治愈功能的体现是恢复和补偿,而不是惩罚和预防。

以欧盟竞争法为例,在用于治愈违反竞争法行为的救济措施中,行政救济措施包括《欧盟第1/2003号条例》第7条规定的垄断行为的"禁令"、《欧盟第139/2004号条例》第6条第2款和第8条第2款规定的反竞争合并决定。对于违反上述规定的经营者,欧盟委员会还可依据《欧盟第1/2003号条例》第23条对经营者处以罚款,以此作为恢复市场正常竞争秩序的替代性救济措施。尽管一些欧盟成员国的竞争法也规定了如何处理经营者违法所得的救济措施,但欧盟竞争法中却并无相关规定。③ 事实上,由于欧盟竞争法中规定的罚款是根据在欧盟相关地域市场中与侵权直接或间接相关的销售价值及违法行为的严重程度,并将违法行为的年限也考虑在其中,因此,罚款实际上发挥了部分追缴功能。此外,欧盟竞争法还

---

① 此处所谓宏观目标,即从反垄断法实施的角度而言,参见 Eleanor M. Fox, Remedies and the Courage of Convictions in a Globalized World: How Globalization Corrupts Relief, 80 Tulane Law Review, 571(2005)。

② See Robert T. Pitofsky, Antitrust at the Turn of the Twenty-First Century: The Matter of Remedies, 91 The Georgetown Law Journal, 169(2002).

③ 例如,在德国竞争法框架下,根据适用于卡特尔的行政罚款程序及非卡特尔的行政处罚程序,行政执法机构可以没收因垄断行为产生的经济利益,包括净收入及其他利益。

规定了相应的附属措施,以保证上述行政救济措施的顺利执行,例如,临时措施和定期处罚。

其次,救济措施具有一定的惩罚性。惩罚性的民事救济措施或许可细分为惩罚性赔偿和惩戒性赔偿,以此防止垄断行为的发生。有观点认为,对垄断行为的规制应考虑双重甚至多重损害赔偿的可能[1],但惩罚性赔偿和罚款不能并用,因为这可能会违背一事不再罚原则。与纠正性救济措施和惩罚性救济措施不同的是,预防性救济措施会间接影响市场主体今后实施具体行为的动机。预防性救济措施对垄断经营者具有一定的警示作用,从而在动机层面防止反竞争行为的发生。预防性救济措施亦可以限制经营者实施垄断行为的能力。具言之,虽然经营者的某些行为不足以排斥、限制市场竞争,但可能助长经营者的垄断行为。在此情况下,预防性救济措施可以通过禁止此类行为而间接阻止垄断行为的发生。

最后,威慑也是救济措施的功能之一。威慑的实现需要对相关市场的情况进行必要的前瞻性分析。具言之,具体性威慑可以通过行政救济措施实现,例如,声明性救济、积极的"禁令"、民事强制"禁令"和恢复性损害赔偿。[2] 相较之下,一般性威慑的实现形式较为广泛,例如,罚款、惩罚性赔偿和强制性救济措施。

第二节 垄断行为救济措施的应然目标

一、终止垄断行为

通常情况下,当经营者实施了垄断行为,终止该违法行为则是救济措施的首要目标。[3] 终止违法行为意味着遵守反垄断法的具体规定,此时

---

[1] See European Commission, Damages Actions for Breach of the EC Antitrust Rules, COM (2005) 672, Section 2.3.

[2] See Sebastian Peyer, Injunctive Relief and Private Antitrust Enforcement, CCP Working Paper No. 11-7, 2011, accessed March 26, 2024, http://ssrn.com/abstract=1861861.

[3] 关于经营者垄断行为与救济措施的关系,参见李剑:《论反垄断法的实质理性》,载《学习与探索》2013年第12期。

相关经营者不得实施违背该法的行为。然而,如果该经营者的垄断行为在认定违反反垄断法之前就结束了,但相关市场的竞争秩序已受到影响,那么此时反垄断执法机构或法院则需要采取"责令停止违法行为"之外的救济措施。对此,有观点认为,某些垄断行为不应受到"禁令"的约束,如拒绝交易、技术搭售或掠夺性定价,甚至不应被起诉,因为针对此类的垄断行为难以形成具体的救济措施。然而,上述观点混淆了救济措施与法律责任的问题。以拒绝交易为例,反垄断法规定了拒绝交易的具体情形与条件,若在具体个案中确认某一行为属于拒绝交易,则对其发布"禁令"并不困难,困难在于经营者是否存在拒绝交易的行为这一前置问题。质言之,相较于具体救济措施,学术界与实务界似更关注如何认定经营者行为的违法性。

如果存在"责令停止违法行为"以外的具体救济措施,那么反垄断执法机构或法院应充分尊重相关当事人的选择权。因为具体救济措施不仅仅影响恢复相关市场的竞争秩序,还对经营者今后的市场行为具有一定程度的指导意义。例如,在 Automec Ⅱ 一案中,法院认为,在存在多种救济措施的情况下,欧盟委员会不得独断选择其中一项救济措施,并将这一选择强加给相关经营者。① 以《欧盟运作条约》第 101 条为例,当经营者之间订立垄断协议或者合作构成垄断行为时,"责令停止违法行为"的形式包括禁止经营者之间订立垄断协议或进行合作,这意味着积极义务的范围仅限于使"禁令"生效的措施。欧盟委员会可能要求涉嫌垄断行为的经营者通知协议的相对方,其不受积极义务的约束。②

针对滥用市场支配地位的救济措施,则在某种程度上更偏向于对市场垄断行为的规制。对于垄断协议的规制仅涉及当事方,主要是禁止经

---

① See Case T-24/90, Automec v. Commission [1992], ECR Ⅱ-2223, para. 52.
② 相关案例参见 Decision 82/123/EEC, VBBB/VBVB, O.J. 1982, L 54/36, Art. 4; Decision 82/367/EEC, Hasselblad, O.J. 1982, L 161/18, Art. 5; Decision 89/44/EEC, Publishers Association, O.J. 1989, L 22/12, Art. 4; Decision 98/273/EC, VW/Audi, O.J. 1998, L 124/60, Art. 2; Decision 98/531/EEC, Van den Bergh Foods, O.J. 1998, L 246/1 Art. 5. 上述案例都属于纵向限制。在令其重新拟定客户协议以消除限制性影响的情况下,也会施加相关的信息义务。再如 Decision 93/50/EEC, Astra, O.J. 1993, L 20/23, Art. 3; Case COMP/38.606, Groupement des Cartes Bancaires, Art. 2; Case COMP/734.579, 36.518 & 38.580, Mastercard v. Commission [2007]。欧盟委员会向上述案例中的经营者规定定期报告的义务,作为实施救济措施的一部分。

营者之间订立排除、限制竞争的垄断协议或合作。而禁止滥用市场支配地位则直接规制市场垄断行为,即禁止垄断经营者滥用其市场支配地位。① 由于两者的规制对象存在差异,可采取的救济措施也因此各异。若经营者的行为构成滥用市场支配地位,包括拒绝交易行为,则反垄断执法机构可以强制经营者实施交易行为作为相关的救济措施。② 甚至有权设置与被侵权方建立进一步关系的条件③,或者要求相关方提出遵守反垄断法相关规则的替代办法④。此外,反垄断执法机构还可下令终止或修改滥用市场支配地位的合同条款。⑤ 当发生其他形式的垄断行为时,欧盟委员会也可以下令采取积极措施。例如,在 2007 年微软滥用市场支配地位案中,欧盟委员会就曾明确要求,微软须在未预装视频播放软件的情况下提供视窗系统服务。⑥

与上述行为性救济措施相比较,结构性救济措施似乎与比例原则不一致。⑦ 因为结构性救济措施不以既有的违法行为为基础,而是发挥指引市场竞争行为的作用。⑧ 如果要求结构性救济措施符合比例原则,那么结

---

① See Richard Whish and David Bailey, Competition Law, 8th ed., Oxford University Press, 2015, p. 253.

② 例如,欧盟委员会在下列相关案例中下令采取积极行动,作为违反拒绝交付货物或提供信息的救济措施。参见 Case COMP IV/31.851, Magill v. Commission Decision 89/205/ EEC [1988], OJ L78/43, Art. 2; Case T-201/04, Microsoft v. Commission [2007], ECR II-3601; Case C-481/01 P (R), NDCIMS Health et al. v. Commission [2002], ECR I-3401; Case C-481/01, IMS Health v. NDC Health [2004], ECR I-5039. 然而,欧盟委员会并不总在拒绝交易案件中向滥用市场支配地位的经营者施加供应责任作为救济措施。参见 Commission Decision in COMP/39.525, Telekomunikacja Polska, 22 June 2011。

③ Valentine Korah, Istituto Chemioterapico Italiano S.P.A. and Commercial Solvents Corporation v. Commission of the European Communities, 11 Common Market Law Review, 248 (1974).

④ See Decision 98/190/EEC, Flughafen Frankfurt/Main AG, O.J. 1998, L 72/30, Art. 2.

⑤ See Decision 98/538/EEC, AAMS, O.J. 1998, L 252/47, Art. 4.

⑥ 针对微软滥用市场支配地位案的详细讨论,参见 Nicholas Conomides, Ioannis Lianos, The Quest for Appropriate Remedies in the Microsoft Antitrust EU Cases: A Comparative Appraisal, in Luca Rubini (ed.), Microsoft on Trial, Legal and Economic Analysis of a Transatlantic Antitrust Case, Edward Elgar, 2010, pp. 393-462。

⑦ 结构性救济措施是通过资产"剥离"等创造新的竞争者或强化在位弱势的竞争者,以维持市场的竞争结构、补救竞争损害的救济措施类型。参见叶军:《经营者集中反垄断控制限制性条件的比较分析和选择适用》,载《中外法学》2019 年第 4 期。

⑧ 结构性救济措施与违法行为之间的关系尚存争议。参见〔美〕理查德·A. 波斯纳:《反托拉斯法》,孙秋宁译,中国政法大学出版社 2003 年版,第 119 页。

构性救济措施实施的前提应该是,经营者的行为构成垄断或滥用市场支配地位。然而,由于经营者的市场支配地位本身并不违反欧盟竞争法,因此,结构性救济措施可能并非结束违法行为的最佳选择。实践中,以欧盟竞争法为例,在经营者违反《欧盟运作条约》第102条的情况下,欧盟委员会基于《欧盟第1/2003号条例》第7条发布的"禁令"通常限于被发现的违法行为,这不仅体现出"禁令"与违法行为的对应关系,而且还是欧盟委员会针对违法行为最常采用的做法。自《欧盟第1/2003号条例》生效以来,欧盟委员会针对经营者违反《欧盟运作条约》第102条所作出的决定较少,也仅是命令涉嫌垄断的经营者停止违法行为,并禁止今后采取类似行动。[1]

此外,终止违法行为是《欧盟第1/2003号条例》第9条的重要内容。[2] 具体而言,如果欧盟委员会准备作出决定,要求终止某项违法行为,那么相关经营者的承诺将会消除欧盟委员会在初步评估中表达的"担忧",欧盟委员会可以用决定的方式将这些承诺变成对相关经营者有约束力的决定。[3] 由此可见,欧盟委员会依据《欧盟第1/2003号条例》第9条所作出的决定并不是基于实际的违法行为,而是欧盟委员会对相关市场竞争秩序的"担忧"。就本质而言,此类决定是具有前瞻性的,主要是针对相关经营者经常性的或未来可能发生的违法行为。但值得注意的是,由于依据《欧盟第1/2003号条例》第9条所作出的决定适用更为宽松的比例原则的标准,因此,即便出于结束违法行为的目的,相关经营者也可以承诺采用结构性救济措施。

二、防止垄断行为的反复

如果将防止垄断行为的反复作为救济措施的目标,那么救济措施的实施所具有的前瞻性和指导性,不仅可以一定程度上确定经营者未来的

---

[1] See Case COMP/38.113, Prokent v. Tomra [2006]; Case COMP/38.784, Telefonica v. Commission [2007]; Case COMP/37.990, Intel v. Commission [2009].

[2] 根据该条文的相关案例,参见 Case 61291, Liechtensteinische Kraftwerke Anstalt v. Telecom Liechtenstein AG [2006]。

[3] 承诺制度是一种经营者与执法机关之间以互相承诺来代替反垄断法处罚的执法方式。参见盛杰民、焦海涛:《反垄断法承诺制度的执行难题与激励》,载《清华法学》2009年第2期。

哪些行为具有违法性,还可以阐明类似市场交易行为的原则。① 但由于垄断行为具有一定的抽象性与普遍性,防止垄断行为再次发生并非易事。例如,某一零件制造商制造零件的成本价是 Z,但却以低于成本价的 Y 将一批零件出售给经销商 X。可见,零件制造商涉嫌掠夺性定价,对应的救济措施是禁止零件制造商在将来以 Y 价格或低于成本价的任何价格向经销商 X 出售相同型号的零件。上述救济措施可能终止垄断行为,但却难以防止垄断行为的再次发生。因为在零件停产且价格成本下降的情况下,上述救济措施只能针对特定的违法行为。若为预防违法行为的反复,需将相应的救济措施具体化,即零件型号、市场交易情况、价格成本变化及衡量标准等因素纳入考量。

以 2009 年微软搭售案为例,违法行为的抽象性和普遍性所造成的问题尤为突出。微软实施了滥用市场支配地位的行为,限制网景开发的第三方浏览器在 Windows 系统上使用。浏览器是连接系统和互联网的"桥梁",因此,浏览器的选择和使用是微软和网景市场竞争的重心。本案所引发的关键问题是,该违法行为是否应当及如何普遍化地被制止,以防止类似违法行为的反复。本质上,结束违法行为和防止违法行为反复的救济措施呈现"具体"和"抽象"的冲突。违法行为越是具体,其救济措施就越具有针对性,就越难以为后续类似行为的发生提供指引。与之相对的是,违法行为越是抽象,救济措施则越有可能变为成本过高的监管。② 同时,后续类似的行为本身不一定属于违法行为,此种情况下适用救济措施反而可能会造成不当的监管。

以滥用市场支配地位的投入品封锁及客户封锁为例。投入品封锁通常是指,并购方通过纵向并购上游经营者,限制下游的竞争者接触重要的投入品,提高竞争者的成本,从而在下游市场获得或增强市场份额,相应的行为包括拒绝交易、价格歧视和利润挤压等。投入品封锁也可以通过

---

① 法律旨在对人们的相互关系进行合乎理性的有规则的调整,以及作为文明社会中人们行为的指导。参见〔美〕罗斯科·庞德:《法理学》(第 3 卷),廖德宇译,法律出版社 2007 年版,第 378 页。

② 救济成本可能制约救济措施的选择和实施。参见许明月:《侵权救济、救济成本与法律制度的性质——兼论民法与经济法在控制侵权现象方面的功能分工》,载《法学评论》2005 年第 6 期。

排他性协议实现,例如,先占必要设施。而客户封锁是指,并购方限制其上游的竞争者接近市场客户,间接减少竞争者的收入,从而在下游市场获得或增强市场份额,相应的行为包括掠夺性定价、忠诚度回扣、搭售、捆绑销售或单一品牌战略。①

针对投入品封锁这一垄断行为采取救济措施,通常需要阐明具有市场支配地位的经营者和被侵权方之间的商业关系条款,以明确损害行为和损害结果之间的因果关系。这一做法在拒绝交易、价格歧视和利润挤压等案例中均有体现。在互联网行业中,投入品封锁是该行业垄断行为的重要问题。不同行业之间投入品封锁的救济措施也会因行业特点而呈现细微的差别。对于客户封锁,相应的救济措施主要是结束现有违法行为,不需要对相关经营者施加特定的义务。② 在既有案件中,反垄断执法机构倾向于发布较为简单的"禁令",要求涉案经营者通知其协议伙伴迅速终止客户封锁。③

如上所述,结构性救济措施有助于防止违法行为的反复,但其实施有一定条件。具言之,结构性救济措施有助于消除市场经营者未来实施垄断行为的动机。防止违法行为的反复是结构性救济措施的主要目标。例如,可以下令"剥离"相关经营者的业务,以削弱其市场支配地位。但是,结构性救济措施的实施应与违法行为成比例。对此,只有在经营者面临经营的重大风险或有可能发生重复违法行为的情况下,结构性救济措施与违法行为之间才具备适当的比例性。值得注意的是,防止违法行为的发生(目的)和经营者自身经营结构的改变(手段)之间的有效性可能并不明显。例如,对于纵向一体化的经营者而

---

① 然而,这些行为之间的界限并不明确,参见 Case E-15/10, Posten Norge AS v. EFTA [2010]; Case T-65/98, Van den Bergh Foods v. Commission [2003], ECR II-4653, paras. 154-163。

② 关于客户封锁对下游市场有效竞争的影响,还必须考虑买方力量、集中产生的效率等因素。参见黄勇、蒋涛:《非横向企业合并的反垄断规制——以欧盟〈非横向合并指南〉为基础展开》,载《清华法学》2009 年第 2 期。

③ See Case Prokent v. Tomra [2002]; Case T-155/06, Tomra v. Commission [2010], ECR II-4361; Case T-286/09, Intel v. Commission [2009]. 关于更具体的救济措施的例证,参见 Case C-62/86, AKZO v. Commission [1991], ECR I-3439, paras. 155-157;可比较在微软搭售案与英特尔滥用市场支配地位案中的救济措施,Case T-201/04, Microsoft v. Commission [2007], paras. 30-32, 33-34; Case T-286/09, Intel v. Commission [2009], para. 1756。

言,通常要求某一经营者改变自身的经营结构,但这一做法显然不足以防止违法行为的反复。

近年来,欧盟竞争法最显著的发展是《欧盟第 1/2003 号条例》第 9 条。如上所述,该条主要是欧盟委员会要求相关经营者对结束违法行为进行承诺。由于此类决定具有前瞻性,因此,有助于防止违法行为的反复发生并有助于加强市场竞争。迄今为止,欧盟委员会基于《欧盟第 1/2003 号条例》第 9 条而发布的命令大多都要求相关经营者承担促进竞争者进入市场的义务。《欧盟第 1/2003 号条例》第 9 条也引入了行为性和结构性救济措施[1],以规制市场封锁行为。如上所述,市场封锁可分为投入品封锁和客户封锁。一方面,垄断行为通常涉及相关市场的投入品封锁,并呈现不同的表现形式。例如,在能源市场中,投入品封锁的表现形式是独占基础设施。对此,既有案例表明结构性救济措施是规制相关问题的最优解。另一方面,相关市场的投入品封锁还可能包括专利伏击、独家供应和拒绝交易等行为。与此同时,虽然相关市场已经解决了客户封锁问题,但仍存在针对剥削型滥用行为的救济措施实施的困境。[2]

《欧盟第 1/2003 号条例》第 9 条的实践情况至少可以归纳为以下三点:其一,该条例下救济措施的设计偏向市场准入的促进,而非简单地要求相关经营者结束违法行为。其二,该条例下救济措施的实施超出了结束违法行为和防止违法行为反复的目标。其三,该条例下救济措施的实施具有不确定性,其既非针对既有的违法行为,也缺乏判例法的支持。

三、恢复市场竞争秩序

除上述两个目标以外,恢复市场竞争秩序是垄断行为救济措施的主

---

[1] 一般而言,救济措施可分为行为性救济措施和结构性救济措施。See Stephen Davies, Bruce Lyons, Mergers and Merger Remedies in the EU: Assessing the Consequences for Competition, Edward Elgar Publishing, 2007, pp. 13-17.

[2] 关于剥削型滥用行为的救济措施的实施困境,参见 Kim Talus, Just What is the Scope of the Essential Facilities Doctrine in the Energy Sector? Third Party Access-friendly Interpretation in the EU v. Contractual Freedom in the US, 48 Common Market Law Review, 1571(2011); Malgorzata Sadowska, Energy liberalization in an Antitrust Straitjacket: A Plant too Far? 34 World Competition, 449(2011).

要目标。① 恢复性救济措施包括资产"剥离"和强制禁令。恢复性救济措施的适用一直以来颇有争议,可能会造成以下问题:其一,恢复性救济措施可能给经营者施加不相称和不公平的负担;其二,恢复性救济措施可能导致政府监管代替市场竞争;其三,由于市场竞争的复杂性,恢复性救济措施未必能有效恢复市场竞争秩序,甚至可能导致市场竞争秩序的混乱。值得注意的是,预防性救济措施和恢复性救济措施颇为相似,但二者的区分仍具有重要意义。前者旨在防止新的违法行为对今后造成伤害,后者旨在防止过去的违法行为对今后造成伤害。实践中,垄断行为救济措施的目的往往被忽略,亦通常难以明确如何根据救济措施的目的制定救济措施。

不可否认的是,救济措施也可能同时具有预防功能和恢复功能。② 例如,欧盟委员会针对 2004 年微软搭售案的救济措施,即要求微软向其他公司披露微软桌面操作系统与其他补充软件之间互操作的相关信息。③ 上述救济措施可以从预防性角度理解,因为微软拒绝实现软件的互操作会增加操作系统市场的进入障碍。同时,上述救济措施亦可以从恢复性角度加以审视,因为强制微软进行信息披露的救济措施将促进相关市场竞争者的进入,从而减轻微软过去的违法行为对市场造成的伤害。由此可见,合理的分析需要明确救济目的,有助于评估救济措施的适用性。④

原则上,恢复性救济措施的实施不以违法行为为前提。例如,在 AT&T 一案⑤中,对 AT&T 的拆分属于恢复性救济措施。原因在于,尽管 AT&T 继续持有本地交换运营商的相关业务并不违法,但该业务的拆分有助于恢复因 AT&T 拒绝交易而受损的市场竞争秩序。然而,恢复性救济措施实际上也是一把"双刃剑",一方面,恢复性救济措施的实

---

① 例如,美国《谢尔曼法》的目的是维护作为贸易规则的自由和不受束缚的竞争。参见郑鹏程:《反垄断法专题研究》,法律出版社 2008 年版,第 2—3 页。
② 参见刘宁元:《反垄断法政策目标的多元化》,载《法学》2009 年第 10 期。
③ See Case COMP/C-3/37/792, Microsoft v. Commission [2004].
④ 合理的分析不仅包括明确救济措施的目的,还可能涉及有关机构的执法能力等。参见韩伟:《经营者集中附条件法律问题研究》,法律出版社 2013 年版,第 34 页。
⑤ See Case United States v. American Tel [1983].

施不以违法行为为前提,为反垄断执法机构和法院提供了更广泛的救济措施的选择;另一方面,正因为恢复性救济措施不针对特定违法行为,存在过度救济的隐忧,并可能引发市场竞争失序。对此,一些观点认为,恢复性救济措施应与垄断案件的起诉挂钩,将设计和实施审慎有效的恢复性救济措施作为起诉垄断案件的前提,但这一观点仍然有待商榷。反垄断案件的事实和法律问题只有在案件审理的过程中方得以澄清,对此,反垄断执法机构须在整个诉讼过程中对救济措施保持试探性和灵活性。更重要的是,恢复市场竞争秩序并不是救济措施唯一追求的目标,结束违法行为、防止违法行为反复发生和补偿等目标都足以促使当事人提起反垄断诉讼。可见,虽然反垄断问题的复杂性可能导致救济措施的适用不够完善,但也不能因为无法采取完善的救济措施就停止起诉。

结束违法行为的救济措施和恢复市场竞争秩序的救济措施之间有所区别。在多数情况下,"禁令"有助于恢复市场竞争秩序。例如,"禁令"可以消除人为的市场准入门槛。值得注意的是,《欧盟运作条约》第101条还可适用于协议已终止,而协同行为仍存在的情况。① 但是,违反《欧盟运作条约》第101条或第102条的行为可能会以多种方式对市场造成持续损害,实践中主要表现为以下两个方面:其一,在市场封锁的情况下,市场竞争秩序的恢复是一个缓慢的过程;其二,在经营者因违法行为形成或强化自身市场支配地位的情况下,垄断经营者市场地位的削弱往往需要一定时间。此时,恢复市场竞争秩序的目标就可能陷入"设想"的困境,即在没有违法行为的情况下,市场竞争秩序将会如何?

在 UFEX 一案②中,法院明确表示,违法行为结束后,若其影响仍继

---

① 关于垄断协议已经终止,但协同行为仍然存在的状况,参见 Case 51/75, EMI Records v. CBS [1976], ECR 811, para. 30; Case 243/83, SA Binon v. SA Agence et messageries de la presse [1985], ECR 2015, para. 17; Case T-2/89, Petrofina v. Commission [1991], ECR II-1087, para. 212; Case T-14/89, Montecatini v. Commission [1992], ECR II-2409, para. 231; Case T-327/94, SCA Holding v. Commission [1998], ECR II-1373, para. 95; Cases T-109/02, Bollore et al. v. Commission [2007], ECR II-947, para. 186。

② See Case C-119/97 P, UFEX v. Commission [1999], ECR I-1341.

续存在,则欧盟委员会有权采取行动,以"消除或中和"违法行为所带来的不利影响。此后,AKZO 一案[①]确认了上述立场,该案中,欧盟委员会规定了一项旨在使竞争者重新获得其市场地位的义务。可见,《欧盟第1/2003 号条例》第 7 条的救济措施也具有恢复市场竞争秩序的目标,且需遵守比例原则。[②] 然而,《欧盟第 1/2003 号条例》第 7 条规定的救济措施并非专门用于恢复市场竞争秩序,AKZO 一案中欧盟委员会的决定显然是特例。同时,AKZO 一案的特殊性也间接展现了相关救济措施在恢复市场竞争秩序中存在的问题。一般而言,违法经营者已经形成或强化了自身的市场支配地位,而其竞争者可能已部分或全部退出相关市场。在此情况下,直接限制违法经营者市场份额的救济措施似乎是反竞争的。此时,恢复市场竞争秩序的救济措施可能是针对上述违法行为的唯一手段。特别是在原有竞争者已经破产的情况下,促使新的竞争者进入相关市场的救济措施可以有效消除上述垄断行为产生的影响。

为消除违法行为产生的持续不利影响,结构性救济措施的实施尤为重要。但是,结构性救济措施的实施成效很大程度上取决于违法行为的性质。[③] 如果市场竞争结构由于单一且可逆的合法交易而受到损害,那么结构性救济措施则可以有效规制违法行为。例如,如果收购少数股权属于违法行为,那么欧盟委员会可能会下令"剥离"该经营者的业务以终止垄断行为的影响。[④] 恢复性救济措施通常具有前瞻性,因此,其特别有助于恢复市场竞争秩序。[⑤] 本质上,此类救济措施的主要作用就是恢复市场竞争秩序,其内容涉及促进市场竞争和市场准入,而不仅仅是结束违法行为。在恢复市场竞争秩序这一目标上,《欧盟第 1/2003 号条例》第 9

[①] See Case C-62/86, AKZO v. Commission [1991], ECR I-3439, para. 157.

[②] 比例原则要求救济措施对经营者造成的负担应当和所消除的竞争损害成比例。参见吴振国、刘新宇:《企业并购反垄断审查制度之理论与实践》,法律出版社 2012 年版,第 437 页。

[③] 关于美国相关案例的实证研究说明的结构性救济措施的效用,参见 Robert W. Crandall, The Failure of Structural Remedies in Sherman Act Monopolization Cases, 80 Oregon Law Review, 109 (2001).

[④] See Case Europemballage and Continental Can v. Commission [1973]; Cases 142 & 156/84, BAT/Reynolds v. Commission [1987], ECR 4487. 关于"剥离"的更详细讨论,参见 Tommy Staahl Gabrielsen, Erling Hjelmeng and Lars Sorgard, Rethinking Minority Share Ownership and Interlocking Directorships: The Scope for Competition Law Intervention, 36 European Law Review, 837(2011).

[⑤] 恢复性救济措施通常无须与违法行为相关。

条的救济措施填补了既有实践的空白。法院也可以采取恢复性救济措施。但法院关注的重点是个人权利和原告的法律地位,因此,其不一定是适合市场竞争的解决方案。质言之,法院不适合采取恢复性救济措施。从竞争政策的角度来看,恢复性救济措施的着眼点是整体的市场竞争秩序,法院的着眼点是当事人利益。由于市场利益不一定等于个体利益,因此,法院采取恢复性救济措施可能更多关注如何保护竞争者,而不是市场竞争秩序本身。

例外情况是,如果经营者需要注入资本以重新获得竞争地位,损害赔偿作为民事诉讼的关键救济措施,可能发挥恢复市场秩序的作用。① 总体来看,损害赔偿所产生的此类影响或多或少是一种巧合。此外,损害赔偿很少会在规定的时间内作出。合同无效的救济措施也有助于恢复市场竞争秩序。例如,经营者因专业化协议或削减产能协议需要出售资产,或者竞争者获得了竞争经营者的少数股权。在此情况下,实物归还可能更有助于恢复市场竞争秩序。综上所述,虽然反垄断执法机构可能会对违法行为进行干预,采取救济措施以恢复市场竞争秩序,但一般不适用行为性或者结构性救济措施,主要原因在于二者的实践成效存在疑问。由此可见,实现恢复市场秩序这一目标的最佳路径可能是在违法行为结束的前提下,让市场自行恢复。

四、补偿垄断行为的受损害方

垄断行为救济措施最直接的目标,是对垄断行为的受损害方进行补偿。由于政策和现实原因,法律对被侵权者的补偿或高或低。例如,在固定转售价格的案件中,因价格过高而无法购买相关产品的消费者通常得不到相应的补偿。与此同时,在计算直接购买者受到的损害时,也不考虑直接购买者是否将部分或者全部超额费用"转嫁"给其转售的消费者。实践中,补偿目标存在以下问题:其一,是否应按照美国《谢尔曼法》第 4 条的规定,将补偿范围限于对"业务或财产"的损害?

---

① 针对民事诉讼中救济措施的讨论,参见 Daniel Berger, Roger Bernstein, An Analytical Framework for Antitrust Standing, 86 Yale Law Journal, 848(1977).

其二，补偿是否应限于反应违法行为对竞争造成的损害，还是应补偿部分违法行为导致受损害方所受到的所有损害？其三，补偿是否应限于相关市场的参与者，还是应补偿任何因果关联的伤害？其四，已经"转嫁"了可识别的损害的当事人是否有权获得补偿？其五，对直接受害者的可补偿损害应该被视为严重损害还是净损害？其六，是否应该通过受损害方能够减轻损害的程度来减少对直接受损害方的补偿？其七，由于确定受损害方受到的损害程度需要预估，因此，什么样的证据能够确定损害的严重程度？

综上所述，在竞争规则下，私人利益以两种方式受到保护：一是私人利益作为竞争的先决条件，即在民事诉讼中，原告一般是竞争者或者经营者；二是私人利益作为竞争的结果，即在民事诉讼中，原告一般是用户或消费者。反垄断损害的典型形式是消费者承担过度收费，对他们的保护源自对市场竞争过程的保护，而补偿这些受损害方将弥补违法行为造成的损害。[①] 此外，当违法经营者采取市场封锁时，其竞争者也将以利润损失的形式形成实际的经济损失。总体来看，此类损失的补偿有助于恢复竞争者的财务状况或发挥威慑作用，从而间接实现竞争规则的目标。

根据欧盟法院的判例，现行侵权法并未对这两个群体加以区分。对此，欧盟法院明确表示，"任何人"都有权获得损害补偿，即享有欧盟法律权利，从而有效地避免将特定群体排除在法律保护之外。[②] 然而，法律的保护程度也有一定限制，不能超过美国法律所提及的反垄断损害，即损害应反映反竞争效果，而反竞争效果与侵害或侵害产生的反竞争行为直接相关。[③] 简言之，它应该是声称的违法行为可能造成的损失类型。上述限制实际上体现了直接因果关系的要求，这是根据欧盟成员国和欧盟的

[①] 针对过度收费的救济措施的讨论，参见 American Bar Association, Proving Antitrust Damages, 3th ed., Legal and Economic Issues, 1996, p. 17。

[②] See Case C-199/11, Europese Gemeenschap v. Otis NV [2012], para. 40.

[③] 关于美国法中反垄断损害的具体解释，参见相关案例，US Supreme Court in Brunswick Corp. v. Pueblo Bowl-o-mat, Inc., 429 U.S. 477 (1977); Atlantic Richfield Co. v. USA Petroleum Co., 495 U.S. 328 (1990): "总之，被告没有受到'反托拉斯损害'，因为它的损失并不是来自纵向违法的最高价格。"

责任原则制定的。① 对垄断行为的受损害方进行有效补偿的主要障碍是如何量化损害。此外,相关受损害方缺乏寻求补偿的动机和手段,因为他们往往数量众多而损失较轻。对此,集体诉讼在一定程度上有助于受损害方获得补偿,但也存在相应的困境。例如,集体诉讼的费用高昂,或缺乏集体诉讼的法律文化等。②

此外,转售行为的存在,即受损害方采用高额收费的方式将损害"转嫁"给消费者,可能会导致补偿复杂化。对此,美国反垄断法忽略了上述传递效应,从而牺牲了以补偿促进有效反垄断执法的途径。③ 相较之下,欧盟竞争法承认上述传递效应,前提是有证据证明转售行为可能会对客户造成损害。④ 值得注意的是,侵权法对转售行为同样进行了假设,即"如果没有被告的行动,损害是否会发生",这就导致传递效应难以量化。实践中,传递效应的量化只有在特殊情况下才能实现,例如,事先存在成本保利合同。

综上所述,竞争法与侵权法的一般原则难以实现对垄断行为受损害方的有效补偿,因为"充分补偿"和"充分市场竞争"一样都是难以实现的。相较之下,有效结束违法行为和迅速恢复市场竞争秩序可能是实现补偿的有效途径。

---

① See Cases C-46 & 48/93, Brasserie du Pecheur SA v. Bundesrepublik Deutschland [1996], ECR I-1029, para 51; Case C-440/07 P, Commission v. Schneider Electric SA [2009], ECR I-6413, para. 186.

② 欧洲学者的观点,参见 Dimitrions Panagiotis L. Tzakas, Effective Collective Redress in Antitrust and Consumer Protection Matters: A Panacea or a Chimera? 48 Common Market Law Review, 1125(2011)。

③ 关于转嫁行为的定义的确定,参见 Hanover Shoe v. United Shoe Mach., 392 U.S. 481 (1968); Illinois Brick Co. v. Illinois, 431 U.S. 720 (1977). 对此更详细的讨论,参见 Robert G. Harris, Lawrence Sullivan, Passing-on the Monopoly Overcharge: A Comprehensive Policy Analysis,128 University of Pennsylvania Law Review, 269 (1979)。

④ See Case C-94/10, Danfoss A/S and Sauer-Danfoss APS v. Skatteministeriet [2011].

第三节　垄断行为救济措施的必要限制

一、限制垄断行为救济措施的法理基础

在法律分类学中，"救济"的法律性质一直是具有争议的。是否需要将构成救济措施的实体规则从救济措施中区分出来？或者说，救济措施是否属于一种程序？还是需要将构成救济措施的实体规则与程序区分对待？一种观点认为，并不存在救济措施的法律制度，救济措施与其说是一种法律制度，不如说是一种社会制度。同理，为救济提供精准的法律定义也面临相当的困难。"救济"可能被定义为对侵权行为的事前预防或事后维权措施，或是保护权利的诉讼程序。①

从救济与权利的关系角度而言，两者之间的联系体现在"适用法律，必须救济"这一准则。② 根据这一准则，权利是救济的法律前提，权利也因此界定了救济的范围。然而，这个原则并不完全准确，因为有些权利是无法通过事后救济进行补救的。另一种观点则认为，救济是"具有工具性质"的从权利，目的是更好地保护基本权利。③ 针对基本权利的侵权行为是救济与基本权利产生联系的关键。因为侵权行为而产生的从权利，这一权利的性质可能是事前预防性的措施或事后补偿性的救济。换言之，从权利是在基本权利受到侵犯时，有权获得救济措施，即当某种违法行为发生时（如侵权行为发生或合同被违约），出现关于违法行为的诉讼理由。救济措施构成了对诉讼理由的回应，诉讼理由同时亦表示何时给予法律救济，与此同时，救济措施也回答了如何提供法律救济的

---

① 关于救济的法律定义，"救济"一词是指对侵犯权利的预防和治疗，是保护权利的行动或诉讼。参见 Christopher Columbus Langdell, A Brief Survey of Equity Jurisdiction, 4 Harvard Law Review Association, 99 (1890).
② 参见该原则的拉丁文表述"ubi jus, ibi remed.ium"。
③ 救济措施是次要的权利，这意味着主要权利的存在，这些权利的授予是为了更好地保护和执行主要权利。See John Austin, Lectures on Jurisprudence or the Philosophy of Positive Law, 5th ed., John Murray, 1885, p. 762.

问题。①

然而,界定侵害基本权利的标准与产生从权利的标准不同。对一项基本权利的侵犯可能会产生一系列的反应:不同类型的从权利,它们不一定与具体的违法行为有任何逻辑联系。它们可能产生替代性的救济措施,如赔偿或罚款,即使这些救济措施并不对应于一个特定类型的违法行为,也能适用于各种形式的违法行为,因为许多民事违法行为都存在多种救济的类型。

在以上诸多救济类型之中,基本权利与救济措施是不同的法律概念。因此,应对两者进行区分。责任的承担主要是针对基本权利的侵害,救济措施则是法律对被侵权人的某种弥补配置,因此,更多地依赖法官根据具体案情酌情裁量,由此增加了救济措施的性质及形式的不确定性与不可预测性。救济措施也因此被认为是"自由裁量"的同义词。在私法领域,这种不确定性和不可预测性在某种程度上是可避免的,其标准是针对被侵权人最有效的措施选择。② 然而,在公法领域,例如,反垄断法的执行,可预测性和确定性是否有同样的重要性或必要性? 例如,增加反垄断法救济措施的可预测性反而导致违法行为的发生,因为当企图实施垄断行为时,经营者有可能精确地计算了违法的成本和收益,从而确保实施垄断行为更有效益。因此,针对救济的自由裁量权与由此产生的救济的不可预测性是相辅相成的,自由裁量权应有相应的规则进行制约,但这些规则并不能为实现法律结果的可预测性提供基础。

由此,将基本权利与救济措施严格区分将无法限制对救济措施的自由裁量。这种自由裁量可能带来相当的风险。救济措施具有目的性,对目的的界定需要与被侵权的基本权利或者违法行为产生因果关系。由此,将基本权利与救济措施完全区分较为困难,即使两者遵循着不同的标

---

① See Kit Barker, Rescuing ReMedialism in Unjust Enrichment Law: Why Remedies Are Right, 57 Cambridge Law Journal, 301(1998).

② 关于公私法中救济措施的不同,参见 Anthony Ogus, Costs and Cautionary Tales: Economic Insights for the Law, 1th ed., Hart Publishing, 2006, pp. 71-86; Charles J. Goetz, Robert E. Scott, Liquidated Damages, Penalties and the Just Compensation Principle: Some Notes on an Enforcement Model and a Theory of Efficient Breach, 77 Columbia Law Review, 554(1977); Richard A. Posner, Economic Analysis of Law, 6th ed., Aspen Publishers, 2003, p. 120。

准。因此,在基本权利或违法行为与救济措施之间必须有某种逻辑联系,当然并不妨碍两者属于独立的法律类别。换言之,描述基本权利的方式通常可以为暗示对权利的侵犯会导致某种范围的后果,即预示相关的从权利。当然,基本权利的内涵与外延仍然不同于将侵权行为诉讼到法院后,法院的裁判标准。[1]

总而言之,基本权利和与之相应的救济措施之间的确存在理论区别,但不应概念化某一概念,从而导致另一概念的孤立,权利与救济之间一直存在相互依存的关系。[2] 申言之,对基本权利的定义方式会影响对侵权行为反应的范围,反之,对相关反应范围的定义亦有助于对基本权利作出恰当的定义。例如,通过观察法院对救济措施的选择来判断基本权利的性质。由此,还意味着对救济措施自由裁量的限制不仅应是程序性的,更重要的需涉及基本权利的实质。

二、比例原则在传统惩罚理论中的规范功能

比例原则通常被简单地描述为"罪刑相适应"。有观点认为,比例原则是指,刑罚的轻重应与犯罪的轻重成比例。这个看似简单明确的描述背后,隐藏着复杂的争论:①在确定比例原则时,需要考虑哪些特定的方面,即与什么成比例;②在计算适当的刑罚时,必须考虑哪些方面,即惩罚的量。关于比例原则在惩罚中的解释与适用,很大程度上取决于对具体个案中惩罚的合理性与必要性的理解。然而,如何实施恰当的惩罚是一个颇具争议的问题,这也意味着很难对比例原则给予详尽且共同认可的定义。[3]

对惩罚的正当性与目的进行界定时,存在两种不同的观点。其一,报应是惩罚的最终目标,即罪犯需要受到惩罚,因其违反了社会规范,理应

---

[1] See Kit Barker, Rescuing ReMedialism in Unjust Enrichment Law: Why Remedies Are Right, 57 Cambridge Law Journal, 301(1998).

[2] See Kit Barker, Rescuing ReMedialism in Unjust Enrichment Law: Why Remedies Are Right, 57 Cambridge Law Journal, 301(1998).

[3] 关于惩罚理论下的比例原则,参见 Richard S. Frase, Excessive Relative to What? Defining Constitutional Proportionality Principles in Why Punish? How Much? A Reader on Punishment, Oxford University Press, 2011, p. 263。

受到惩罚。这一观点是义务论的及回溯性的,侧重于惩罚罪犯过去的犯罪行为。在因果报应理论中,对犯罪的谴责是惩罚的主要目的,而其他诸如对犯罪的威慑并不是核心。其二,惩罚是为结果主义服务的,侧重于惩罚的未来社会效应,即惩罚行为本身包含对个人的相互冲突的伤害,并且只有当惩罚对未来社会有贡献时,惩罚才是正当的。在结果主义理论下,通过威慑防止犯罪是惩罚的主要目的。

在第一种以报应为惩罚的最终目标下,比例原则是决定刑罚等级的基本方法。由于因果报应理论是基于惩罚及犯罪事实的,因此,比例原则可确保罪犯得到不会多于或者少于应得的惩罚。在决定对罪犯处以何种惩罚时,因果报应理论需依据罪犯应受到责备的程度,但如何决定责备程度,以何种因素进行界定,一直存在分歧。① 因果报应理论更加关注罪犯的罪责,而非其所带来的损害,但其他理论却将对社会的危害程度界定为决定其责任的重要因素。② 然而,虽然罪责与对社会的损害都被认为是决定惩罚的关键因素,但实践中,罪责却作为更为主要的因素。可以得出结论,无损害亦会有惩罚,无罪责则不会有惩罚。③

由此,寻求因果报应理论下的比例原则的最大困难,是如何根据具体的罪责衡量恰当的惩罚。在不同的社会中,关于同一类型犯罪的惩罚严厉程度存在较大的差异。即使针对某一公民,其特定罪行应处以何种惩罚才适当也存在较大的分歧。换言之,比例原则在具体个案中的实施与其理论相差较远。

根据结果主义理论,惩罚的程度并不是建立在惩罚与罪犯的罪责之间的比例联系。反之,最佳惩罚应当是必要且充分的,即通过惩罚形成具体或一般的威慑,起到预防犯罪的作用。由此,类似的罪行可能因再犯可能性而受到不同程度的惩罚。特别是经济犯罪,可以通过定量评估来决定最佳的制裁水平,以确保威慑力,同时亦将执行成本考虑在内。④ 与因

---

① See Max Minzner, Why Agencies Punish, 53 William & Mary Law Review, 882(2012).
② See Max Minzner, Why Agencies Punish, 53 William & Mary Law Review, 883(2012).
③ See Michael Moore, Placing Blame: A General Theory of the Criminal Law, 1th ed., Clarendon, 1997. p. 193.
④ 以反垄断罚款为例,参见 Wouter P. J. Wils, Optimal Antitrust Fines: Theory and Practice, 29 World Competition, 190(2006)。

果报应理论相反,结果主义理论针对如何精确衡量某些犯罪的适当惩罚水平。① 尽管结果主义理论下的量刑标准是基于预防犯罪的功利性考虑,而不是基于犯罪的罪责性考虑,但比例原则的考虑仍然发挥着作用。其一,在起诉和惩罚的收益大于成本的情况下,才可以进行起诉和惩罚,即目的的比例原则。其二,惩罚的代价不能超过实现社会预期利益所必需的程度,即所谓手段的比例原则,也被称为最大简约法。② 然而,即使这些形式的比例原则被认可,结果论者的量刑观点也仍然认为轻罪重刑的威慑刑罚制度是合理的。

三、比例原则在反垄断法语境下的功能拓展

如前所述,比例原则不仅适用于垄断行为救济措施的设计,这一原则在惩罚理论下被界定为"惩罚的严厉程度须与刑事罪行相称",与此同时,亦是公法的"帝王原则"。比例原则在1958年的德国药房案中首次被确认其在德国的宪法地位。③ 由此,比例原则作为重要的决策分析方法与司法审查标准,成为一项具有普世性的一般原则。④ 根据这一原则,禁止某项经济活动的合法性受制于以下条件:为了实现某一规则的立法目的,禁止性措施是恰当且必要的;在若干恰当的措施可供选择时,须采取最简便的措施,且相关措施造成的不利后果不得与其所追求的目标不成比例。⑤

在反垄断法的逻辑框架下,比例原则成为实施救济措施时自由裁量

---

① See Peter Whelan, A Principled Argument for Personal Criminal Sanctions as Punishment Under EC Cartel Law, 4 Competition Law Review, 14(2007).
② 以共谋合同的罚款为例,参见 Marcel Boyer, Anne Catherine Faye and Rachidi Kotchoni, Challenges and Pitfalls in Cartel Policy and Fining, 31 Canadian Competition Law Review, 133(2018); Harold Houba, Evgenia Motchenkova and Quan Wen, Legal Principles in Antitrust Enforcement, 120 The Scandinavian Journal Economics, 861(2018).
③ 关于德国药房案的详细讨论及比例原则在公法上的运用,参见刘权:《比例原则的精确化及其限度:以成本收益分析的引入为视角》,载《法商研究》2021年第4期。
④ 作为平衡手段和目的之方法,比例原则已呈现普遍化倾向。参见陈景辉:《比例原则的普遍化与基本权利的性质》,载《中国法学》2017年第5期。
⑤ See Case C-331/88, The Queen v. Minister of Agriculture, Fisheries and Food and Secretary of State for Health〔1990〕, ECR Ⅰ-4023, para. 13.

的重要限制。① 在这个意义上,比例原则不同于成本效益分析。② 后者仅关注垄断行为所带来的损害的严重性与其实施的救济措施之间的关系。当救济措施的成本或负担超过了恢复相关市场的竞争秩序所带来的效益时,或者当某一救济措施的成本比另一种有同样效果的救济措施更高时,前者则是不适当的救济措施。与之相对,比例原则可能也需要从其他维度进行考量,例如,反垄断执法机构所追求的目标,从而评估相关的救济措施的适当性与必要性。③

尽管在美国反垄断法中,救济措施的比例原则并不存在,但是宪法框架下的比例原则要求其适用于大多数惩罚性损害赔偿案件,以及其他152种类型的相关救济措施。④ 在欧盟竞争法框架下,《欧盟第1/2003号条例》第7条明确规定,欧盟委员会可以对经营者实施与垄断行为相称的行为性或结构性救济措施。换言之,所施加的救济措施不应超过适当的程度,并应为实现所追求的目标,即恢复相关市场的竞争秩序是必要的。当没有同样有效的行为性救济措施或者任何同样有效的行为性救济措施对竞争者更具有负担时,才会选取结构性救济措施,否则,救济措施就可能不符合比例原则的要求。在欧盟竞争法的相关判例中,比例原则被赋予了具体内涵⑤,即所采取的救济措施不超过适当与必要的限度,且该措施是实现立法目的所必需的,在若干适当救济措施之间作出选择,需采取最简便的方法,此外造成的不利后果不得与所追求的目标不成比例。⑥

---

① 参见焦海涛:《我国反垄断法修订中比例原则的引入》,载《华东政法大学学报》2020年第2期。

② 关于比例原则和成本效益分析的具体区别,参见刘权:《比例原则适用的争议与反思》,载《比较法研究》2021年第5期。

③ See Case T-170/06, Alrosa v. Commission [2007], ECR II-2601.

④ 对美国法中比例原则适用情况的讨论,参见 Tracy A.Thomas, Proportionality and the Supreme Court's Jurisprudence of Remedies, 59 Hastings Law Journal, 73(2007); E.Thomas Sullivan, Richard S. Frase, Proportionality Principles in American Law: Controlling Excessive Government Actions, 1th ed., Oxford University Press, 2008。相关判例参见 State Farm Mut. Auto. Ins. Co. v. Campbell et al., 538 U.S. 408 (2003)。

⑤ 相关案例参见 Case T-260/94, Air Inter v. Commission [1997], ECR II-997; Case T-65/98, Van den Bergh Foods v. Commission [2003], ECR II-4653, para. 201; Case T-170/06, Alrosa v. Commission [2007], ECR II-2601。

⑥ 关于比例原则在竞争法救济措施中的具体内涵,参见 Opinion of Advocate general Kokkott in Case C-441/07 P, para. 46。

就所谓实现竞争法的立法目的而言,比例原则具有重要意义。要实现救济措施的适当性与必要性,恢复相关市场的竞争秩序,就需要对救济措施进行精确的衡量。此处的衡量,不单单需考量消费者福利、竞争制度的损害程度、垄断行为的性质与类型。① 当然,针对救济措施的选择并不仅仅局限于垄断行为的类别。② 在以经济为导向的竞争法中,比例原则需考量的是救济措施与具体个案中的损害理论之间的契合度。③ 它与经营者行为和所提出的损害理论之间有间接联系,正如华盛顿特区巡回法院在 2009 年微软搭售案中所认为的那样,救济措施当然应该是有效的,目的是重建竞争秩序。然而,如果比例原则要求损害和救济措施之间密切关联,那么确定这种配合的功能性对于采取救济措施至关重要。④

四、比例原则作为限制规则的适用路径

根据比例原则在反垄断法逻辑下的定义,其主要衡量救济措施与垄断行为之间的关系。⑤ 具体而言,为制止垄断行为而对相关经营者施加的义务范围应根据其行为性质而决定,并且施加的义务不得超过其实现目的,即重建相关市场竞争秩序的适当性与必要性的程度。⑥ 违反反垄

---

① 在竞争法的逻辑中,类型化的处理是非常重要的方法,一篇著名的类型化处理的相关论文讨论了滥用市场支配地位与合理原则处理之间的关系,参见 Ioannis Lianos, Categorical Thinking in Competition Law and The "Effects-based" Approach in Article 82 EC, Hart Publishing, 2009, pp. 19-49。

② 针对不同类型救济措施的选择的详细讨论,参见本章第二节至第五节的讨论。

③ 救济措施需要与损害竞争的行为紧密相连。这意味着,救济措施需要充分,但不能过于宽泛,并与垄断行为相称,特别是排他性垄断行为的救济措施须从案件的理论中有机地产生,参见 Thomas O. Barnett, Section 2 Remedies: What to do after Catching the Tiger by the Tail, 76 Antitrust Law Journal 3(2009); Werden G. J. Remedies for Exclusionary Conduct Should Protect and Preserve the Competitive Process, 76 Antitrust Law Journal, 65(2009)。

④ See Microsoft, 253 F.3d at 80 Hellstrom. 对此更详细的讨论,参见 Per Hellström, Frank P. Maier-Rigaud and Friedrich Wenzel Bulst, Remedies in European Antitrust Law, 76 Antitrust Law Journal, 43(2009)。

⑤ 关于比例原则与反垄断执法的关系,参见张晨颖:《比例原则视角下经营者集中反垄断执法的规则修正》,载《当代法学》2021 年第 4 期。

⑥ See Case T-76/89, Independent Television Publications Ltd. v. Commission [1991], ECR Ⅱ-575, para. 93; Case C-279/95P Langnese-Iglo v. Commission [1998], ECR Ⅰ-5609, para. 74.

断法的行为的存在,构成各方终止违法行为的义务基础,亦是实施救济措施的法理基础。① 在多数情况下,反垄断执法机构实施救济措施,目的是恢复市场竞争秩序②,以及避免经营者继续实施相同或类似的垄断行为。③ 例如,在 Cartonboard 系列共谋协议案④中,欧盟委员会禁止参与者在未来通过任何商业信息交换,直接或间接地获取竞争对手的商业信息,即使信息交换也并不必然构成垄断协议,因为这些信息与某些汇总的统计数据有关。然而,欧盟普通法院认为,这种救济措施超出了必要范围,因为禁止交换的为纯粹的统计信息,而且这些信息在某种程度上属于个人信息,无法被用于反竞争的目的。⑤ 事实上,欧盟委员会并不认为交换统计数据本身违反欧盟竞争法,而是该行为实际的反竞争效果。⑥

再如,在 Langnese-Iglo 一案⑦中,欧盟普通法院指出《欧盟运作条约》第 101 条只赋予委员会"禁止与竞争规则不相容的现有排他性协议的权力",因此,拒绝了欧盟委员会对缔结未来排他性采购协议实施预防性禁止的企图。欧盟普通法院在解释其立场时指出,根据作为共同体法律的基本原则之一的平等待遇原则,如果排除某些经营者在未来享受整批豁免条例的好处,而其他经营者,如本案中的介入者,可以继续签订该决定所禁止的排他性购买协议,这是不合理的。因此,这种禁止可能会破坏某些经营者的经济自由,并造成市场竞争的扭曲,这与条约设置的目的相违背。欧盟法院在上诉后裁定,普通法院的立场与其判例法一致,即根据所发现的侵权行为的性质,终止侵权行为,同时还

---

① See Cases 56 & 58/64, Consten & Grundig [1966], ECR 299, para. 338; Cases T-125 and 127/97, Coca Cola [2000], ECR Ⅱ-1733, para. 8.
② 关于垄断行为救济措施的应然目的,参见本书第二章。
③ See Case T-310/94, Gruber & Weber GmbH & Co KG [1998], ECR Ⅱ-1043, para. 167; Case T83/91, Tetra Pak [1994], ECR Ⅱ-755, para. 220: "救济措施的目的是终止裁决中发现的所有违法行为,并排除未来任何类似的违法行为。"
④ See Case T-106, Korsnas v. Cartonboard [2006].
⑤ 反垄断执法机构在采取救济措施时,必须能够充分地确定救济能否被执行和能否实现维持市场有效竞争的目标。参见沈敏荣:《法律的不确定性——反垄断法规则分析》,法律出版社 2001 年版,第 97 页。
⑥ See Case T-310/94, Gruber & Weber GmbH & Co KG [1998], ECR Ⅱ-1043, para. 178.
⑦ See Case T-7/93, Langnese-Iglo GmbH v. Commission [1995], ECR Ⅱ-1533, para. 205.

指出,法律确定性原则要求产生法律效果的行政部门的每一个行为都应该是清晰和准确的,以便当事人可以明确地知道他的权利和义务是什么并采取相应的措施。

在救济措施与所发现的竞争法错误之间的联系方面,临时措施也受到类似的限制。在 Ford Werke 一案①中,欧盟委员会采取了临时措施,要求相关经营者向德国经销商交付右舵车,该经营者向选择性分销网络的经销商发出通知,不再接受他们的右舵车订单,因此,构成垄断协议而违反欧盟竞争法。欧盟法院对这些临时措施的合法性进行了审理,因为该经营者拒绝满足德国经销商对右舵车的需求是一种单方面的做法,只有当它涉及该经营者与经销商之间现有的经销商协议的适用时,才会被纳入垄断协议的范围。申请人认为,扭转这种单方面的做法,虽然终结了侵权行为,但欧盟委员会的临时措施超出了授予它的权力。

欧盟普通法院认为,欧盟委员会可以采取那些看起来必不可少的临时措施,以防止其决定由于经营者的行为而"变得无效甚至虚幻"。然而,这一权力包括采取预防性救济措施的可能性,只要这"仅仅"与违反竞争法有关。然而,有争议的临时措施并不涉及与经销商之间的协议,而"仅仅"与经营者拒绝向德国经销商供应右舵车有关。该拒绝没有违反欧盟竞争法的规定,因此,它不在欧盟委员会最终决定的"框架"内。欧盟普通法院进一步指出,即使欧盟委员会提出的供应右舵车的要求被认为构成合理理由,作为《欧盟运作条约》第 101 条禁令的豁免条件,欧盟委员会也没有权力通过命令临时措施的决定,将该要求转换成一个单独的可执行的命令,而不给有关经营者留下任何选择。只有在停止供应构成主要侵权行为的一部分的情况下,欧盟委员会才可以实施救济措施,要求有关经营者继续供应。

---

① See Case S25 & 26/84 Ford Werke AG and Ford of Europe Inc. v. Commission [1985], ECR-0275.

第四节 垄断行为救济措施与民事诉讼损害赔偿的制度协调

一、反垄断公共执行与民事诉讼的关系

在反垄断领域,公共执行实现惩罚和威慑的效果,在法理层面优于民事诉讼。① 不可否认,民事诉讼的损害赔偿确实具备威慑作用,因为损害赔偿可以与公共执行中的罚款和其他救济措施叠加,增加违法者实施侵害的成本。但从最大程度威慑侵害行为的角度考虑,公共执行中罚款的增加和更快速低成本的行政处罚都更能发挥威慑作用。②

相较于民事诉讼的损害赔偿,公共执行的比较优势有两方面原因。③

第一,公共执行有国家权力的支撑,可以更有效地进行调查和实施惩罚。由于反垄断执法机构有更广泛的调查权,可以便利地收集违法行为信息。简言之,反垄断执法机构相较于个人而言,更能发现和证明垄断行为的存在。④ 在美国,公共执行可以借助国家权力展开,但民事诉讼只能依靠个人的证据收集。在效果上,公共执行可以实现更有效的惩罚,并且可以更好地控制惩罚的限度。在民事诉讼中,惩罚的实现形式只能是涉及金钱的损害赔偿。相较之下,公共执行不仅可以对相关经营者处以罚

---

① 关于公共执行的优势的详细讨论,参见 Wouter P. J. Wil, Should Private Antitrust Enforcement Be Encouraged in Europe? 26 World Competition, 473(2003); Wouter P. J. Wils, Principles of European Antitrust Enforcement, Hart Publishing, 2005, p. 35; Wernhard Moschel, Should Private Enforcement of Competition Law Be Strengthened? 24 The More Economic Approach to European Competition Law, 101(2007)。

② See Milton Handler, The Shift from Substantive to Procedural Innovations in Antitrust Suits-The Twenty-Third Annual Antitrust Review, 71 Columbia Law Review, 9(1971)。

③ 第三方面的原因可能是,民事诉讼中的损害赔偿似比公共执法的成本要高。事实上,在民事诉讼中,许多资源必须花在确定和分配损害赔偿上,比在公共执行中确定制裁所付出的资源要多,更详细的讨论参见 Kenneth G. Elzinga, William Breit, The Antitrust Penalties: A Study in Law and Economics, 2nd ed., Yale University Press, 1976, p. 95。

④ 关于救济措施的争论大都围绕商业行为的可感知经济效果展开,因此,执法机构相较于个人更容易获取此类信息,参见〔美〕欧内斯特·盖尔霍恩、〔美〕威廉姆·科瓦契奇、〔美〕斯蒂芬·卡尔金斯:《反垄断法与经济学》,任勇、邓志松、尹建平译,法律出版社 2009 年版,第 49 页。

款,还可以运用其他类型的救济措施进行惩罚。正如前文所述,对垄断行为的有效威慑有赖于不同救济措施的结合。例如,罚款和监禁相结合的救济措施对于垄断经营者的规制就特别有效。此外,公共执行可以控制罚款和损害赔偿的金额。理论上,罚款和损害赔偿的金额应超过预期的违规收益乘以有效实施相关惩罚的概率的倒数。但在实践中,最佳惩罚金额总是难以计算。特别是在民事诉讼中,损害赔偿的最佳金额几乎是无法计算的,因为数额的确定不是以侵害者的收益为依据,而是以受损害方可证明的损失为参照。更为关键的是,作为民事诉讼唯一的救济措施,损害赔偿无法纳入必要的系数以提高惩罚的力度。[①] 但在公共执行中,国家权力和救济措施的可选择性为罚款和损害赔偿中最佳金额的计算提供了可能性和必要前提。

第二,民事诉讼的提起受个人利益和费用的影响极大。一般而言,个人利益不同于公共利益。从个人利益的角度出发,民事诉讼中可能永远不会出现以澄清法律和维护公共利益的诉求。[②] 原因在于,当事人缺乏足够的利益提起诉讼,并且许多案件完全可以通过双方当事人私下和解的方式解决。此外,民事诉讼中的原告更追求符合自身经济或商业利益的法律解释,以获得更大的经济或商业利益。[③] 为此,当事人并不关心相关法律及其解释的价值如何。正如波斯纳所言,在美国,研究反垄断法的学生通常震惊于私人律师提起反垄断诉讼的疯狂,而且这些民事诉讼还

---

① 所谓必要的系数,可以理解为美国反垄断法中的三倍赔偿,但它是以一种非常粗略的方式进行的。事实上,没有理由认为三倍赔偿是正确的乘数,可以肯定的是,乘数应该是可变的,这反应了这样一个事实,即某些类型的反垄断违法行为难以隐藏,因此需要较低的乘数,甚至不需要乘数,而其他类型的违法行为则容易隐藏,因此需要高的乘数。更详细的讨论参见 Frank H. Easterbrook, Detrebling Antitrust Damages, 28 The Journal of Law and Economics, 445 (1985); Richard A. Posner, Antitrust Law, 2nd ed., University of Chicago Press, 2001, p. 272。

② 一般而言,民事诉讼中的损害赔偿不应有所谓公共利益的问题,而威慑与惩罚都具有公共属性,参见 Steven Shavell, The Fundamental Divergence Between the Private and the Social Motive to Use the Legal System, 26 The Journal Legal Studies, 575(1997); Francis G. Jacobs, Tomas Deisenhofer, Procedural Aspects of the Effective Private Enforcement of EC Competition Rules, in European Competition Law Annual 2001: Effective Private Enforcement of EC Competition Law, Hart Publishing, 2003, pp. 187–227。

③ 决定人类行为选择的根本因素在于,预期与估计中的行为结果在功利上(不是纯经济功利)大于实施行为所支付的代价。参见顾培东:《社会冲突与诉讼机制》,法律出版社2004年版,第82页。

赢了。人们普遍认为,许多此类案件不会由公共机构发起。总体而言,美国这种现象的出现对于反垄断法理论的发展是不利的,并且这种担忧不止在集体诉讼中有所体现。①

不可否认,反垄断执法机构并不完美,但至少试图在公众监督和有限预算的范围内决定案件选择和优先级设置,以最大程度尊重反垄断禁令和降低反垄断执法的成本。相较之下,民事诉讼中的当事人没有任何理由关心反垄断执法,推动当事人提起诉讼的原因是个人利益和费用。因此,民事诉讼在反垄断案件中暴露出当事人投入不足、诉讼无效和和解的不可接受等问题。其一,当事人投入不足的原因在于,原告没有足够的动力调查和起诉有重要公共利益的反垄断诉讼。对于原告而言,有重要公共利益的反垄断案件所产生的社会效益远超个人期望的损害赔偿,当事人的收益和成本不成正比。其二,诉讼无效主要是由于反竞争行为和促进竞争行为难以区分。在市场竞争中,相互竞争的经营者有充分动机对竞争者提起诉讼,这往往是经营者的市场竞争策略,而不涉及反垄断行为的规制。其三,和解是民事诉讼中可取的结果,因为节约了行政费用和司法资源。但是,和解中个人的追求实际上背离了公共利益的考量,因此,个人并不适合扮演维护公共利益的角色。②

由于市场竞争的复杂性,反垄断执法机构可能无法发现并惩罚所有违法行为,但这一事实不能证明需要民事诉讼弥补威慑空白的正确性。事实上,反垄断执法存在相应成本,执法力度取决于社会对反垄断行为的重视程度。考虑到社会问题的多样性,社会关注不能无限地停留于市场反垄断问题上。此外,惩罚所有违法行为的观点具有理想化色彩,有效的威慑并不要求所有违法行为都被发现和惩罚,而且使违法成本超过违法收益。总而言之,威慑和惩罚力度提高的最佳途径是加强公共执行,通过"成本—收益"的方式规制市场垄断行为。

---

① See Richard A. Posner, Antitrust Law, 2nd ed., University of Chicago Press, 2001, p. 275.
② 公共利益是现代反垄断法产生的观念基础和前提,和解协议对个人利益的追求有可能背离反垄断法的立法宗旨。参见李国海:《反垄断法公共利益理念研究——兼论〈中华人民共和国反垄断法(草案)〉中的相关条款》,载《法商研究》2007年第5期。

二、损害赔偿可否替代救济措施:以美国模式与欧盟模式的比较为例

与世界各个反垄断执法领域形成对比,美国将近95%的反垄断案件都是以民事诉讼的方式予以解决的。① 根据《谢尔曼法》和《克莱顿法》,损害赔偿和程度较低的"禁令"是常见的救济措施。早在19世纪90年代,《谢尔曼法》第7条(后来被《克莱顿法》第4条取代)就规定了反垄断法中的民事诉讼。② 目前,《克莱顿法》第4条规定,任何因反垄断法所禁止的事项而遭受财产或营业损害的人,都可在被告居住的、被发现的或有代理机构的地区向美国区法院提起诉讼,不论损害大小,一律给予其损害额的三倍赔偿、诉讼费用和合理的律师费。

《克莱顿法》第4条不仅为受损害方提供了寻求损害赔偿的途径,而且对民事诉讼的方式予以鼓励,规定了三倍的损害赔偿。此外,《克莱顿法》规定的诉讼费用呈现非对称性,即便一方当事人胜诉,其也不能要求另一方当事人支付专家费、律师费等费用。③ 综上所述,三倍损害赔偿和非对称诉讼费用的规定反映了美国反垄断法私人诉讼中惩罚和威慑的功能。④ 在美国最高法院的判例中,民事诉讼也可作为威慑的手段,而不仅仅是一种补偿。例如,美国最高法院在Hanover Shoe一案中就排除了直接购买者在诉讼中的"转嫁抗辩",并否定了间接购买者的诉讼资格。⑤

追本溯源,民事诉讼惩罚和威慑的功能可以通过美国反垄断执法的

---

① See Herbert Hovenkamp, The Antitrust Enterprise: Principle and Execution, Harvard University Press, 2005, p. 58.

② 参见李俊峰:《全球平行审查背景下的中国经营者集中救济》,载《当代法学》2015年第2期。

③ 诉讼费用通常是不对称的,因为胜诉的一方当事人不能要求从另一方当事人那里收回其费用。与美国不同,欧盟大多数成员国采取的费用规则是对称规则,即胜诉的当事人(原告或被告)可以向另一方当事人追讨费用。

④ See Wouter P. J. Wils, The Relationship Between Public Antitrust Enforcement and Private Actions for Damages, 32 World Competition, 3(2009).

⑤ See Hanover Shoe v. UnitedShoe Machinery, 392 US 481 (1968); Illinois Brick v. Illinois, 431 US 720 (1977). 除此以外,还有其他的案件也发生了所谓"转嫁抗辩"的情形,例如California v. ARC America, 490 US 93 (1989).

历史加以理解。① 19世纪90年代,违反《谢尔曼法》的垄断行为属于轻罪,虽然针对该违法行为有罚款和对经营者负责人处以监禁等措施,但美国政府缺少公共执行的拨款。因此,民事诉讼中的三倍损害赔偿在很大程度上替代了公共执行。② 直到1974年,针对垄断行为的罚款也限制在5万美元以内,这显然无法对垄断行为起到威慑作用,而民事诉讼中的三倍损害赔偿填补了这一法律空白。③ 时至今日,虽然美国司法部有对所有违反《谢尔曼法》第1条和第2条的行为进行刑事起诉的法定权力,但随着时间的推移,司法部针对垄断行为进行刑事起诉的范围已经缩小至操纵价格、操纵投标和垄断集团利润分配等核心领域。至于其他垄断行为,美国的公共执行实际上仅限于预期的"禁令",而民事诉讼中的三倍损害赔偿则发挥着填补威慑空白的作用。④

相较之下,欧洲的公共执行不存在规制范围狭小的缺陷。事实上,由于欧盟委员会和欧盟成员国的反垄断执法机构在欧洲反竞争网络的共同努力,欧盟有充分的能力对违反《欧盟运作条约》第101条和第102条的行为处以罚款,以达到制止和惩罚违法行为的目的。⑤ 因

---

① 关于倾向于民事诉讼的历史,详细论述可参见 Francis Jacobs, Civil Enforcement of EEC Antitrust Law, 82 Michigan Law Review, 1364(1984); Robery A. Kagan, Adversarial Legalism: The American Way of Law, Harvard University Press, 2001。

② 在反垄断领域之外,欧洲还有其他关于多重损害赔偿的历史案例,但这些案例似乎总是对应公共执法不存在或薄弱的时期或情况,详细的论述参见 Donald I. Baker, Revisiting History-What Have We learned About Private Antitrust Enforcement that We Would Recommend to Others? 16 Loyola Consumer Law Review, 379(2004); Denis Waelbroeck, Donaid Slater, The Commission's Green Paper on Private Enforcement: Americanization of EC Competition Law Enforcement? in European Competition Law Annual 2006: Enforcement of Prohibition of Cartels, 425(2006)。

③ 美国国会在1974年将违反《谢尔曼法》的行为重新归类为重罪,此后最高罚款额度大幅提高。例如,《反托拉斯程序和处罚法》将最高罚款提高到100万美元,2004年《反托拉斯刑事处罚加强和改革法》将最高罚款提到到1亿美元。具体讨论参见 Sephen Calkins, An Enforcement Official's Reflections on Antitrust Class Actions, 39 Arizona Law Review, 413(1997)。

④ 关于三倍赔偿规则的讨论,参见 Stephen Calkins, Civil Monetary Remedies Available to Federal Antitrust Enforcers, 40 University of San Francisco Law Review, 567(2006); Harry First, The Case for Antitrust Civil Penalties, New York University Law and Economics Working Paper No. 08-38(2008) 以及相关案例,The FTC Act and FTC v. Mylan Labs Inc, 62 F Suppl 2d 25, 36 (DCC 1999)。

⑤ See Wouter P. J. Wils, Is Criminalization of EU Competition Law the Answer? accessed March 26, 2024, http://ssrn.com/author=456487. 作者认为,《欧盟运作条约》第101条和第102条的公共执行无疑存在其他类型的缺陷,在卡特尔领域仍然存在过于专注对经营者的金钱惩罚,而缺乏对个人的惩罚包括监禁。

此,欧盟似乎没有必要借鉴美国独特的损害赔偿制度。《欧盟第 1/2003 号条例》第 7 条规定,欧盟委员会有权下令结束违法行为。同时,为有效地结束违法行为,该条还规定救济措施在性质上可分为行为性救济措施和结构性救济措施。可见,《欧盟第 1/2003 号条例》第 7 条的重点是结束违法行为。但是,该条下的救济措施在救济类型、具体救济措施和救济目的上呈现了一定的灵活性。此外,欧盟委员会还可以依据该条规定额外的积极义务,促使其作出的决定生效。①

除了结束违法行为这一目的,《欧盟第 1/2003 号条例》第 7 条的适用还有以下追求:其一,在违法行为可能产生持续影响的情况下,欧盟委员会可以决定采取防止违法行为反复的救济措施②;其二,欧盟委员会在决定中所采取的救济措施已包含恢复市场竞争秩序的考虑。③ 但值得注意的是,比例原则限制了该条例下救济措施的适用。④ 由于《欧盟第 1/2003 号条例》第 7 条明确规定了救济措施应符合比例原则,因此,这可能也解释了欧盟委员会越来越多地使用该条例第 9 条的原因。⑤ 欧盟委员会可以用决定的方式将经营者承诺转变为对经营者有约束力承诺的权力源自该条例的序言。序言提及,第 9 条的决定应当表明欧盟委员会不再有理

---

① See Case T-9/93, Scholler v. Commission [1995], ECR Ⅱ-1611, para. 158.

② See Case T-83/91, Tetra Pak v. Commission [1994], ECR Ⅱ-755, paras. 220-221.

③ See Case C-62/86, AKZO v. Commission [1991], ECR Ⅰ-3439, para. 157; Case C-119/97 P, UFEX v. Commission [1999], ECR Ⅰ-1341, paras. 94-95. 更详细的讨论,参见 Alan Dashwood, Michael Dougan and Barry Rodger , European Antitrust Law, 76 Antitrust Law Journal, 47 (2009)。

④ 针对比例原则的适用问题,参见 Grainne De Burca, The Principle of Proportionality and Its Application in EC Law, 13 Year of European Law, 115(1993); Alan Dashwood, Michael Dougan and Barry Rodger, Wyatt and Dashwood's European Union Law, 6th ed., Hart Publishing, 2011, pp. 325-328 以及相关案例,Case C-241-42/91 P, Radio Telefis Eirann et al v. Commission [1995], ECR Ⅰ-743, para. 93。在《欧盟第 1/2003 号条例》第 7 条的语境下谈比例原则的适用问题,参见 Ioannis Lianos, Is the Availability of "appropriate" Remedies a limit to Competition Law Liability Under Article 102 TFEU? The Mischiefs of Discretionary ReMedialism in Competition Law, in Federico F. Etro, Ioannis Kokkoris (eds.), Competition Law and the Enforcement of Article 102 ,Oxford University Press, 2010, pp. 177-184。

⑤ 针对《欧盟第 1/2003 号条例》第 9 条的讨论,参见 Ehlermann Clause Dieter, Marquis Mei, Antitrust Settlements Under EC Competition Law: European Competition Law Annual 2008, Hart Publishing, 2010; Wouter P. J. Wils, Efficiency and Justice in European Antitrust Enforcement, Hart Publishing, 2008, p. 43。

由采取行动,且无须对违法行为是否发生或仍然存在作出结论。在序言的影响下,欧盟委员会依据第9条作出的决定具有程序上的非正式和内容简化的特点。

相较于《欧盟第1/2003号条例》第7条,第9条涉及的救济措施在范围上更广。在具有里程碑意义的Alrosa一案中,法院指出了第7条和第9条的区别,第7条和第9条追求不同的目标,前者旨在制止已被发现的违法行为,后者旨在解决欧盟委员会在初步评估后的担忧。[1] 因此,第9条最重要的是克服了第7条中比例原则的限制,并放松了第7条规定的救济措施与实际违法行为之间的联系。总体来看,第9条既是一种执法手段,也是一种政策工具。

欧盟的民事诉讼以《欧盟运作条约》第101条和第102条的直接效力为基础,体现了充分保护欧盟法律权利的法律原则。一般而言,具有直接效力的规则必须是"明确和无条件的",并且不受国家保留的限定,使其执行以欧盟成员国国内法颁布的积极立法措施为条件。[2] 在此背景下,民事诉讼建立在效力原则和对等原则的基础之上。[3] 对等原则意味着权利歧视的禁止,即欧盟法律权利有权得到与国内法相应权利等同的保护[4];效力原则体现了程序性要求,即欧盟法律权利的实现不能过分困难,且救济措施的实施方式应适当[5]。此外,各成员国法院关于救济措施的要求催生了大量判例,相关问题集中于国家责任的发展、非法税收的归还和违反竞争规则的损害赔偿责任。[6]

---

[1] See Case C-441/07 P, Commission v. Alrosa [2010], ECR Ⅰ-5949, para. 46.

[2] See Case 26/62, NV Algemene Transport Expeditie Onderneming van Gend & Loos v. Netherlands Inland Revenue Administration [1962], ECR 1, para. 12.

[3] 关于救济措施在欧盟竞争法框架下的发展,参见 Milutinovic, The Right to Damages Under EU Competition Law: from Courage v. Crehan to the White Paper and Beyond Wolters Kluwer, 2010, Chs. 3 and 4。

[4] See Cases C-295-298/04, Vincenzo Manfred et al. Lloyd Adriatico Assicurazioni S.P.A. et al. [2006], ECR Ⅰ-6641, para. 93.

[5] 关于救济措施与程序性要求的关系,参见 Van Gerven, Of Rights, Remedies and Procedures, 37 Common Market Law Review, 504(2000)。

[6] See Mark Brealey, Maik Hoskins, Remedies in EC law, 2nd ed., Cambridge University Press, 1998, p. 749.

民事诉讼的基本目的在于补偿受损害方和结束相关经营者的侵害行为。① 一方面,由于公共执行没有补偿功能,因此,民事诉讼填补了公共执行在这方面的空白②;另一方面,民事诉讼也可实现公共执行中救济措施所追求的目标,并发挥威慑作用③。从民事诉讼和公共执行之间的关系来看,民事诉讼是公共执行的重要补充,二者具有同等重要的地位。在民事诉讼中,私人利益根据竞争法可以获得两种不同方式的保护:一是私人利益作为竞争的先决条件,这意味着私人利益的保护对于维护和促进市场竞争而言是必不可少的;二是私人利益作为竞争的结果,这意味着私人利益的保护有助于实现市场竞争的预期。在大多数情况下,这种保护方式与客户有关。

为了结束侵害行为和防止侵害行为的反复发生,民事诉讼中的当事人有权向各成员国法院申请"禁令"和临时保护措施。④ 此外,《欧盟运作条约》第101条第2款规定任何违反该条的协议无效,从而有助于结束侵害行为。实践中,协议无效条款一般被当作"挡箭牌",即被动地作为协议纠纷中的抗辩事由。然而,协议无效条款也可能导致宣告性判决,即违反协议或协议条款自始无效。自 Courage 一案以来,损害赔偿一直都是最常见的救济措施。但不可否认的是,补偿和"禁令"等救济措施也为反垄断作出了重要和有针对性的贡献。

民事诉讼根植于法律权利的概念,欧盟法框架下的法律权利亦构成了直接效力背后基本原理的一部分,但其并非直接效力本身的明确条件。⑤ 简言之,赋予权利的目的并非直接效力的条件,而是直接效力的后果。⑥ 因

---

① 参见刘水林:《反垄断诉讼的价值定位与制度建构》,载《法学研究》2010年第4期。
② 关于公共执行与民事诉讼在救济方面的关系,参见 Assimakis Komninos, Public and Private Enforcement in Europe: Complement? Overlap? 3 The Competition Law Review, 9 (2006)。
③ See Case C-453/99, Courage v. Crehan [2002], ECR I-6297, paras.19-27; Case C-360/09, Pfleiderer AG v. Bundeskartellamt, Judgment of 14 June 2011.
④ 关于临时保护措施实施的相关案例,参见 Case C-213/89, Factortame [1990], ECR I-2433; para. 21; Case C-226/99, Siples [2001], ECR I-277, para. 19; Case C-432/05, Unibet [2007], ECR I-2271, para. 67。
⑤ See Case C-431/92, Commission v. Germany [1995], ECR I-2189, para. 26; Case C-72/95, Aannemersbedrijf P.K. Kraaijeveld BV e.a. v. Gedeputeerde Staten van Zuid-Holland [1996], ECR I-5403, para. 56.
⑥ See Maximilian Ruffert, Rights and Remedies in European Community Law: A Comparative View, 34 Common Market Law Review, 307(1997).

此,直接效力在本质上是"客观的",并且可以在特定救济措施的实施中引入对"主观"权利的附加要求。显然,补偿和赔偿以欧盟法律权利为基础,但旨在结束侵害行为的救济措施却并非以"主观"权利为条件。在Mounozy一案中,法院认为直接有效的法律规则也可用于对抗垄断经营者,无论相关规则是否赋予当事人此类权利。[1]

三、民事损害赔偿作为公共执行救济措施的补充

民事诉讼的主要目的是补偿受害者和结束侵害行为。鉴于公共执行缺乏明确的补偿机制,民事诉讼可以有效填补公共执行中的空白。[2] 此外,个人或经营者的参与对公共执行也会产生一定影响。例如,有关个人或经营者可以向反垄断执法机构披露相关信息,从而增加反垄断执法机构作出决定的可能性。民事诉讼可以作为公共执行中威慑因素的补充。但是,民事诉讼也存在相应问题。

首先,代表财富再分配的补偿本质上和竞争法促进效率的目标相抵触,当事人对高额损害赔偿的追求胜于对市场竞争秩序的维护。[3] 此外,虽然救济措施的威慑性有助于实现公共利益,但既有法律和实践表明损害赔偿并非有效的威慑措施。

其次,民事诉讼对于客户权益的保护取决于当事人的身份。如上文所述,竞争法对私人利益保护的方式取决于其是竞争的先决条件还是结果。对于前者,当事人通常是竞争者,此时民事诉讼显然无助于实现客户权益的保护。对于后者,当事人通常是客户。[4] 具言之,竞争者可以将民

---

[1] See Case 253/00, Antonio Munozy Cia SA and Superior Fruiticola SA v. Frumar Ltd. and Redbridge Produce Marketing Ltd. [2002], ECR Ⅰ-7289, paras. 27-30.

[2] 值得注意的是,欧盟委员会在某些情况下接受将某经营者是否向因违反相关竞争规则而遭受损失个人作出赔偿,作为确定罚款水平时的一个减免因素,参见 Decision 2003/675/EC, Nintendo, O.J. 2003, L 255/33, paras. 440-441; Decision 1999/60/EC, Pre-insulated Pipes, O.J. 1999, L 24/1, para. 172。

[3] 关于高额损害赔偿与恢复市场竞争之间的关系,更详细与深入的讨论参见 Kenneth G. Elzinga, William Breit, The Antitrust Penalties: A Study in Law and Economics, 2nd ed., Yale University Press, 1976, p. 106。

[4] See Warren F. Schwartz, Private Enforcement of the Antitrust Laws, An Economic Critique, Aei Press, 1981, p. 29.

事诉讼作为其市场策略的一部分,此种滥用民事诉讼的行为在横向关系中尤为明显,因为竞争者可以利用诉讼战略性地冷淡市场竞争。在此情况下,民事诉讼并非实现竞争法目标的最佳选择,反倒是竞争者滥用民事诉讼扰乱了市场竞争秩序。相较之下,当当事人的身份是客户时,他们的利益更符合竞争法的目标。欧盟竞争法下的损害赔偿呈现补偿性而非威慑性的特点,正如欧盟法院所言,任何身份的当事人都不能被剥夺在民事诉讼中援引《欧盟运作条约》第101条和第102条的权利。虽然欧盟竞争法是在损害赔偿的基础上发展而成的,但民事诉讼和公共执行之间的利益冲突仍然存在,其需要明确的规则加以协调。

最后,各成员国法院可能不适合促进市场竞争。原因在于,法院关注的是个人权利和当事人的法律地位。但从市场竞争的角度看,关注个人权利存在缺陷,即个人或经营者的利益不等于市场的整体利益。受法院职能所限,民事诉讼中,法院会更多关注个人或经营者利益,而非市场整体利益。此外,欧洲竞争法中,救济措施的发展根植于欧盟法律权利和成员国对权利保护的义务。因此,无论救济措施的种类和形式如何,出发点都是促进市场竞争。由此可见,救济措施的实施应侧重于市场准入,而且不应有利于特定竞争者。此外,欧盟委员会依经营者承诺作出的决定一定程度上替代了民事诉讼,这是为增加救济设计的灵活性而付出的合理代价。

民事诉讼本应以落实竞争规则并维护公共利益作为制度的出发点,但私人救济的法律规定与竞争法的发展并不同步。只要欧盟法院承认竞争规则蕴含"欧盟法律权利",那么民事诉讼就难以满足竞争法的需求。民事诉讼不仅难以满足竞争法的需求,还存在妨碍竞争法目标实现的隐忧。例如,相关经营者可能会出于对民事诉讼巨额损害赔偿的恐惧而申请宽大处理。虽然民事诉讼肯定有助于威慑相关行为,但和公共执行是对立的。质言之,如果没有公共执行对于违法行为的认定,民事诉讼的威慑力必然有限。连贯的竞争法救济制度应兼顾公共执行和民事诉讼。在美国,相关经营者申请宽大处理后只需支付单一损害赔偿(而非三倍损害赔偿),并且此类公司无须承担连带责任。

因此,相关问题在于宽大处理的结果是否应扩大至民事诉讼的损害赔偿。[1] 在欧盟立法层面,相关立法可以考虑限制赔偿责任。同时,为形成有效的宽大处理制度,上述设想仅适用于根据欧盟委员会的决定获得宽大处理的首家经营者。该制度的优势在于,可以较好地兼顾民事诉讼和公共执行。如果民事诉讼涉及被侵权者的损害赔偿,且相关经营者之间存在连带责任,那么已得到宽大处理的经营者就有机会减少自身的损害赔偿。更重要的是,在连带责任中,受损害方能获得的赔偿总额是不变的,而宽大处理制度有助于分配共同侵害者之间的赔偿责任。

对此,欧盟法院面临的问题是,允许寻求损害赔偿的第三方查阅宽大处理申请一部分的文件是否违反了有效反垄断执法的原则。一方面,法院承认第三方获得损害赔偿的权利和有效反垄断执法的重要性;另一方面,法院指出《欧盟运作条约》和《欧盟第1/2003号条例》的反垄断规则并没有限制后续民事诉讼中的当事人获得宽大处理程序的文件。从欧盟法院的权衡可以看出,欧盟法院对欧盟法律权利的保护可能优先于有效执法。但是,欧盟法院关于宽大处理制度的解释不是相关经营者免受损害赔偿的具体立法。

有观点认为,宽大处理制度不会影响受损害方从违法经营者的协议伙伴处获得赔偿。正如上文所述,欧盟各成员国侵权法的一般原则明确了共同侵权人的连带责任,这意味着宽大处理制度不会影响受损害方索赔的权利。此外,宽大处理制度有助于缓和民事诉讼和公共执行之间的紧张关系。寻求宽大处理的经营者在后续的民事诉讼中可能获得其他侵权人没有的比较优势,例如,可以少支付损害赔偿。但是,也有观点认为宽大处理制度无助于民事诉讼,反而加剧了后续民事诉讼的困难。[2] 但是,这一观点值得怀疑,因为各成员国法院可以在判决中依赖欧盟委员会

---

[1] See European Commission, Damages Actions for Breach of the EC Antitrust Rules, COM (2005) 672, Section 2.3; The White Paper on Actions for Damages, COM (2008)404, Section 2.4. 亦可参见 Renda et al., Making Antitrust Damages Actions More Effective in the EU: Welfare Impact and Potential Scenarios, 30 Law and Economics, (2007)。

[2] See Caroline Cauffman, The Interaction of Leniency Programs and Actions for Damages, 7 The Competition Law Review, 181 (2011); Cornelis Canenbley, Till Steinworth, Effective Enforcement of Competition Law: Is there a Solution to the Conflict Between Leniency Programs and Private Damages Actions? 2 Journal of Competition Law & Practice, 315(2011).

的决定。① 一般情况下,民事诉讼中损害确定的标准更高。对于受损害方而言,欧盟委员会作出宽大处理的决定仍然比没有决定更好。可以说,与没有宽大处理制度相比,当事人被拒绝获得宽大处理决定的相关文件反而更可能构成民事诉讼中的障碍。在欧洲,民事诉讼的发展面临使用有限、"执法多元化"等诸多问题。② 迄今为止,欧盟委员会兼顾公共执行和民事诉讼的实施尚未成功。但是,集中执法和分散执法之间大部分的协调问题似乎已经得到了解决。③

总体来看,民事诉讼的效果不一定是负面的。一方面,欧盟竞争法的既有实践已经证明,严格、正式和过于广泛的公共执行极有可能导致大量无意义和适得其反的诉讼④;另一方面,民事诉讼显然是公共执行的重要补充。此外,如果竞争法的出发点是个人,那么对垄断行为的受损害方予以补偿也被视为一个重要目标。综上所述,民事诉讼相对于公共执行的目标和作用需进一步明确,并在此基础上形成连贯的政策。⑤

第五节 小 结

反垄断法的执行具有多重目标,即预防与制止垄断行为,并消除反竞争的效果,恢复市场竞争秩序。反垄断执法机构在个案的处置上具有相当程度的自由裁量权,从而选择不同类型与程度的惩罚措施与救济措施以实现上述目标。既有的反垄断法实践与法理基本达成共识,明确须以比例原则作为设计与实施救济措施的必要限制。为制止垄断行为而对相

---

① See Europese Gemeenschap v. Otis NV, paras. 50-51.
② 对于宽大处理制度与民事诉讼的更详细讨论,参见 Clifford A. Jones, Private Enforcement of Antitrust Law in the EU, UK and USA, 1th ed., Oxford University Press, 1999, p. 93。
③ 相关行政细则,参见 Commission Notice on the Cooperation Between the Commission and the Courts of the EU Member States in the Application of Articles 81 and 82 EC, O.J. 2004, C 101/54; Commission Notice on Cooperation Within the Network of Competition Authorities, O.J. 2004, C 101/43。
④ See Herbert Hovenkamp, The Obama Administration and Section 2 of the Sherman Act, 90 Boston University Law Review, 1616(2010).
⑤ 欧盟委员会2012年工作计划(The Commission Work Programme 2012)提出了一项立法倡议,旨在确保在各成员国法院对违反欧盟反垄断规则的行为进行有效的损害赔偿诉讼,并澄清民事诉讼与公共执行之间的相互关系。希望在此背景下,紧张关系能够得到缓解。

关经营者施加的义务应根据其行为性质决定,并且施加的义务不得超过所要实现的目的,即重建相关市场竞争秩序的适当性与必要性。然而,例如在滥用市场支配地位案件中,在反垄断法的目标较难实现的情形中,针对救济措施的限制可能导致反垄断执法机构转向与相关经营者达成和解协议。

这一路径可能带来更有效的救济措施,但却牺牲了反垄断法执行中的教育、表达与威慑目标。反之,选择具有表达性与威慑性的制裁,则意味着反垄断执法机构可能放弃实施更有效的救济措施。更重要的是,如果长期在个案的处理中放弃对垄断行为的定性,以及对反竞争效果的考量,则很可能阻碍垄断行为损害理论的发展。由此,构建垄断行为救济措施的意义之一在于,需建立一个受控制的垄断行为救济法律制度,而非经营者承诺制度的"准法律"。在前者的框架下,针对垄断行为,需进行定性与个案考量,在进行惩罚的基础上,通过与相关经营者协商提出适当的救济措施,达到反垄断法执行的教育性、表达性、威慑性与恢复性的目标。

第三章 垄断行为救济措施的具体类型与选择标准

第一节 回应型与主动型：如何设计主动型救济措施

一、主动型救济措施的现实需求

（一）救济措施具有"主动型"内核

在反垄断法的框架下，需将所谓"责令停止违法行为"与救济措施区分开来。从事前"禁令"与事后监管角度而言，是将反垄断"禁令"与后续监管区分开来；从救济措施类型的角度看，可将其划分为回应型与主动型救济措施。① 这种划分具有实质意义，因为"责令停止违法行为"仅是一次性的消极义务，具有行为的性质，可以以"禁令"的方式实施，包括不从事同样行为的义务或施加一种消极的义务，即不做某事的义务，且非一次性地实施。因此，"责令停止违法行为"与主动型救济措施和事后监管措施，存在根本的区别。救济措施在一定程度上超出了传统反垄断法的范畴，是从其他经济监管领域借用的。

质言之，主动型救济措施更具有侵略性。以处理垄断协议为例，回应型救济措施涉及产品的销售方式，设置一次性的"禁令"干预相关经营者与第三方的交易，甚至包括经营者与经销商签订的合同或两者之间关于产品的价格协议。而主动型救济措施通常超越了经营者与第三方的关系，涉及经营者的核心商业战略，特别是经营者垂直整合其商业模式，即

---

① 关于"责令停止违法行为"禁令的实施及在我国适用的局限性，参见本书第一章。

如何产生和获得价值或产品设计的方式,即产品中包含的功能及如何进行功能整合。

就形式而言,主动型救济措施通常分为两种形式:结构性救济措施和行为性救济措施。① 结构性救济措施采取资产"剥离"的形式。例如,要求一个垂直并购的电力运营商将其部分传输网络出售给第三方;要求铁路部门的现任者重新开放其基础设施。② 主动型救济措施也可以是行为性的。它们与回应型救济措施的不同之处在于,行为性救济措施实际上相当于对公司施加积极的义务,即做某事的义务,而不只是不做某事的义务。③ 例如,要求一个经营者集团为其体育锦标赛提供版权许可时,在符合公平、合理和非歧视性原则(FRAND)下要求公司与对手共享投入(或信息)。④

行为性救济措施大致可分为三种情形:第一种是通过施加义务,让其他市场主体能够获得准入资格或进入平台。例如,要求知识产权所有人将其知识产权许可给下游市场的潜在竞争对手。⑤ 第二种是对产品提供的相关的条款及条件进行监管。例如,取消公司对某项服务收取许可费,或对提供服务的价格设置上限。⑥ 第三种是改变公司的产品或其商业模式的设计。例如,要求公司提供一个不具有主要功能的产品版本。

(二)实施主动型救济措施的必要性

在停止垄断行为且恢复市场竞争秩序的诉求下,主动型救济措施更能收获相应的效果。在某些情形下,回应型救济措施并不是结束垄断行为的有效手段,特别是当垄断行为发生在相关垄断市场时,只能通过规范不同市场之间相互作用的条款与条件,如通过准入与非歧视义务,才能防

---

① 参见〔希〕扬尼斯·科克雷斯、〔美〕霍华德·谢兰斯基:《欧盟并购控制——法律与经济学分析》,戴健民、邓志松译,法律出版社2018年版,第534—552页。
② See Case AT.39813, Baltic Rail, Commission Decision of 2 October 2017.
③ See Case COMP/C.2-37.398, Joint Selling of the Commercial Rights of the UEFA Champions League [2003].
④ See Case COMP/C-3/37.792, Microsoft v. Commission Decision [2004].
⑤ 技术的标准性和兼容性会提高经营者进入市场的壁垒,因此,对享有技术标准的经营者施加义务可以有效推动市场准入。参见丁茂中、林忠:《经营者集中控制制度的理论与实务》,复旦大学出版社2012年版,第75页。
⑥ See Case COMP/39.592, Standard & Poor's v. Commission [2011].

止所谓"杠杆"行为继续造成反竞争效果。① 某细分市场的垄断趋势通常是由三方面原因造成的。

其一,自然垄断,即一种只支持单一有效经营者的市场结构。涉及自由化网络产业,特别是电信、能源和铁路的案例表明,通常需要一些监管机制来防止自然垄断部分对邻近市场的杠杆作用。此外,这种机制是由一个执行特定部门制度的监管机构来实施和监督的。如果未针对具体部门出台明确的制度,或者即使有制度也运作不充分,或者存在漏洞,那么针对这种市场的救济则需要主动型救济措施。②

其二,直接或间接的网络效应。③ 众所周知,网络效应可能导致市场向某一运营商"倾斜",从而使其获得垄断或准垄断地位。④ 在此种情况下,反垄断执法机构可能会采取主动型救济措施。例如,在微软案中,由于间接网络效应的运作,微软在个人计算机操作系统市场上获得准垄断地位,欧盟委员会要求其在 FRAND 原则下向邻近市场的竞争对手提供互操作性信息以维持竞争秩序。

其三,法律授予的排他性权利。例如,某经营者享有知识产权保护。IMS 一案就是最好的证明。该案中,经营者享有的市场支配地位,以及其产品成为事实上的行业标准,只能通过强制许可其标准必要专利才能恢复相关市场的竞争秩序。⑤

虽然在上述所谓自然垄断、网络效应和排他性权利的情况下,需要采取主动型救济措施,但在有些情况下,主动型救济措施也是一种更具有侵入性的救济措施。从某种意义上说,当救济措施挑战某一经营者的商业

---

① 救济措施是为了确保反竞争对有效竞争的损害不到达严重的程度。参见韩伟:《美国〈横向合并指南〉的最新修订及启示》,载《现代法学》2011 年第 3 期。
② 权威、独立、专业的专门执法机构是主动型救济措施实施的前提。参见万江:《中国反垄断法——理论、实践与国际比较》,中国法制出版社 2015 年版,第 262—272 页。
③ 关于网络效应以及由此引发的锁定效应,参见 Joseph Farrell, Paul Klemperer, Coordination and Lock-In: Competition with Switching Costs and Network Effects, in Mark Armstrong, Rober Porter (eds.), Handbook of Industrial Organization, Volume Ⅲ, North Holland, 2007, pp. 1967-2072。
④ 因网络效应获得市场支配地位的,参见 Michael L. Katz, Carl Shapiro, Systems Competition and Network Effects, 8 Journal of Economic Perspectives, 93 (1994)。
⑤ 关于专利、标准与反垄断之间的关系,参见王先林:《涉及专利的标准制定和实施中的反垄断问题》,载《法学家》2015 年第 4 期。

模式或产品设计时,主动型救济措施就是合乎逻辑的。换言之,如果救济措施从某种程度上质疑产品如何制造或制造方法,那么主动型救济措施似乎是不可避免的。

在谷歌安卓一案中,欧盟委员会认定谷歌安卓滥用支配地位,从另一角度看则是对其核心商业战略提出质疑。该商业战略包括通过捆绑许可其移动应用程序,允许其通过获得广告收入来收回投资成本。① 一旦发现这种模式构成对市场支配地位的滥用,经营者必须制订一个替代的商业方案。谷歌若是没有选择通过广告收回投资,则需选择通过拍卖机制来实现货币化。② 在2009年微软搭售案中,救济措施是对其产品的设计本身提出质疑。与传统的搭售案件不同,对垄断行为的认定引起对经营者将某些功能与操作系统捆绑在一起的行为的质疑。由此提出的救济措施是对其相关产品进行重新设计:删除相关产品的某些功能和增加竞争对手开发产品的功能。③

二、主动型救济措施施加作为义务的风险

(一)主动型救济措施忽略事前考量的风险

对于主动型救济措施的设计需兼顾事前与事后两个维度。④ 例如,针对拒绝交易行为,只有被要求进入的平台或基础设施对于相关下游市场的竞争来说不可或缺,即所谓"关键设施",拒绝交易行为才能被认定为滥用行为。这一法律标准只考虑了竞争的事前维度。从事后维度来看,一旦平台或基础设施到位,任何拒绝交易的行为都是对竞争的限制。此时,增加竞争比允许平台的经营者收回投资更为重要。当考虑到竞争的事前维度时,任何事后的所谓反竞争效果似乎都与竞争的事前维度有

---

① See Case AT. 40099, Google Android v. Commission [2018].
② See Bradshaw, Google's Android Auction Puts Tiny Search Rivals in Spotlight, Financial Times, 2020, accessed March 26, 2024, https://www.ft.com/content/3869bed 2-330d-11ea-9703-eea0cae3f0de.
③ See Case COMP/C-3/39.530, Microsoft v. Commission [2009].
④ 救济措施对竞争的干预范围和程度有可能会超出弥补市场失灵和维护市场机制之必要,因此需进行全面考虑。参见秦国荣:《维权与控权:经济法的本质及功能定位——对"需要干预说"的理论评析》,载《中国法学》2006年第2期。

着密不可分的联系。① 再如,在 Bronner 一案②中,能否要求具有市场支配地位的经营者提供投入或基础设施的使用权以增加竞争,为终端用户带来福利,这具体取决于使用权价格的设定水平。然而,这只能是短期内的做法。从长远来看,允许经营者在不与对手分享的情况下利用某一平台或基础设施,才有利于增加竞争,促进新产品和服务的开发。这主要有两方面原因:一方面,将需要使用的情况限制在特殊情况下,表明原则上经营者能够以他们认为合适的方式利用他们的财产;另一方面,除特殊情况外,潜在的竞争对手不能指望依靠竞争法的规定来使用平台或基础设施。

上述观点与主动型救济措施有关。主动型救济措施,如要求经营者重新设计其产品或改变其商业模式或将其部分资产出售给第三方,都很难与获取平台或基础设施的法律规定区分开来。正如 2009 年微软搭售案,相关产品可以被重新设计,以确保所有运营商都能以相同的条款和条件使用一个平台;相反,谷歌安卓案表明,特定的商业模式被认为是反竞争的,因为它赋予了垂直整合经营者相对于竞争对手的优势。

此外,主动型救济措施可能对公司的投资和创新动机产生同样意外的后果。在法院或反垄断执法机构规定的条款下,主动型救济措施所适用的平台或基础设施通常不会被创建和发展。相反,竞争可能会减少而不是增加。更重要的是,在干预之后,经营者的投资力度和创新速度可能都会下降。正如不能确定新的商业模式是否会像经营者最初开发的模式那样成功,主动型救济措施也可能会消极地改变经营者继续投资基础设施的动机。

(二)主动型救济措施缺乏事后监督的风险

如前所述,主动型救济措施和回应型救济措施之间的区别,似乎难以被忽视,并对执法和政策制定有具体且实质性的影响。回应型救济措施容易管理,不涉及复杂的设计、实施和监控。"禁令"一次性执行即可,要求经营者停止侵权行为,因此不需要持续的监督。若需要监督,则很大程

---

① 关于事前救济措施与事后救济措施的关系,参见张浩然:《事后反垄断与事前管制——数字市场竞争治理的范式选择》,载《河南社会科学》2021 年第 8 期。

② See Case C-7/97, Oscar Bronner GmbH & Co. KG v. Mediaprint, EU:C: 1998:264.

度上是为了阻止类似的行为,从而确保侵权行为或其类似行为不再发生。① 而主动型救济措施的设计、实施和监控在实践中则较为复杂,甚至在某些情形之下可能无法获得相应的效果。例如,对滥用市场支配地位的经营者实施责令许可的主动型救济措施,后续不可避免需要建立监督机制,详细规定许可的条件与细节的讨论。

值得注意的是,主动型救济措施可能因为设计上的问题而在具体实施中存在失败的风险。在微软搭售案中,欧盟委员会认定,微软搭售其操作系统与视频播放软件的行为构成滥用市场支配地位,随后要求微软对其相关产品进行重新设计,即推出没有搭售视频播放软件功能的操作系统版本。然而,这一主动型救济措施被实践证明是失败的。在主动型救济措施下,重新设计的产品无法满足消费者的需求,因此并无销量,也就无法解决搭售所带来的竞争问题。② 其实,针对搭售的问题,欧盟委员会可以明确捆绑视频播放软件作为操作系统有效的条件,相关经营者都有接受必须捆绑的义务,即为竞争者的操作系统提供同等的视频播放软件,便可解决相应的竞争问题。

为了应对主动型救济措施的设计所面临的困境,即预防强制执行仍无法解决竞争问题的风险,相应的对策可能是将选择权留给相关经营者,让其选择最适合的结束垄断行为的救济措施。例如,在微软拒绝许可案中,欧盟委员会在 FRAND 原则下规定了准入义务,但未明确规定准入价格应该在何种水平上才是公平的,将这一问题留给了相关经营者来决定。与此相类似,欧盟委员会在处理谷歌购物案时,要求该公司停止垄断行为,并重新设计产品以使其符合欧盟竞争法的相关规定,但仍将具体的

---

① 其实,经营者被勒令不得从事类似的垄断行为的情况并不罕见,通常出现在与垄断协议相关的案件中,参见 Case AT.40098, Blocktrains, Commission Decision of 15 July 2015。对于此问题的详细讨论,参见 Giorgio Monti, Behavioural Remedies for Antitrust Infringements–Opportunities and Limitations, in Philip Lowe, Mel Marquis and Mario Monti(eds.), European Competition Law Annual 2013: Effective and Legitimate Enforcement, Hart Publishing, 2016, p. 207.

② 关于欧盟委员会针对微软的救济措施,微软的律师让·弗朗索瓦·贝利斯指出,迄今为止,没有任何个人电脑制造商愿意重新设计 Windows 系统,这些公司占了 Windows 销售量的十分之九。至于其他的商店在 3500 万份 Windows 系统中订购了 1787 份重新设计的 Windows 系统,订购率仅为 0.005%。

设计交还给谷歌。①

这种将具体措施的设计交由相关经营者决定的做法,并不会使过程简单化,而是将责任转移给相关经营者,由其承担复杂的设计难题。上述做法的弊端可能在于既会增加法律实施的不确定性,又会拖延救济措施的实施。例如,在上述微软拒绝许可案中,微软花费了3年时间最终确认准入价格,而3年之后,欧盟委员会才对微软的违法行为进行了处罚。② 在谷歌搜索滥用市场支配地位案中,谷歌设计的救济措施是否能够有效地结束垄断行为,也存在不确定性。尽管欧盟委员会的决定是在2017年作出的,但之后其竞争者认为谷歌建立的救济措施并未解决最初提出的问题。③ 如果救济措施并不是一次性实施完成,那么为确保救济措施能够完全执行,需要反垄断执法机构对其进行较长时间的持续监控。例如,在微软搭售案中,微软接受了"必须携带"的救济措施,其后欧盟委员会有必要监督操作系统的每次更新是否包含了该救济措施。2013年,微软在一次系统更新中没有为用户提供浏览器的选择,欧盟委员会对其进行了处罚。④

三、主动型救济措施的设计、实施与监管思路

(一)救济措施的设计与垄断行为的认定相结合

从反垄断法实施的角度看,不能将垄断行为的认定与救济措施的设计割裂开。⑤ 实际上,上述问题是相互依存的,并不能独立进行考虑。只有确定所谓结束垄断行为的意义,才可以判断该行为是否违反反垄断法。同理,明确结束垄断行为需采取何种主动型救济措施,亦有助于了解并判断垄断行为的性质及其产生的反竞争效果。对于垄断行为的分析一直遵

---

① See Case AT. 39740, Google Search v. Commission [2017].
② See Case COMP/C-3/39.530, Microsoft v. Commission [2009].
③ See Foo Yun Chee, Axel Springer Unit, Others Say Google Still Playing Unfairly, Want EU to Act, 2019, accessed March 26, 2024, https://www.axelspringer.com/en/ax-press-release/international-marketing-unit-at-axel-springer-is-further-strengthened.
④ See Case COMP/C-3/39.530, Microsoft v. Commission [2009].
⑤ 关于此观点,参见本书第四章。

循所谓类别的分析方法,可能在个案处理中出现同案不同判的情况,即类似的垄断行为,可能因为分属不同的类别,而被区别对待。反之,一些案件中垄断行为在形式上得到了相同的处理,然而实质各异。例如,微软搭售案与谷歌安卓案中的行为都与传统的搭售行为完全不同,如果运用传统的方法对垄断行为进行认定,则搭售行为可能不会被认定为滥用市场支配地位的行为。①

因此,需对新型的垄断行为进行认定,确保现有的法律规则能够适用,避免同案不同判。垄断行为的类别认定中,需体现主动型与回应型救济措施的区别。有观点认为,反垄断法不可能取消类型化的规定。② 某一类别的垄断行为,应当适用于在性质、目的和潜在有利竞争或反竞争影响上相似的行为。另一些类别的垄断行为,特别是搭售和捆绑,并不适用于涉及产品设计和商业模式合法性的案件。传统的搭售案件,如软饮料制造商将产品 A 的销售与产品 B 的购买作为条件,与上述案例之间存在根本的区别,且这些区别在反垄断法的具体实施中是不容忽视的。

因此,需出台相应的行政细则进行澄清。对于采取主动型救济措施的案件,无论是涉及产品设计还是涉及商业模式,很大程度上都围绕基础设施或平台的条件,竞争者在一个或几个层面与之竞争。因此,理应将它们归入同一个法律类别。正如谷歌搜索滥用市场支配地位案和微软搭售案,当某一经营者对某个产品的设计提出质疑时,救济措施就会试图创建相对于综合竞争者的非歧视性准入条件。商业模式同理。例如,在 Magill 一案中,主动型救济措施要求公司改变商业模式,从基于销售最终产品的模式转变为向第三方被许可人收取许可使用费的模式。同样,在谷歌安卓案中,改变商业模式也是为了通过创造一个公平的竞争环境,中和该经营者在平台上的竞争优势。

在数字平台市场领域中,主动型救济措施和回应型救济措施之间的

---

① 有学者认为,既有反垄断分析法难以界定和分析数字经济下的垄断行为。参见杨东:《论反垄断法的重构:应对数字经济的挑战》,载《中国法学》2020 年第 3 期。
② 关于反垄断法类型化的思路及与救济措施的关系,参见 Wouter P. J. Wils, The Judgment of the EU General Court in Intel and the So-Called More Economic Approach to Abuse of Dominance, 37 World Competition, 405(2014)。

区别更加明显,能产生具体的法律后果,需要竞争管理部门更频繁、更果断地实施临时措施。① 有观点认为,数字平台市场发展迅速,必须迅速干预以防止倾覆。按照目前的法律规定,在评估临时措施是否合理时,需注意主动型救济措施和回应型救济措施之间的区别。在临时措施为主动型救济措施的情况下,干预的门槛似乎更高,它将临时改变一个公司的商业模式或产品设计。例如,通过许可义务或要求公司增加或删除一项功能。这种干预还有可能改变竞争的条件。因此,临时措施通常会超越保护竞争的目的,更重要的是,临时保护措施所造成的改变是难以撤销的,可能使竞争对手期望临时保护措施继续实施下去。

(二)"基于原则"的自主型救济措施

虽然反垄断执法机构在选择与设计救济措施时具有执法优先权,但在个案处理中,救济措施的性质不容忽视。特别是决定运用主动型救济措施时,需采取审慎的态度。原因在于,主动型救济措施的设计、实施和监控是一项复杂的工作,涉及其他行政执法资源的调度,甚至要求行政执法机构为此专门建立相关监管机构。主动型救济措施要在竞争的事前和事后两个维度取得平衡也很困难。因此,通常认为对具有市场支配地位的经营者的剥削型滥用行为,如不公平高价行为或价格歧视行为,采取主动型救济措施。② 特别是在不公平定价方面,限制或者主导经营者提高价格的能力,会对经营者投资和创新的积极性产生负面影响。③ 但是在具体实践中,确定产品的所谓"正确"销售价格并监督其遵守情况是几乎不可能完成的工作,法院或反垄断执法机构需在竞争的事前和事后维度之间进行相应的平衡。

由此,主动型救济措施是否以"基于原则"作为设计方法值得思考。

---

① See Jason Furman, Unlocking Digital Competition Report of the Digital Competition Expert Panel, 2019, accessed March 26, 2024, https://assets.publishing.service.gov.uk/government/uploads/system/uploads/attachment_data/file/785547/unlocking_digital_competition_furman_review_web.pdf.

② See Alison Jones, Brenda Sufrin, EU Competition Law: Text, Cases, and Materials, 6th ed., Oxford University Press, 2016, p. 355.

③ 关于不公平高价问题的讨论及相关救济措施的设计问题,参见 Massimo Motta, Alexandre de Streel, Excessive Pricing in Competition Law: Never Say Never? in Claus-Dieter Ehlermann, Isabela Atanasiu (eds.), European Competition Law Annual 2003: What Is an Abuse of a Dominant Position? Hart Pubishing, 2006, p. 91。

例如,在谷歌搜索滥用市场支配地位案和谷歌安卓案中,欧盟委员会并没有正式规定特定的救济措施,只是要求该公司停止垄断行为。上述两起案例的救济措施遵循了前述判例的逻辑,即由相关经营者来确定获取要求信息的价格,这种方法被称为"基于原则"的救济措施。这种方法具有一定优势,它赋予主体自决的权利,让经营者自主决定如何使行为符合欧盟竞争法的规定,某种程度上说,这种方法确实更有利于确定最佳的合规方式。

然而,上述"基于原则"的救济措施是否是一种最佳的方法,仍有待观察。此方法与其说是一种解决方案,不如说是一种选择。它掩盖了主动型救济措施的设计、实施和监控所带来的复杂问题,并且可能传达出一种简单的错误印象,反而会加剧结构性救济措施或行为性救济措施所带来的问题。谷歌搜索滥用市场支配地位案和谷歌安卓案表明,如果不能准确地确定救济措施,那么就会增加这种救济措施所固有的不确定性,推迟完全合规的时间,而侵权行为是否已经有效地结束,可能仍然处于悬而未决的状态。在这种情况下,"基于原则"的救济措施可能会导致对相关经营者的额外处罚。

第二节　行为性与结构性:如何在个案中选择有效的救济措施

一、超越行为性或结构性二分法:以目标作为分类标准

所谓行为性或结构性救济措施,学术界至今尚未有较为公认的定义。① 《欧盟第 1/2003 号条例》提出了行为性与结构性救济措施,亦未明确其定义。② 就目前救济措施的实践情况来看,结构性救济措施是指通

---

① 即便如此,各国的立法实践往往承认并同时允许结构性救济措施和行为性救济措施的存在。参见史建三、钱诗宇等:《企业并购反垄断审查比较研究》,法律出版社 2010 年版,第 317 页。
② 有学者认为,结构性救济措施和行为性救济措施的界分可能更多基于救济理念上的区别。参见孙晋:《谦抑理念下互联网服务行业经营者集中救济调适》,载《中国法学》2018 年第 6 期。

过转让有形或无形资产的产权,或转让整个业务部门,从而改变经营者结构的措施,但不会导致前经营者和未来经营者之间的任何持续关系。实施后,结构性救济措施不需要任何进一步的监督。换言之,结构性救济措施消除了经营者重复违反反垄断法的动机或手段。从这一角度看,之所以需要对行为性救济措施进行持续监督,原因之一正是经营者可能仍然采取规避或根本不实施行为性救济措施。实践中,结构性救济措施也需要某种程度的监督,必要时还需要强制执行,直到资产"剥离"完成。实施后,若经营者不再有违反竞争法的可能,也就没有必要再对其进行监督或执行。①

相比之下,行为性救济措施则需要长期的监督与执行,甚至规避行为性救济措施的动机在措施设计阶段已有影响。例如,需对相关经营者的经营方式,诸如数量、价格、质量、合作伙伴的选择进行监督,否则,可能通过改变某一维度的经营行为而导致对行为性救济措施的规避。由此可见,为了防止行为性救济措施被规避,往往需要详细而持续的相关措施的执行。从某种角度看,行为性救济措施类似于对经营者的监管,而这一监管可能会消减相关经营者在应对变化的市场环境时所需的灵活性。因此,行为性救济措施通常需要不断修订和调整,以避免无效,甚至损害相关市场的竞争秩序。② 然而,针对动态市场的潜在发展,无论是反垄断执法机构,抑或市场参与者往往难以提前采取适当的行动,这也是行为性救济措施的主要弱点。③

由此,结构性救济措施旨在恢复市场竞争结构的一次性救济,其主要特点在于彻底改变相关市场的结构,并且结构性救济措施既不需要反垄断执法机构的持续监督,亦不需要在经营者间建立持续的联系。

---

① 实践中,部分结构性救济措施仍然需要以业务范围限制的形式进行行为上的侧翼。如果没有这样的限制,被"剥离"的业务在未来可能被复制或回购,从而导致资产"剥离"可能只会带来暂时的缓解。

② 除了必要的持续监督,监管机构还须监测相关市场的发展,以确保救济措施本身的持续适当性,即确保救济措施既不创造优势,也不对经营者造成过多限制。这显然也适用于救济措施对其他市场参与者的影响,需要对救济措施进行相应的影响评估和潜在调整。

③ 行为性救济措施的实施困难在于,监管者往往无法有效地监管救济措施实施的进展情况。参见刘武朝:《经营者集中附加限制性条件制度研究——类型、选择及实施》,中国法制出版社 2014 年版,第 49 页。

此外,结构性救济措施的另一特点是一次性,即无须再在经营者与监管机构与其他经营者之间建立持续的措施。与此相对应的另一种观点认为,从关注产权的角度看,结构性救济措施修改产权分配,并由此创建新公司,包括"剥离"全部或者部分正在进行的业务。从上述角度看,结构性救济措施似乎符合市场体系的逻辑,能够有效地适应不断变化的市场条件。它们与市场参与者的激励结构直接相容,并对其有直接影响。结构性救济措施并不影响管理层持久作出适当商业决定的灵活性。从旁观者的角度来看,结构性救济措施的一个基本特性是,它们无法与市场体系的正常运作区分开来,在这个体系中,合并和"剥离"是正常市场发展的一个特征。① 换言之,结构性救济措施充分利用市场分配动态,以有效方式解决竞争问题,并允许有关经营者持续发展。

然而,行为性或结构性救济措施的二分法似乎过于简单,有观点建议从以下两方面描述救济的特点:其一,就目标而言,如公司的范畴、产出及产权;其二,就是否改变经营者以某种方式行事的动机,或是否规定某种行为。救济措施在某种程度上可能造成激励机制的改变,使得违反反垄断法成为某种非营利战略,而且监管手段不会改变这些激励机制,因此需要监督相关救济措施的执行。例如,如果从产权的角度来看救济措施,对经营者的资产进行"剥离"的结构性救济措施比行为性救济措施更为严厉,但如果从基础经济学的角度来看,结论则不然。竞争法的主要目标是保障市场正常有效的竞争秩序,从而带来更多社会与消费者福利。结构性救济措施利用市场的动态,消除了将来发生类似侵权行为的诱因,从而可能解决相关竞争问题。反之,行为性救济措施并不利用市场动态,而是根据经营者的具体战略以限制市场力量,与此同时,亦有可能扰乱市场配置。②

行为性救济措施涉及的社会成本可能比结构性救济措施所涉及的社会成本更大。只要潜在的竞争问题是结构性的,行为性救济措施就难以

---

① 救济措施本身并不禁止经营者合并,而是避免产生一家经营者垄断市场或者少数几家经营者共同垄断市场的局面。参见王晓晔:《竞争法学》,社会科学文献出版社2007年版,第329页。
② 有学者认为,应对反垄断法所追求的价值目标的冲突进行协调。参见王翀:《论反垄断法的价值目标冲突及协调》,载《政法论丛》2015年第3期。

"自我执行"。当然,结构性救济措施也不是自动执行的,因为它们不符合相关经营者的利益。由于结构性救济措施是以当前市场价值出售相关资产而产生收入,因此与征用不同,因为经营者获得了报酬。反之,行为性救济措施对经营者决策范围进行限制,且不会得到补偿。在实施行为性救济措施时,一旦市场条件发生变化,即使在静态意义上成功的行为性救济措施,也可能会对经营者造成不必要的限制。在此条件下,相关经营者往往倾向于避免反垄断执法机构对其经营行为进行限制,因为行为性救济措施往往伴随着额外的受托人成本和持续的监督,有可能分散经营者对核心业务的关注。因此,结构性救济措施具有允许经营者持续经营,不受不必要限制的额外优势。下文将从行为性救济措施、结构性救济措施,以及获取式救济措施三方面展开讨论。

(一)行为性救济措施

如前文所述,行为性救济措施旨在规范相关经营者的持续行为,其形式大有不同。在针对垄断行为的救济措施中,行为性救济措施通常指"反射"垄断行为的措施,例如,拒绝供应将以承诺供应作为救济,或者反竞争捆绑将通过承诺解绑来解决。[1] 总体而言,"责令停止违法行为"的命令在某种意义上亦可以被认为是一种行为性救济措施[2],但是实质意义上的行为性救济措施应该是积极的,即允许某种行为;也可以是消极的,即禁止某种行为。具体而言,修订经营者管理条例[3],针对互联互通能力进行投资[4],允许客户之间的切换,建立新的定价体系[5],设定相关产品的价格上限[6],都可以被认为是行为性救济措施。

行为性救济措施较少运用在经营者集中的案件中,除非在特殊情况下,与被合并的经营实体的未来行为有关的救济措施才可能被接受。主要原因是,救济措施的有效性可能会受到质疑。与结构性救济措施

---

[1] See Per Hellström, Frank P. Maier-Rigaud and Friedrich Wenzel Bulst, Remedies in European Antitrust Law, 76 The Antitrust Law Journal, 43(2009).

[2] 关于"责令停止违法行为"作为救济措施的不足,请参见本书第一章。

[3] See Case M. 3817, Wegener v. JV [1999].

[4] See Case M. 4180, Gaz de France v. Suez [2006].

[5] See Case AT. 39678 & 39731, Deutsche Bahn v. Commission [2014]。

[6] See Case AT. 39398, Visa v. Commission [2019]。

相比,行为性救济措施基本上没有改变经营者的激励措施。① 此外,由于难以确保有效执行和监督,行为性救济措施可能存在风险或可能损害市场秩序。通常在较长的有效期内,设计有效的,并且不会带来上述重大风险的行为性救济措施是非常具有挑战性的。特别是在快速发展的行业中,无法预见的情况变化可能使得行为性救济措施失去效果,甚至完全不相关或者更难被监督。② 此外,行为性救济措施可能会以意想不到的方式扭曲相关经营者的行为,如提供消极的创新激励。③

因此,行为性救济措施通常被纳入救济措施的"一揽子承诺"中,以确保其他救济措施的有效性。④ 例如,在思科收购 Tandberg 经营者集中案⑤中,责令实现互操作性的救济措施包括:与视频会议系统的互操作性协议有关的知识产权,须转让给一个独立的行业机构,该机构授予基于开源许可协议的访问权;与协议相关的行为承诺,即思科将继续在其产品中实施该协议。这种行为承诺是"一揽子承诺"中的一个重要因素。如果思科在资产"剥离"后停止实施该协议,那么就无法实现该救济措施的目的,即思科产品与第三方供应商的产品具有互操作性。

(二)结构性救济措施

如前文所述,针对结构性救济措施广为接受的定义并不存在。⑥ 所谓"剥离"或者"拆分"仅仅是常见的结构性救济措施。欧盟委员会在其

---

① 关于行为性救济措施在经营者集中案件中的运用,参见 Per Hellström, Frank P. Maier-Rigaud and Friedrich Wenzel Bulst, Remedies in European Antitrust Law, 76 The Antitrust Law Journal, 43(2009); John Kwoka, Merger Remedies: An Incentives/Constraints Framework, 62 The Antitrust Bulletin, 367 (2017)。

② See Thomas Hoehn, Alex Lewis, Interoperability Rem(eds.), FRAND Licensing and Innovation: A Review of Recent Case La, 34 European Competition Law Review, 101(2013).

③ See Thomas Hoehn, Alex Lewis, Interoperability Rem(eds.), FRAND Licensing and Innovation: A Review of Recent Case La, 34 European Competition Law Review, 101(2013).

④ 以德国联邦卡特尔局的执法实践为例,其很少单纯决定适用行为性救济措施。参见王炳:《反垄断法中的经营者集中附条件许可问题研究:争议与反思》,中国政法大学出版社 2015年版,第 129 页。

⑤ See Case 5669, Tandberg v. Commission [2010].

⑥ 关于结构性与行为性救济措施的区别及相似之处的详细讨论,参见 Frank P. Maier-Rigaud, Behavioural Versus Structural Remedies in EU Competition Law, in Philip Lowe, Mel Marquis and Giorgio Montiin(eds.), European Competition Law Annual 2013, Effective and Legitimate Enforcement of Competition Law, Hart Publishing, 2016, p. 207。

关于并购的指南中提出,其他类型的和解协议亦可以接受,但是其明确倾向于在并购案件中采取结构性救济措施。原因在于,一方面,结构性救济措施通过改变市场上经营者的激励机制,持久防止合并引起的竞争问题;另一方面,结构性救济措施无须中长期的持续监督。所谓资产"剥离"通常是在为期6个月的"剥离"期内实施,可根据和解协议的审查条款提出申请后延长该期限。在此期间,通知方有责任为"剥离"业务寻找一个合适的购买者。如果在获得反垄断执法机构批准的情况下,未能在前一"剥离"期内签订具有约束力的出售"剥离"业务的协议,则将任命一名"剥离"受托人,该受托人具有独家授权,在通常为3—6个月的受托人"剥离"期内,以最低价格处置"剥离"业务。①

资产"剥离"作为结构性救济措施,可以限制相关经营者提高产品价格、增加对手成本或者消除其他滥用市场支配地位的能力或者动机的来源。此外,通过对"剥离"后的资产的收购,可以从侧面加强相关竞争者的实力或者给予新竞争者进入相关市场的机会。如果"剥离"后的资产由具有竞争关系的经营者经营,与原具有市场支配地位的经营者进行持久有效的竞争,那么即达成了"剥离"作为结构性救济措施的目标。由此可见,除了"剥离"本身,针对"剥离"业务的买家的适宜性对于结构性救济措施的有效性也至关重要。基于此原因,针对"剥离"的相关协议需包括买家必须满足的标准,以确保新的经营者有能力和动力在相关市场中竞争。

(三)责令许可或互联互通

所谓责令许可或互联互通,即获取式救济措施,要求以适当的条件授予第三方必要的基础设施,使其有能力参与相关市场的竞争,从而消除垄断行为带来的竞争问题。责令许可或互联互通的内容可以是关键设施、知识产权等。例如,专利②、关键技术③、天然气进口基础设施的容量④、移

---

① See European Commission, the Best Practice Guidelines: The Commission's Model Texts for Divestiture Commitments and the Trustee Mandate Under the Merger Regulation (2013).
② See Case COMP/C-3/38636, Rambus v. Commission [2009].
③ See Case COMP/M. 6564, ARM/Giesecke & Devrient/Gemalto/JV [2012].
④ See Case COMP/39.316, GDF Suez, GRT gaz & Elengy [2009].

动通信网络①、核心技术信息②。作为救济措施,以上关键设施的准许获取,旨在消除或降低相关市场的进入壁垒,使得第三方或者新进入者能够进入市场,甚至有机会竞争更大的市场份额。

获取式救济措施并不完全属于结构性或行为性救济措施的范畴,因此,将其作为一个单独的类别提出。在《欧盟合并救济措施行政细则》中,责令许可或所谓获取式救济措施,被置于"其他救济措施"的标题下进行讨论。然而,授予关键设施的使用权被认定为一种结构性救济措施。有观点认为,所谓获取式救济措施是行为性的,而非结构性的,至少也是"准结构性"的救济措施。③ 虽然获取式救济措施能够在一定程度上对相关市场产生结构性的影响,但这种影响并不是必然的,可以通过不同的方式确保这种结构性效果。关键问题在于,相关经营者是否实际向一个或多个第三方授予关键设施,或者是否在协议中明确第三方提出的要求是授予关键设施。

除了所谓对关键设施的获取,获取式救济措施还包括资产的转让。其中常见的方式为通过租赁、许可或其他类型的协议,在资产所有权保持不变的情形下,实现对相关设施的获取。值得注意的是,上述协议即使要求无限期的使用,也无法像所有权转让那样具有永久性,因为协议可能随时因为某一条件无法得到满足而被终止。例如,许可协议通常包括对允许使用加以限制并设置保密条款,若未使用或使用不当,则可能被责令归还。④ 从另一角度看,获取式救济措施与资产剥离相比,相关所有权受到的影响较小。

与此同时,与以剥离为核心的结构性救济措施相比,获取式救济措施与行为性救济措施相同,通常需要在多年内实施,甚至是无期限的,同样需要反垄断执法机构对其进行相当长时间的监管。在许多情

---

① See Case COMP/M. 6992, Hutchison 3G UK v. Telefonica Ireland [2014].
② See Case COMP/C. 39230, RIO TINTO v. ALCAN [2012].
③ 关于获取式救济措施分类的具体讨论,可参见 Organization for Ecoperation Cooperation and Development, Remedies and Sanctions in Abuse of Dominance, 2007, accessed March 26, 2024 https://www.oecd.org/competition/abuse/38623413.pdf; Massimo Motta, Michele Polo and Helder Vasconcelos, Merger Remedies in the European Union: An Overview, 52 The Antitrust Bulletin 603(2007).
④ See Case M. 7541-IAG v. AER LINGUS [2015].

况下,相关经营者将能够快速实施获取式救济措施。根据其性质,以责令许可或责令互联互通作为救济措施,可能仍然存在固有的风险,即实施或实施的效果存在拖延问题。例如,在 Hutchison 3G Austria/Orange Austria 并购一案①中,在欧盟委员会发布行政决定近两年后,才有一家移动虚拟网络运营商开始在市场上提供服务。与此同时,消费者对市场上的价格上涨表示担忧,导致奥地利竞争管理机构开始对国家电信市场进行调查。

虽然资产"剥离"一旦实施就是确定的,但相关经营者仍有可能在最初决定的很长时间后,根据审查条款要求修改或放弃长期的行为或获取协议。② 例如,在 Hoffmann La Roche v. Boehringer Mannheim③ 中,欧盟委员会接受了一项请求,即在最初的许可决定作出的 13 年后,放弃授予 DNA 探针专利技术使用权的协议。2019 年 2 月,欧盟委员会同意放弃关于 Air France④ 的航班放行的救济措施及其他相关和解协议。然而,欧盟委员会只在罕见的情况下接受修改或放弃和解协议,这可能使相关经营者处于不确定的状态。⑤

二、选择有效措施的基本原则

(一)比例原则

反垄断执法机构对救济措施的设计或自由裁量权,须受到比例原

---

① 参见《奥地利电信监管部门将调查三大运营商涉嫌违反竞争行为》,载商务部官网,http://at.mofcom.gov.cn/article/jmxw/202102/20210203037729.shtml,2024 年 3 月 26 日访问。
② 针对并购案件的处理,欧盟委员会接受的承诺通常要求合并后的实体在 10 年内不重新获得对全部或部分剥离业务的实质性影响,除非欧盟委员会认为相关市场的结构已经发生变化,不再需要对相关经营者进行剥离,以使拟议的集中与内部市场相一致。10 年后,合并后的实体可以重新收购被剥离的业务,这样的交易不一定会受到合并控制。
③ See Case M. 950, Hoffmann La Roche v. Boehringer Mannheim [1997].
④ See Case M. 3280, Air France v. KLM [2004]. 并参见该案件中的和解协议,The Commission in Its Article 9 Decision in Case AT. 39964 Air France-KLM/Alitalia/Delta Air Lines。
⑤ 对所谓不确定的状态的详细讨论,参见 Charlotte Breuvart, Etienne Chassaing, Post-clearance Modification and Waiver of EU Merger Remedies: When the Hardest May Be Yet to Come Concurrence, 3 Competition Law Journal, 54(2014)。欧盟委员会在相关案件中放弃和解协议的,参见 Case M.3770, Lufthansa v. Swiss [2005]。

则的限制①,以保障相关市场的竞争秩序,这是反垄断法追求的首要目标。比例原则要求经营者终止违法行为,并恢复相关市场的竞争秩序,而给经营者施加的负担不超过其所追求的目标的适当和必要的范围。② 针对目标与负担的衡量,需考量对消费者福利、竞争秩序的损害程度,垄断行为的性质与类型,并且对救济措施的选择不应局限于救济措施的既有类别,还应考量救济措施与具体个案的损害理论的契合度,即所谓救济措施与垄断行为损害理论的因果关系。救济措施当然应该是有效的,目的是重建竞争秩序。如果比例原则要求损害和救济措施之间的密切配合,那么确定这种配合的功能性质对于采取救济措施至关重要。

正如侵权者不能以其所有权或经营自由为理由,拒绝缴纳罚款,同理,在反垄断法的框架下,垄断行为的实施者亦不能以其享有所有权或经营自由,对抗反垄断执法机构对其实施的罚款及救济措施。③ 值得注意的是,在欧盟竞争法的框架下,反垄断执法机构采取的救济措施可能导致相关经营者破产,但这一救济措施仍然不会被禁止。④ 虽然不能以此理由禁止不成比例的救济措施,但是需依据比例原则对救济措施进行审慎地选择,提出适当的救济措施。⑤

(二)非惩罚性原则

垄断行为救济措施的目标,与罚款完全不同。救济措施的目标并非惩罚,而是终止违法行为,并尽可能地恢复相关市场的竞争秩序。⑥ 救济

---

① 关于比例原则在救济措施中的作用,参见本书第二章第三节。
② 参见在微软案中的具体运用,Case T-201/04, Microsoft Corp. v. Commission [2007], ECR Ⅱ-3601, para. 1276。
③ See Case C-308/04 P, SGL Carbon AG v. Commission [2006], ECR Ⅰ-5977, H 108.
④ See Case 52/84, Commission v. Kingdom of Belgium [1986], ECR 89,1 14; Case C-499/99, Commission v. Kingdom of Spain [2002], ECR Ⅰ-6031, 38.
⑤ 关于欧盟委员会如何审慎选择救济措施的相关案例,参见 Case T-24/90, Automec v. Commission [1992], ECR Ⅱ-2223, Hl 51-52; Case Ⅳ/26811, Continental Can Co. [1971]; Cases 6 & 7/73, Istituto Chemioterapico Italiano S.P.A & Commercial Solvents Corp. v. Commission [1974], ECR 223, H 45。
⑥ 关于救济措施与罚款的区别,请参见本书第一章;关于救济措施的应然目标,请参见本书第二章第二节。

措施往往对垄断行为的实施者构成一定程度的负担,因此,对相关经营者而言,可能亦将其视为某种惩罚,特别是所谓不合比例的救济措施可能具有类似于罚款的威慑作用。① 如果反垄断执法机构严格遵守比例原则,设计符合违法行为程度及恢复市场竞争秩序必需的救济措施,那么将其视为某种形式的惩罚的情形则难以成立。由此,所谓非惩罚性原则亦与比例原则相辅相成。

(三)平等对待原则

关于强制履行的救济措施,可能会引起平等待遇的问题,即哪些第三方可以从救济措施中受益。此时,反垄断执法机构需决定垄断行为的实施者分配或分销哪些产品,然而,将救济措施的益处限制在申诉人或采取某种程序性标准划分受益人群体可能被认为是不恰当的。需要求垄断行为的实施者在非歧视的基础上基于平等利益实施救济措施,尽管这在具体个案中较难实施。进一步而言,如果通过救济措施设计仍然无法避免在多个受益人中作出选择,那么此选择需要在两个基本方法下完成。其一,可以采用严格但有针对性的方法,由此在垄断行为发生前实力最强的经营者将是最明显的受益者;其二,亦可采用更富有前瞻性的方法,在作出决定时偏向最强大的竞争对手或客户,以便尽可能有效地恢复竞争秩序。救济措施须满足确定性原则的要求。因此,采取的任何救济措施必须是明确的和预先确定的,以便经营者明确了解其权利和义务,并采取相应的措施。②

三、有效救济措施的选择方法

如前所述,针对垄断行为,反垄断执法机构有权采取"责令停止违法行为"以外的具体救济措施,从而"有效"地终止侵权行为。由此产生的一个核心问题是,如何定义"有效"？是否可以理解为救济措施不仅要终止垄断行为,还要救济该垄断行为给相关市场带来的不利影响？救济措

---

① 例如,美国反垄断法直接规定的三倍赔偿制度,意在激励受害者、威慑违法者。参见郑鹏程:《美国反垄断法三倍损害赔偿制度研究》,载《环球法律评论》2006年第2期。

② See Cases 92 & 93/87, Commission v. French Republic et al. [1989], ECR 405, 5 22.

施的目的是否为重建相关市场的正常竞争秩序,即恢复到垄断行为还未发生时的竞争状态?① 这也与认定垄断行为所采取的合理原则(rule of reason)相呼应,强调需分析垄断行为对相关市场的影响,而非其形式。如果确定相关经营者的行为产生某种反竞争效果,则救济措施的目的即通过消除反竞争效果,从而恢复市场竞争秩序。②

(一) 以"反射"垄断行为作为主要方法

当对行为性救济措施、结构性救济措施,以及获取式救济措施等进行选择时,最直接的方法则是直接"反射"垄断行为。例如,以责令许可或责令互联互通作为拒绝提供的理由,无论是访问权限、专利权、信息、"关键设施",还是通过搭售滥用市场支配地位,均需基于具有市场支配地位的经营者的解除搭售的义务。"反射"垄断行为是一种直观的救济措施的设计方法,然而,这一方法是否有效仍值得进一步讨论。

以微软搭售案为例,在相对人丧失抵押品赎回权的情况下,有效的救济措施可能是允许相对人获得抵押品赎回权。然而,需明确的是反垄断法下的救济措施的目的并非仅仅恢复公平竞争,而是消除对竞争秩序的不利影响。③ 因此,在有限的一段时间内,可能有必要让占据市场支配地位的经营者的竞争者拥有优势,以恢复竞争秩序,同时不损害该经营者的竞争动机。④ 在搭售的情况下,仅仅解除搭售似乎并不足以恢复竞争秩序,因为长期滥用市场支配地位造成的负面影响可能仍然存在,可能已经使相关经营者获得重要的优势。为了使救济措施更加有效,可能需要在未捆绑销售和捆绑销售之间施加价格差异的措施,但即使这样也不足以消除或抵消负面影响。

---

① 部分观点认为,恢复市场竞争秩序是指恢复以前的情况,但以前的情况不一定等于现在的情况。事前是指时间上的一个(或多个)步骤,而事后是指在侵权行为没有发生的情况下的一个反事实情况。如果救济措施的目的是消除对竞争秩序的扭曲,那么没有垄断行为的状态似乎是更合适的目标,因此也是更合适的术语。虽然事前往往是"如果没有垄断行为"的代指,但它不是救济措施的目的。

② 参见叶卫平:《反垄断法的价值构造》,载《中国法学》2012 年第 3 期。

③ 参见戴宾、兰磊:《反垄断法民事救济制度比较研究》,法律出版社 2010 年版,第 5 页。

④ 关于所谓不禁止实质上的竞争及不损害竞争的激励机制的重要性,参见 Gregory J. Werden, Remedies for Exclusionary Conduct Should Protect and Preserve the Competitive Process, 76 Antitrust Law Journal, 65(2009)。

在这种情况下,对经营者施加相应的义务是有必要的,但这种义务的履行往往难以实施或监督,也可能难以消除竞争带来的损害。在一个特定的时期内,对捆绑的产品实施广告"禁令"可能是合适的救济措施,甚至可以责令相关经营者为竞争产品进行有效营销,毕竟这些产品的经营者的市场地位受到了垄断行为的负面影响。根据比例原则,如果适当且必要,所有这些价格差异的措施都必须进行,如必须履行义务、积极地营销。甚至可以责令相关经营者支付资金,以便为受到其垄断行为负面影响的竞争者提供积极的产品开发支持。例如,如果相关经营者的竞争者的产品开发由于非法拒绝提供必要的信息而被推迟,并且这些竞争者无法及时弥补,那么这种支持义务很可能是恢复竞争秩序的适当救济措施。

在设计救济措施时,除简单直接地"反射"垄断行为,另一种方法是考虑并修改经营者的基本激励结构,这种方法避免了对主导经营者进行束缚。尽管此种救济措施可能解决实施垄断行为的诱因,但仍然难以使相关市场的竞争秩序恢复到没有发生反竞争行为之前的状态。除"反射"垄断行为以外,另一种方法是寻求降低经营者进入市场的壁垒,使其处于支配地位。

(二)设计具体的目标而非具体的救济措施

如果不采取前述"反射"的救济措施,那么在采取"责令停止违法行为"之外的救济措施时,可以采取以下三种方法进行设计:其一,采取某一类型的救济措施;其二,采取具体的救济措施以实现某一具体的目标;其三,采取适当类型的救济措施以实现特定的目标。第一种方法可能会面临较大的规避风险,即相关经营者可实施具体的救济措施,但同时避免这些救济措施应有的目的。当然,也有例外的情况,即在结构性救济措施中,"剥离"经营者的部分资产不可能被规避。第二种及第三种方法为相关经营者提供了更多指导,但也可能引起规避的问题。因此,避免救济措施被规避最可能的方法是,制定该救济措施将会实现的特定目标,并由相关经营者承担实现该目标的责任,同时由该经营者提出实现目标的具体救济措施。对反垄断执法机构而言,设计具体目标往往比具体措施更加容易。

以具体案例为例,如果某一救济措施的目的是许可使用某一预订系统,若根据上述第一种方法,采取某一类型的救济措施,则可能会要求预订系统的所有人以某价格授予相关经营者访问权限。而这种救济措施可能会被规避,例如,通过收取高额的预订费用或者恶意规避相关经营者的预订,从而造成相关经营者的请求迟迟不能被确认。如果按照第二种方法,救济措施则可能要求相关经营者无限制地访问预订系统,并以收取恰当的预订费用和及时处理的方式,使其能够与预订系统的所有人有平等竞争的机会。而根据上述第三种方法,反垄断执法机构甚至不用设计所谓具体的救济措施,仅确认救济措施应当实现的具体目标,即要求以公平、合理和非歧视性的条件向预订系统的竞争者提供准入标准,使他们能够与预订系统的所有人平等竞争。

第三节 需求端与供给端:如何通过需求端恢复市场竞争秩序

一、针对需求端设计救济措施的必要性

当相关市场的竞争秩序受到破坏时,反垄断执法机构的通常做法是考察相关市场的供给端是否出现了反竞争效果,主要原因在于普遍的观点认为,供给端对相关市场的竞争秩序具有关键作用。通常情况下,经营者面临的主要竞争压力来自供给端,竞争者主要争夺相关产品的销售额,在此压力下,相关经营者会有强烈的动机提供具有更高质量的或者创新性的产品。反之,如果经营者面临的竞争者较少,竞争者难以在相关市场上扩张或潜在的竞争者难以进入相关市场,那么相关市场的竞争力则会下降。总而言之,供给端推动整个相关市场的竞争,反垄断法的标准考量方法也通常旨在解决供给端的竞争问题。

然而,需求端的竞争秩序对于整个相关市场的影响也不容忽视。假设相关市场的消费者具有相当的知情权并可以积极参与市场活动,供应者须提供高质量及高性价比的产品,才能满足消费者的需求,进而有机会在市场竞争中取得一定的优势。需求端的竞争为仅追求利润的供给端经营者带

来了相当的竞争压力,迫使他们需要不断提高生产力并创新产品,从而满足需求端的消费者。由此可见,如果相关市场的需求端无法有效运作,那么整个相关市场的竞争秩序将被破坏。例如,当需求端的消费者无法找到更好的替代性产品时,相关市场的竞争秩序将会被削弱,由此也降低了供给端的经营者的需求弹性。反之,如果供给端的经营者提供了比其竞争者更好的产品,却只能取得一部分市场优势,那么亦会降低需求端的消费者对供给端行为的约束力,从而限制相关市场的整体竞争与创新激励。

除此以外,需求端的竞争问题还可能导致相关市场的竞争被扭曲。当需求端的消费者的选择无法反应其真实的意愿时,供给端的经营者会在具有偏差信息的基础上取得竞争优势。例如,消费者只依据最显著的前期价格来选择供应商,而忽略了产品或服务的质量,以及后期可能要被收取的隐性费用,都可能导致供给端的经营者通过设置低劣的质量或者过分的隐性费用来应对,以便使其前期价格尽可能低。同理,如果消费者过度关注速度、便利性或可用性等方面,就会导致相关产品质量下降、价格扭曲,这也会给消费者带来更糟糕的消费体验。有鉴于此,供给端的经营者因缺乏来自需求端的竞争约束,会尽其所能降低消费者搜索或转换可替代性产品的可能性,从而进一步抑制或扭曲竞争。例如,供给端的经营者混淆相关产品的价格及产品特性,向希望转向替代性产品的消费者收取高额的退出费用。

对于相关市场竞争秩序的考量与垄断行为的调查皆侧重于市场的供给端,因此,既有的且通常采取的救济措施往往针对相关市场的供给端。① 例如,结构性救济措施,即寻求恢复或重塑市场竞争结构的一次性救济措施,以此确保相关市场有足够数量的市场参与者与市场份额;强制许可与互联互通,即为竞争者提供"关键设施",如专利权或生产能力;行为性救济措施,通过持续控制相关市场的竞争结果,以尝试减轻对消费者福利的减损,如设置相关产品的价格上限,从而避免不公平高价或者差别待遇。

如果明确相关市场的竞争秩序受到需求端的制约,那么救济措施的

---

① 针对所谓供给端的救济措施的更详细讨论,请参见本章第一节。

重点则应放在需求端,改变消费者与市场的互动方式,可能会收到更好的效果。例如,与数字平台相关的滥用市场支配地位案件,核心可能是消费者行为的偏见。[①] 例如,2017年,欧盟委员会关于谷歌搜索滥用市场支配地位案[②]的裁决中可能没有明确提到行为经济学,然而,谷歌搜索页面上"更有利的定位"会带来流量和点击率的增加,这是某种显著性偏见的结果,即个人通常根据对他们来说最明显或最突出的内容来决定是否点击。2018年,关于谷歌安卓案[③]的决定亦明确,现状偏见可能是导致滥用市场支配地位的关键潜在驱动因素。这种行为倾向意味着,发现设备上预装了搜索和浏览器应用程序的用户可能会坚持使用这些应用程序,这反过来又使竞争者的应用程序更难获得消费者的青睐。

在以上两起案例中,欧盟委员会采取的救济措施并没有特别注重解决需求端的问题。然而,在2009年微软搭售案[④]中,针对需求端的考量似乎在救济措施的设计中发挥了重要作用。此案件涉及Internet Explorer浏览器与Windows操作系统的捆绑,微软利用其在Windows的市场力量来损害与网络浏览器之间的竞争,破坏了产品创新并减少了消费者的选择。与谷歌安卓案相类似,这一结论实际上是由需求端的现状偏见所导致的。换言之,消费者往往不会更换其设备上的标准浏览器,即使这样做没有经济成本。欧盟委员会接受了微软同意安装弹出框的救济措施,该功能促使Windows客户从包括Internet Explorer浏览器在内的12种流行浏览器列表中进行主动选择。选项的顺序是随机的,以避免再次出现所谓需求端现状偏见。[⑤] 在此案件中,针对需求端的救济措施似乎产生了积极的影响,从2010年3月开始实施至2014年11月结束,Internet Explorer浏览器在美国的相关市场份额明显下降。

---

① 针对数字经济下垄断行为救济措施的设计,更详细的讨论在本书第四章、第五章,此处仅引用相关案例作为例子。
② See Case AT. 39740, Google v. Commission [2017].
③ See Case AT. 40099, Google Android v. Commission [2018].
④ See Case COMP/39.530, Microsoft v. Commission [2009].
⑤ 相关和解协议中的救济措施,参见 European Commission, Commission Accepts Microsoft Commitment to Give Users Browser Choice-Frequently Asked Questions, 2009, accessed March 26, 2024, https://ec.europa.eu/commission/presscorner/api/files/document/print/en/ip_09_1941/IP_09_1941_EN.pdf.

二、需求端救济措施的设计方法

在明确了实施需求端救济措施的必要性与重要性的前提下,其主要设计路径是通过增强需求端的消费者的决策力,以达到恢复相关市场竞争秩序的目的。① 在设计需求端的救济措施时,需考虑需求端的消费者如何参与相关市场的竞争,即如何在充分知情的情况下作出购买相关产品的决定。需求端的消费者一旦进入相关市场,则需要获得关于现有产品和供应商的信息,以使他们能够就哪些产品最能满足他们的需求作出相应的选择。消费者根据上述信息进行评估,通过比较不同的选择,以确定哪个是最有价值或最适合他们的。如果有关产品或价格的信息很复杂或者难以解释或者在不同的供应商那里以不同的形式提供,可能会给消费者的决策带来相应的困难。如果消费者在前三个步骤的基础上决定,他们希望继续留在现有的供应商那里,则不需要采取行动。如果消费者认为新产品或新的供应商更适合他们的需求,则可以切换到新的供应商处。但如果面临与现有产品有关的过于复杂的合同或高额违约金或者更换供应商的过程复杂耗时,那么也会增加相应的难度。

由此,针对需求端的救济措施设计,需充分考量需求端如何参与市场竞争。需注意的是,针对需求端的救济措施是对供给端的实施,因为反垄断执法机构无权要求消费者采取任何具体行为或改变其消费方式。因此,关于需求端救济措施可以从以下三方面进行设计实施。

(一)降低需求端市场的准入门槛

如前文所述,加强需求端决策的第一步是确保消费者参与相关市场。在某些情况下,消费者不参与市场,即所谓需求端反应小,也可能是一种完全理性的反应。原因可能是消费者认为其缺乏更好的选择或者认为不值得投入时间或精力去寻求更好的交易。在这种情况下,降低相关产品或服务的搜索与转换成本,可能有利于提高需求端的竞争。此外,消费者无力或不愿意参与市场的另一个原因可能是偏见加剧。例如,显著性偏

---

① 需求端救济措施的设计和实施是自由竞争与消费者保护的关系趋于一致的结果。参见陈兵:《反垄断法实施与消费者保护的协同发展》,载《法学》2013年第9期。

见导致消费者有其他更重要的事情要做或者当前偏见导致消费者低估参与可能获得的未来利益,而现状偏见和默认偏见显然也可能是消费者脱离市场的驱动因素。

针对以上需求端的情形,可以实施下列救济措施。

其一,改变选择结构。鼓励消费者根据准确信息作出积极、理性的选择,是确保良好消费结果的有效方法之一。然而,让消费者积极地参与进来,可能会面临很大的挑战。因为消费者作出相应决定的环境,也被称为他们面临的"选择结构",这一结构可能对其行为产生的影响往往被低估。例如,默认选项或特别突出的选项可能导致大多数消费者选择接受,即使他们更积极地参与也会作出非常不同的决定。在这种情况下,改变这些默认选项或最突出的选项,使其更符合消费者的要求,可能会产生非常积极的结果。而这样做并不妨碍消费者主动作出其他选择。

其二,重新设计相关市场以促进更多消费者参与。在某些情况下,反垄断执法机构需重新设计部分相关市场,以允许消费者以新的或不同的方式参与,促进新商业模式的发展,这些模式本身可能有助于推动参与。这些干预措施可以包括利用技术变革,采用新技术使消费者从创新中获得最大利益。这种方法实施起来可能很复杂,但也可能增加消费者福利。

(二)向需求端披露必要信息

如前所述,一旦消费者参与到需求端的市场中,须让消费者获取需要的相关信息,以便就使用相关产品或选择供应商作出明智的决定。[①] 然而,所谓信息的可用性并非唯一的问题,虽然部分信息在理论上是可用的,但实践中消费者可能无法、不愿意或者很难找到,甚至难以理解这些信息。此外,行为偏见亦可能在此环节发挥作用。消费者可能不愿意投入足够的时间来获取和理解信息。向消费者提供太多信息可能会导致信息过载,使其无法理解大量数据,最终作出错误的决策。

因此,需设计有助于支持消费者获取和理解相关信息的救济措施,亦

[①] 救济措施的有效性取决于监管主体对监管对象信息的掌握程度。参见应飞虎:《信息如何影响法律——对法律基于信息视角的阐释》,载《法学》2002年第6期。

被称为"披露"救济措施。

第一种"披露"的方法为纯粹披露，一般涉及将消费者以前无法获得的相关信息纳入公共领域。这些信息可能涉及商品或服务的质量，包括消费者可能期望从产品中获得的价值，如成功保险索赔的平均比例或者其他一些相关因素，如价格或销售条款。

第二种"披露"的方法为"智能"披露，即超出将信息公开的简单要求，进而规定如何提供信息，以真正提高消费者的认识和理解。例如，可以要求将信息突出显示并以清晰易懂的形式提供。甚至可以要求供应商在消费者作出最终购买决定之前，主动向其提供某些信息。

第三种"披露"的方法为公布性能或数据，即披露产品或者服务的核心性能数据，从而迫使相关经营者产生对自身经营状况的担忧，促使其在某种程度上改变经营行为。当然，这种"声誉监管"亦可以帮助经营者在消费者群体中重建信任，并对供应商展示优势。

（三）降低需求端的选择与转换成本

如前所述，即使消费者能够获得足够的相关信息，恐亦难以实现针对产品与其供应商的有效比较与评估，从而促进供给端市场的竞争。究其原因，可能是信息的提供形式难以比较与评估。以电价为例，电的使用因不同的季节和时间而收取不同的价格，并且可以根据使用情况进一步确定固定费用与可变费用。如果将上述不同选项下的所有定价信息全部呈现给消费者，那么消费者仍然难以评估哪种价格最便宜。此为消费者评估的能力问题，同时其意愿亦可能存在问题，消费者通常希望避免作出复杂的决定，而行为偏见与社会影响可能会加剧这些情况。

针对这一环节的救济措施，主要需简化产品或服务的相关信息，以支持消费者收集并评估不同产品与供应商，从而解决自然的行为偏见。其一，标准化披露，即要求以标准化形式向消费者提供信息，以帮助消费者对产品和供应商进行比较。其二，收集信息，即要求将各种产品和供应商的信息进行整理，通过价格比较网站或其他形式的数字比较工具，减少消费者的搜索成本并便于进行比较。收集信息的要求也可以支持或直接规定其他方面，如比较结果的呈现方式。其三，获取个性化信息以便于比较。这类救济措施的重点是使消费者同意第三方供应商获取具体的个人信息,以帮助其更有效地比较产品。例如,关于消费者使用模式的信息,可以帮助消费者确定符合需求的产品或服务。消费者通常不会自发收集这些信息,而是产品或服务供应商持有。在决定选择其他产品或供应商后,消费者在根据这一评估采取行动时仍可能面临转换障碍。

值得注意的是,上述救济措施从另一角度而言,可能加剧行为偏见,如现状偏见、默认偏见和当前偏见。即使消费者掌握了充足的信息,也可能仍然担心作出错误的选择,不愿改变现有的安排。此举有助于支持消费者对其最优选择进行评估,即转换救济措施。其一,更改合同限制。涉及禁止使用不利于消费者更换供应商的合同条款,例如,收取不成比例的取消费用,缩短通知终止或自动续签的时间。其二,降低转换成本,通过解除消费者对更换供应商可能花费的时间和风险的担忧,以及提高更换的容易性和可靠性来鼓励更换。此类救济措施可能包括引入集体转换和专业转换服务、为转换过程设定最低质量保障,例如,时间限制或号码可携带权,又如消费者在更换供应商时能够保留其身份号码。

三、介入需求端市场竞争的考量因素

针对需求端救济措施的设计,有赖于行为经济学的预测能力及对干预措施的事后评估。既有案例表明,如果设计与实施得当,那么需求端救济措施能够有效地促进消费者决策,进而推动需求端乃至整个相关市场的有效竞争。与此同时,针对需求端的救济措施在某些情形下也可能无效,甚至损害消费者福利。因此,有效的需求端救济措施需充分考量在复杂情况下或多种因素争夺消费者注意力的背景下,如何预测、分析与影响消费者的行为,以及供给端的经营者会如何反应。因此,判断是否介入,以及如何介入需求端市场竞争,至少要从以下五个方面进行考量。

(一)界定相关市场

针对需求端的救济措施旨在恢复整个相关市场的竞争秩序,因此,需有的放矢,寻求对市场结果的改善。与供给端的救济措施相似,需将相关市场作为整体,从而进行救济措施的设计。如果仅关注具体问题,如降低消费者面临的搜索和切换成本,将直接改善消费者决策并增强竞争,可能

无法收到较好的效果。反垄断执法机构需要确定消费者在决策过程中产生负面影响的具体问题,并确保相应的救济措施可以全面地解决这些问题,才有可能恢复市场竞争秩序。

(二)设计"一揽子"需求端救济措施

在一个复杂的环境中,设计影响需求端的竞争救济措施是具有挑战性的。轻微干预可能不足以解决根深蒂固的问题。反垄断执法机构应广泛考虑一系列的选择,不应急于排除激进的解决方案。当相关市场出现众多或复杂的问题时,任何一种救济措施都不可能提供完整的解决方案。相反,有效的救济措施设计可能需要一整套互补的救济措施,共同实现其目标。这样的一整套方案很可能包括参与、披露、转换救济措施。[1] 为了确保有足够的时间设计基本的大型复杂解决方案,在任何调查过程的早期,考虑基本的救济措施是很有价值的。救济措施有时被认为在认定了垄断行为之后,虽然针对垄断行为的界定与考量至关重要,但设计和测试有效的救济措施需要时间,不应被视为事后的考虑。

(三)改变需求端的选择结构

行为经济学的理论认为,消费者的行为虽然无法严格遵循理性,但是消费者的决定通常遵循系统性、可预测性的规律。虽然消费者对于有效选择也会面临实际的困难,但他们可以清晰地判断自己的需求。有鉴于此,针对需求端的救济措施并非试图从根本上改变消费者的行为,但需认识到消费者不应该因为不良的市场结果被指责,而是为他们提供必要的支持和工具,以帮助消费者作出对其有利的决定。在为消费者提供选择的框架时,可以发挥救济措施的实施空间。例如,通过改变消费者面临的选择结构,确保默认实现可接受的结果。如果行为偏见是设计需求端救济措施以支持消费者的一个重要因素,那么如何最有效地影响消费者行为,即救济措施的设计,应该是简单的、有吸引力的、社会性的和及时的。

(四)实时监测救济措施的效果

准确预测需求端的行为具有相当的难度,然而,针对需求端的救济措

---

[1] 市场经济活动的日益复杂化要求反垄断的规制更有成效。参见张守文:《反垄断法的完善:定位、定向与定则》,载《华东政法大学学报》2020年第2期。

施需基于对消费者行为的预测,甚至进行前瞻性的介入。由此,提高事前预期准确性的可行方法是,在设计措施阶段与消费者一起进行全面测试。在这个过程中,可通过基础测试判断可能导致危害的市场因素或者比较不同的救济措施在目标方面的实现情况,以用来筛选出救济措施,得出一套恰当的方案。一旦确定恰当的救济措施,最终可以通过测试来考虑详细的设计和实施特征,以及这些特征如何影响救济措施的性能。这种对救济措施设计的微调有助于最大限度地发挥积极影响。以下方法可以测试基本的救济措施设计:定性研究、调查、用户设计、实验室实验、现场试验和随机对照试验,当然每种方法都有优点和缺点,需要加以考虑。对于复杂的问题,往往要采用多种技术和方法迭代。

(五)针对需求端救济措施进行事后审查

在设计、测试和实施救济措施后,仍可能无法按照预期的方式发挥作用。例如,供给端的经营者可能会以没有考虑到的方式作出反应,或者市场环境可能发生变化。对救济措施效果的事后评估可以为现有和未来的救济措施提供重要的见解和经验。确保对救济措施进行监测或重新审查,也能使监管机构在必要时对其进行修订。此外,针对需求端救济措施的事后审查,可能会增强供给端的经营者的动力,使这些救济措施发挥作用,而不是试图规避效果。在救济措施的设计上考虑以后的评估和审查需求也是有益的。

第四节　强制性与协作性:如何协调法律责任与市场竞争秩序恢复的关系

一、从强制性向协作性救济措施的转变

关于和解协议与救济措施的关系,前文对此问题有详细的论述。① 从反垄断法的理论框架入手,对于通过救济措施与和解协议进行反垄断行政

---

① 参见本书第二章关于救济措施应然定位问题中救济措施与和解协议的关系问题。

执法,有两种完全不同,甚至两极化的观点:其一,对于垄断行为的反垄断调查与认定是一种执法行为,其中涉及反垄断执法机构的公权力,并因此产生垄断行为的惩罚性制裁及救济措施。而和解协议并不涉及对垄断行为的认定,因此无法对其进行惩罚与制裁。其二,无论是认定垄断行为之后实施的救济措施还是和解协议,都是对垄断行为的事后监管或救济,并且某种程度上是一种共同监管,都取决于与相关经营者的合作,最终的目标亦是使相关市场的竞争秩序得以恢复。由此,实践中,和解协议与救济措施的界限并非那么清晰,甚至无须厘清两者的界限。可以借鉴和解协议中的谈判机制,为救济措施的设计与实施提供新的思路。

以欧盟竞争法为例,原则上,根据《欧盟第 1/2003 号条例》,在涉及依据第 7 条关于侵权程序裁定的案件和第 9 条关于承诺程序解决的案件之间存在明显的区别。首先,适用第 7 条的前提是对违反《欧盟运作条约》第 101 条或第 102 条的正式认定,而且对法院具有约束力。相反,在适用《欧盟第 1/2003 号条例》第 9 条时,欧盟委员会无须对相关案件进行违法性的认定。其次,虽然第 7 条的决定原则上可能涉及相应的行为性或结构性救济措施,但普遍是对经营者处以上一年度营业额 10% 以下的罚款。① 相比之下,根据第 9 条,欧盟委员会没有权力施加罚款,而为了"满足委员会的关切"所作出的具有约束力的承诺是此类决定的组成部分。最后,适用第 7 条的案件是以欧盟委员会的单边决策为前提的;适用第 9 条的案件中,"有关经营者"应当提供必要的承诺。②

因此,通过《欧盟第 1/2003 号条例》的"棱镜"来看,和解协议作为欧盟竞争法执法实践的另一种分级存在,为经营者与反垄断执法机构提供了一系列具有强制或合作性质的选择。从执法程序的角度看,是否可以建立新的垄断行为解决模式或机制,以促进反垄断执法机构的执法工作,这被称为竞争法的"交易化"。③ 本节探讨从强制性到协作性救济措

---

① 美国采取了不同的做法,以没收垄断行为违法所得的方式对经营者进行处罚。参见张昕:《垄断行为没收违法所得的美国经验及对我国的启示》,载《价格理论与实践》2013 年第 11 期。

② See Council Regulation (EC) No. 1/2003.

③ See Damien Geradin, Evi Mattioli, The Transactionalization of EU Competition Law: A Positive Development, 8 The Journal of European Competition Law & Practice, 634(2017).

施的变化及基本动机,以及这一变化是否对救济措施的设计与实施产生积极的影响。

二、强制性与协作性救济措施的混同可能导致过度监管

(一)缺少反垄断调查的司法审查

和解程序的适用可能导致法院放松对反垄断执法机构执法的监督。原因可能是法院不愿意再次质疑相关经营者在反垄断调查过程中作出的选择,即使该和解协议后来被称为反垄断执法机构作出的具有法律约束力的决定。以欧盟竞争法为例,欧盟执法程序是否符合基本权利的要求一直存在争议,特别是欧盟委员会兼具起诉和裁决职能。① 在 Menarini 一案②和 Chalkor 一案③之后,学术界与实务界关注的重点是欧盟法院司法审查的严谨性。最近的判例法表明,欧盟普通法院在审查侵权决定时,必须对欧盟委员会的垄断评估进行深入审查④,否则案件有可能会被进一步上诉。⑤ 因此,严格、全面的审查能够弥补一审中缺乏独立裁决者的缺陷。⑥

然而,由于执法实践中越来越多地适用和解程序,法院的审查并未发挥其应有的作用。⑦ 首先,和解的案件当事人一般不会提起上诉。在大多数情况下,经营者对达成的交易感到满意。尽管欧盟法律并不排除和解方的上诉,但欧盟普通法院原则上对试图逃避和解协议的行为持怀疑

---

① See Ian S. Forrester, Due Process in EC Competition Cases: A Distinguished Institution with Flawed Procedures, 34 European Law Review, 817(2009).

② See Case 43509/08 A., Menarini Diagnostics s.r.l v. Italy.

③ See Case C-386/10 P, Chalkor AE Epexergasias Metallon v. Commission, EU:C:2011:815.

④ See Case T-851/14, Slovak Telekom, a.s. v. Commission, EU:T:2018:929; Case T-691/14, Servier SAS and Others v. Commission, EU:T:2018:922. 针对欧盟法院如何审查反垄断调查的详细讨论,参见 Miro Prek, Silvere Lefevre, Competition Litigation Before the General Court: Quality if not Quantity? 53 Common Market Law Review, 65 (2016)。

⑤ See Case C-67/13 P, Groupement des Cartes Bancaires (CB) v. Commission, EU:C:2014:2204; Case C-413/14 P, Intel v. Commission, EU:C:2017:632.

⑥ See Wouter P. J. Wils, The Compatibility with Fundamental Rights of the EU Antitrust Enforcement System in Which the European Commission Acts Both as Investigator and as First-Instance Decision Maker, 37 World Competition, 5(2014).

⑦ 关于司法审查的作用,参见 Evi Mattioli, The Judicial Review Paradox in a New Enforcement Culture: Still a Fundamental Necessity or "Too Much of a Good Thing"? 12 The Competition Law Review, 73(2016)。

态度。减少上诉的可能性本身不值得被关注,但是它是程序效率的主要体现之一,证明了每个和解机制中固有的妥协是合理的。无论反垄断调查结果是否体现正式的侵权认定,也无论当事人是否在某些方面默许,每一次反垄断调查都是在法律的框架内进行的,每一个正式的决定都涉及欧盟委员会强制执行力的行使。因此,如果强制管辖权主要是通过独立法庭的后续审查而合法化的话,那么选择和解协议的当事人很少甚至从未行使过这项权利。随着越来越多的案件通过和解程序得到解决,理论可能会逐渐脱离实践,以至于学术界与实务界将对整个反垄断执法工作的合法性产生质疑。①

此外,即使在特殊情况下和解的案件被提交给欧盟法院,法院通常会尊重和解协议,不会对和解协议进行严格审查。法院原则上尊重和解决定,实践中,只有在欧盟委员会的行为不合理,甚至公然渎职时,法院才会干预适用《欧盟第 1/2003 号条例》第 9 条的案件。理由是,适用该条的案件是以协商为前提的,当事人避免了某些明显的伤害,如罚款、责任认定等,那么他们应当付出一定的代价,包括放弃法院的保护性监督。当事人必须为自身的利益着想,欧盟委员会则代表着消费者和整个内部市场的利益。然而,这种契约式的理解在实践中是不合适的,因为迄今为止,针对和解协议决定的质疑都与第三方对表面上的私人交易的溢出效应不满有关,但法院却不会对和解协议进行重新审查。② 在 Canal+一案③中,即使欧盟普通法院详细审查了付费电视反垄断调查中的违法性,但最终却是支持欧盟委员会之后的和解活动。该判决使得其余拒不承认的当事人迅速予以承诺。④

---

① 和解协议的运用存在社会公共利益、相对人权利、第三人利益保护问题的隐忧。参见王炳:《反垄断执法和解的制度机理》,载《安徽大学学报(哲学社会科学版)》2010 年第 2 期。
② See Paolisa Nebbia, James Webber and Gabriella Griggs, The General Court Upholds the Commission's Decision to Make Paramount's Commitments in the Pay-TV Case Binding, 2018, accessed March 26, 2024, https://www.shearman.com/en/perspectives/2018/12/gc-decision-in-pay-tv-case. 在该案中,欧盟普通法院正在寻求预测和先发制人地确认付费电视调查的最终决定。
③ See Case T-76/14, Morningstar, Inc. v. Commission, EU:T:2016:481; Case T-873/16 Groupe Canal+ SA v. Commission, EU:T:2018:904.
④ 最终达成的和解协议,参见 European Commission, Antitrust: Commission Accepts Commitments by Disney, NBC Universal, Sony Pictures, Warner Bros and Sky on Cross-border Pay-TV Services, 2019, accessed March 26, 2024, https://ec.europa.eu/commission/presscorner/detail/en/ip_19_1590。

就认定垄断行为后实施救济措施的案件而言,相关经营者通常会质疑宽大处理制度①,特别是获得比预期少的罚款折扣的当事人。然而,法院维护欧盟委员会在确定罚款金额上的自由裁量权,即使这种自由裁量权只受欧盟委员会自己制定的规则束缚,如罚款准则、宽大处理制度、卡特尔和解制度等。在 Timab 一案②中,经营者要求法院重新审查和解决定,法院表现出与之前判例中相类似的消极态度。当事人的最终决定不在卡特尔解决程序下进行合作。在这种情况下,法院对当事人要求重新审查欧盟委员会制裁决定的努力不以为然,经营者在选择普通行政程序时,反而享有更多的辩护权。这也从侧面表明法院更有可能严格审查欧盟委员会执法权的强制性行使。同样,法院在救济措施或和解协议之间选择的判例相对宽松,对欧盟委员会的自由裁量权几乎没有限制。

(二)不当扩张垄断行为的范畴

和解程序的适用有可能扩大竞争法的实质范围,即把更多的行为纳入其规制范围。简言之,这意味着竞争法可能会规制相当数量的商业行为,造成对市场活动的过度监管。究其原因,已经解决的案件很少被提交到法院,这意味着法院对相关裁决中的损害理论进行审查的机会较少,司法审查的缺失呈现扩张的趋势。

当损害理论并不能完全适用于相关案例时,可采用和解协议以节省调查的时间和其他投入,例如,在相关案例中出现的专利伏击③或将拒绝交易等行为扩展到包含战略投资不足④,以及适用尚具争议的损害理论,如过度定价。⑤ 和解协议在形式上并不代表反垄断法规则,只是使当事人提供的承诺具有约束力。由此,和解协议运用的损害理论很少被法院审查,导致竞争法的范围在实践中不断被扩大。

---

① 对于宽大处理制度的讨论,参见 Johan Ysewyn, Siobhan Kahmann, the Decline and Fall of the Leniency Programme in Europe, 1 Concurrences, 48(2018)。
② See Case T-456/10, Timab Industries and CFPR v. Commission, para. 120.
③ See Case COMP/38.636, Rambus v. Micron [2009].
④ See Case COMP/39.315, ENI v. Commission [2010].
⑤ See Case COMP/39.592, Standard and Poor's [2011]; Case AT.39816, Upstream gas supplies in Central and Eastern Europe [2018].

宽大处理制度的自我声明性质也可能扩大竞争法的范围，特别是关于"卡特尔"的定义。① 如前所述，对首位宽大处理申请者的奖励是相当大的，有可能完全免除罚款。此外，宽大处理制度仅适用于"秘密卡特尔"，它是欧盟竞争执法中唯一能保证当事人在满足法定条件的情况下获得特定结果的制度。一个存在反竞争行为的经营者，尽管处于"卡特尔"的边缘，也有可能通过宽大处理制度以获得完全豁免。例如，在香蕉案②中，香蕉市场的价格水平主要由欧盟一级的进口配额和复杂的关税制度决定，竞争的生产商之间每周都会进行关于"定价意向"的双边信息交流。参与者自愿将这种行为定性为"卡特尔"，并不意味着其他参与者也同意。事实上，香蕉案中对信息交换"当然违法"的处理，在上诉时被另一名潜在的"卡特尔"成员强烈质疑。然而，欧盟普通法院否认这与宽大处理申请人的行为有任何关联③，并直接确认其"当然违法"的地位，没有考虑该行为是否构成，以及为什么构成事实的"卡特尔"。④

通过和解程序发展出新的损害理论，有可能扩大竞争法的适用范围。除此之外，由于和解的案件很少被提交给法院，很难对现有的可疑损害理论或某些类别的行为进行正式的法律禁止，如用所谓"当然违法名单"来表示。⑤ 长期以来，转售价格维持是公认的违反《欧盟运作条约》第101条的"当然违法"行为，其处理方式在 Binon 一案⑥中得到确立，并在最近的欧盟委员会修订的纵向准则中得到重申⑦。然而，用"当然违法"的处理方式否定转售价格维持的适当性仍然不明确⑧，欧盟的最新判例都对

---

① 有学者指出，现有研究大多对宽大处理制度的适用范围认识不清。参见许光耀：《反垄断法上的卡特尔宽大制度》，载《政法论丛》2015年第3期。
② See Case COMP/39.188, Bananas［2008］.
③ See Case T-588/08, Dole Food Company, Inc. v. Commission, EU:T: 2013:130, paras. 86-118.
④ See C-286/13 P, Dole Food and Dole Fresh Fruit Europe v. Commission, EU:C:2015:184.
⑤ 所谓著名的 Whish 当然违法名单，参见 Richard Whish, David Bailey, Competition Law, 8th ed., Oxford University Press, 2015, p. 25.
⑥ See Case C-243/83, SA Binon & Cie v. SA Agence et Messageries de la presse, EU:C:1985:284.
⑦ 参见《欧盟委员会关于纵向限制的指南》。
⑧ 对于转售价格维持性质的详细讨论，参见 Maria Ioannidou, Julian Nowag, Can Two Wrongs Make it Right? Reconsidering Minimum Resale Price Maintenance in the Light of Allianz Hungaria, 11 European Competition Journal, 340(2015); Pinar Akman, D. Daniel Sokol, Online RPM and MFN Under Antitrust Law and Economics, 50 Review of Industrial Organization, 133(2017)。

该方法提出了质疑。① 特别是在 Maxima Latvija 一案②中,欧盟法院对涉及竞争性经营者的协议和"不处于竞争状态"经营者的协议进行了区分,由此引起对法院在 Binon 一案中的粗暴做法产生质疑。在 Binon 一案中,法院根据《欧洲联盟的功能条约》(TFEU)第 101(1)(a)条,对固定销售价格的行为不区分横向和纵向的情况进行了全面禁止。然而,在直接适用 Binon"禁令"的电子商务侵权的裁决中,并未表明存在这样的争议。此外,由于没有相关决定被上诉,法院没有机会涉足这个关键问题。

值得注意的是,和解协议的初衷是提高竞争法的确定性,但如果没有法院的参与,这一目标很难实现。因此,如果欧盟和美国一样,在反垄断法的处理中全盘接受和解协议③,那么就需要找到更多的方法让法院参与到和解程序中。例如,在美国,通过让联邦法院批准司法部达成的拟议同意法令,就可以实现这一目标。

三、强制性或协作性救济措施的选择标准

如上所述,应对垄断行为的措施从强制到协作的变化,自然引发的核心问题是,什么因素决定在特定情况下可以采用特定的解决机制?"和解"从某种程度而言,相当于妥协。④ 对于反垄断执法机构或垄断行为的实施者,如果案件直接被认定为侵权或不承担责任,那么选择和解在某种程度上意味着放弃假定的最佳情况。从这个角度来看,为某种东西而和解,意味着接受低于某种理想中的正义。⑤

尽管如此,和解对反垄断执法机构和垄断行为的实施者来说都涉及自由裁量权。在选择和解时,可以假设双方都认为有足够的利益值得去

---

① 美国最高法院在 Leegin 一案中率先适用合理原则处理转售价格维持行为,参见 Leegin Creative Leather Products, Inc. v. PSKS, Inc., 551 U.S. 877 (2007)。在欧盟竞争法框架下,参见 Case C-230/16, Coty Germany GmbH v. Parfimerie Akente GmbH, EU:C:2017:941。

② See Case C-345/14, SIA Maxima Latvija v. Konkurences Padome, EU:C:2015:784, para. 21.

③ 关于法院对和解协议的参与,参见 Douglas Ginsburg, Joshua Wright, Antitrust Settlements: The Culture of Consent, 13 Law & Economics, 2(2013)。

④ 关于和解的经典论著,参见 Frank H. Easterbrook, Justice and Contract in Consent Judgments, 19 University of Chicago Legal Forum, 21(1987)。

⑤ See Owen M. Fiss, Against Settlement, 93 Yale Law Journal, 1073(1984).

偏离对抗性执法的典型"理想"。例如,可以认为,节约成本或其他资源、增加确定性、今后采取更有效的救济措施等。① 然而,并非所有的和解机制都是平等的,无论是对经营者的要求还是为经营者提供的条件,都是如此。任何反垄断执法区域都可能存在权力不对称的问题,在大多数情况下,由反垄断执法机构最终决定是否接受垄断行为实施者的合作及以何种条件合作。然而,有两个因素制约反垄断执法机构行使这种自由裁量权,即经营者自愿原则和垄断行为的性质。

(一)经营者自愿原则

在执法过程中,和解的前提是垄断行为的实施者与反垄断执法机构的合作。因此,除非垄断行为的实施者在执法过程中予以协作,否则案件不可能被解决。此外,和解的具体形式和条件也同样受制于垄断行为的实施者同意与让步的性质和程度。正如欧盟普通法院在 Timab 一案中所强调的,经营者希望在行政程序中提供的合作和合作程度完全是由自己决定的。因此,需要考虑的第一个关键因素是:在这种情况下,垄断行为的实施者准备放弃什么?

答案虽然明显但其影响却很复杂。和解并非反垄断执法机构与垄断行为实施者之间妥协或不妥协的二元选择,须进一步调和以获得所需的全部合作,从而确保达成预期结果。以谷歌搜索案为例,谷歌面对欧盟委员会的调查时准备合作,并根据《欧盟第 1/2003 号条例》第 9 条作出了相当的让步,以避免被认定为垄断行为。然而,最终有效合作的成本变得非常高,导致谷歌不愿意再作出必要程度的牺牲来避免垄断行为的认定,而是在该条例第 7 条的强制规定里碰运气。关于谷歌搜索垄断的决定最显著的特点是,所施加的制裁不仅包括高额罚款,还包括要求经营者采取积极救济措施解决持续的反竞争效果。②

---

① 关于选择和解协议的调查与专门讨论,参见 Alexander Italianer, To Commit or not to Commit, That is the Question, 2013, accessed March 26, 2024, https://ec.europa.eu/competition/speeches/text/sp2014_07_en.pdf. 关于美国反垄断,参见 Joshua D. Wright, Douglas H. Ginsburg, The Costs and Benefits of Antitrust Consents, 42 George Mason Law & Economics Research Paper, 16(2016).

② See Bo Vesterdorf, Kyriakos Fountoukakos, An Appraisal of the Remedy in the Commission's Google Search Decision and a Guide to its Interpretation in Light of an Analytical Reading of the Case Law, 9 Journal of European Competition Law & Practice, 3(2017).

与此同时,不同因素之间的冲突也决定了垄断行为的实施者选择合作及让步的程度。例如,在揭发"卡特尔"之前,未来被发现的可能性是关键因素,取决于正在进行合作的预期稳定性或盈利性,甚至当前相邻产品或地理市场反垄断调查的事实。此外,无论是对"秘密卡特尔"进行"吹哨",还是与反垄断执法机构的行政程序合作,抑或提供行为性或结构性救济措施以努力避免责任认定,预期制裁的程度都是一个特别考虑因素。然而,选择和解并不完全出于客观的经济考虑,如被发现的可能性或惩罚的程度。① 更多出于主观因素,特别是涉及经营者的内部动态的主观因素,包括从内部或外部得到的法律建议、尽量减少负面宣传的愿望、预期的股东反应②等。经营者的理由可能完全是战略性的,例如,在Ebooks一案③和Pay-TV一案④中,经营者作出相关承诺,以说服欧盟委员会批准决定的同时根据《欧盟市场监管条例》进行合并审查。

此外,相关经营者可能考虑的因素是,反垄断决策程序的行政性质,以及法院对这些程序的审查缺乏严格性。特别和解协议下的一部分案件经过批判性评估,会发现部分相对薄弱的或是有较大争议的损害理论需要进行司法审查。当然,将事实清楚和速裁的案件置于严格的法律原则或法理之下可能略显偏颇。在整个系统层面,结构性救济措施的不足甚至可能造成这样的结果:垄断行为的实施者解决可疑的案件是因为,他们认为,如果他们选择不协作,那么将不会获得法院的有效司法保护。

---

① 针对惩罚的经济学考量与分析,参见 Gary S. Becker, Crime and Punishment: An Economic Approach, 76 Journal of Political Economy, 169(1968)。

② 从经济学的角度分析,股东面对反垄断罚款时的考量,参见 Luca Aguzzoni, Gregor Langus, Massimo Motta, The Effect of EU Antitrust Investigations and Fines on a Firm's Valuation, 61 The Journal of Industrial Economics, 290(2013)。

③ 在此案例中,企鹅电子书最开始拒绝进行和解协议的谈判,但最终于一年之后,经过诸多的考量,仍然采取和解协议的方式解决垄断问题,参见 Case COMP/39.847, Ebooks v. Commission [2012]。

④ See European Commission, Mergers: Commission Approves Disney's Acquisition of Parts of Fox, Subject to Conditions, 2018, accessed March 26, 2024, https://ec.europa.eu/newsroom/comp/items/637763/en; European Commission, Antitrust: Commission Seeks Feedback on Commitments Offered by Disney in Pay-TV Investigation, 2018, accessed March 26, 2024, https://ec.europa.eu/commission/press-corner/detail/en/IP_18_6346.

最后,相关经营者提供的合作方式也可能会受到限制。例如,仅仅承诺今后避免违法,不太可能再获得支持①;在多个竞争对手已经告发之后,才根据宽大处理制度寻求合作的"卡特尔"成员,不可能得到合作的回报。因此,时机很重要。决定反垄断执法机构是否愿意合作的,不仅包括经营者提出的条件,还包括经营者在调查过程中提出合作的时间。在行政程序开始时就选择合作的经营者,在罚款方面得到的待遇明显比后来合作的经营者要宽松,即使后来者还实施了行为性或结构性救济措施。

(二) 垄断行为的性质

是否以和解的方式解决垄断问题,不仅涉及垄断行为的实施者的努力合作,还涉及经营者实施的垄断行为的性质。这一因素有客观方面,也有主观方面。

客观方面,垄断行为的性质是指所发生的垄断行为的类型。原则上,这确立了是否可以进行某些和解的基本规则。例如,宽大处理制度和"卡特尔"解决程序只适用于垄断协议的案件。② 相反,和解协议则不适用于垄断协议案件,需进行垄断行为的认定与相关的处置。

然而,实践中并非如此清晰分明。以垄断协议为例,欧盟委员会开始在非垄断协议案件中适用垄断协议的相关解决程序,这一做法从某种程度上模糊了案件处理机制之间的界限。然而,根据不断发展的判例,越来越难区分"垄断协议"和"非垄断协议"的调查。例如,在 Hoffmann-La Roche 一案③中,法院明确使用了"卡特尔"(即垄断协议)一词来描述药品公司为改变公共健康指南而进行的协调游说工作。相比之下,虽然欧盟委员会针对 Ebooks 的调查是根据和解协议完成的,但美国反垄断执法机构根据《谢尔曼法》第 1 条,对同样的行为进行了严厉的谴责。④ 因此,虽然通常的观点认为"核心卡特尔"(hardcore cartel)是"最令人震惊的反

---

① See Case AT.40153, E-book v. Amazon [2017].
② 定义为两个或多个竞争者之间的协议和或一致行动,旨在协调他们在市场上的竞争行为,通过固定购买或销售价格或其他贸易条件、分配生产或销售配额、分享市场(包括操纵投标)、限制进出口或针对其他竞争者的反竞争行动等做法。
③ See Case C-179/16, F. Hoffmann-La Roche Ltd. v. Novartis AG [2018].
④ See United States v. Apple Inc. [2013].

竞争行为"①,这种行为是反垄断法的主要规制对象②,但为了更日常的执法目的,界定"卡特尔"的确切参数没有那么直接简单。

除垄断行为之外,还有一个尚未解决的问题,即哪些类型的垄断行为会被认定为过于恶劣,不能依据和解协议解决相关垄断问题。关于拒绝交易的判例法表明了这种认定的复杂性,其中一部分涉及电信业在位者的判例受到了垄断行为的认定与处置。③ 然而,另一部分涉及能源从业者的判例,却达成和解协议④,试图通过一个侵权决定、资产剥离承诺,以及作为合作奖励的罚款折扣迅速解决垄断问题。上述判例似表明,欧盟委员会在任何情况下都能选择案件处理机制,这种广泛的自由裁量权有可能使得政策凌驾于法律之上。⑤

主观方面,经营者参与垄断行为的性质和程度,可能会影响反垄断执法机构对和解的接受程度。例如,根据宽大处理制度,任何采取措施胁迫其他经营者加入"卡特尔"或留在"卡特尔"的经营者不能获得完全豁免。换言之,不仅参与而且作为"卡特尔"执行者的经营者没有资格获得合作的最高回报。如前所述,根据《欧盟第1/2003号条例》,如果欧盟委员会处以罚款,则和解协议便不再适用。这一标准表明,对于欧盟委员会认为严重程度类似于"核心卡特尔"行为的垄断行为,不能达成和解协议。因此,对经营者极其严重的垄断行为进行惩罚,不仅是为了恢复相关市场的竞争秩序,也是欧盟委员会适用《欧盟第1/2003号条例》第7条处置的结果之一。⑥ 这解

---

① 关于核心"卡特尔"的定义及处理规则,参见 OECD, Recommendation of the OECD Council Concerning Effective Action Against Hard Core Cartels [1998]。

② See European Commission, A Pro-active Competition Policy for a Competitive Europe, COM (2004) 293, p. 6.

③ See Case COMP/39.525, Koparka v. Polska [2011]; Case AT.39523, Slovak Telekom [2014].

④ See Case COMP/39.402, RWE v. Commission [2009]; Case COMP/39.315, ENI v. Commission [2010].

⑤ 对于此自由裁量权可能引发的后果,参见 Maria Ioannidou, The Application of Article 102 TFEU in the EU Energy Sector: A Critical Evaluation of Commitments, in Fabiana Di Porto, Rupprecht Podszun (eds.), Abusive Practices in Competition Law, Edward Elgar, 2018, pp. 129–155。

⑥ 针对和解协议的适用标准问题的讨论,参见 Alexander Italianer, To Commit or not to Commit, That is The Question, 2013, accessed March 26, 2024, https://ec.europa.eu/competition/speeches/text/sp2014_07_en.pdf。

释了司法实践中对拒绝交易案件进行不同处理的原因,但更深层次的问题仍未解决,即垄断行为较为严重的判断标准。①

第五节 小 结

对于垄断行为的救济措施,本章以多维度分类的形式讨论了相关选择标准。在选择标准的讨论中,亦展现出救济措施实施的新趋势。并非在经营者承诺制度中,在一定数量的反垄断案件中,垄断行为的实施者与反垄断执法机构也会进行一定程度的合作,并且这一合作与和解机制之间存在一定程度的共同之处。虽然合作的趋势带来了诸多好处,但它有可能重新引发关于反垄断执法机构的行政程序是否充分的争议,以此审慎对待所谓合作的趋势。

除合作的趋势以外,既有的实践亦表明,并非所有的救济措施都是事后的,即并非只有在违法行为被定性之后,才设计与实施救济措施。主动干预性救济措施既可能在事前进行干预,也可以弥补事后救济的不足。但主动型救济措施需有以下三点值得注意:其一,应当对主动型与回应型救济措施给予不同的对待标准。一次性实施的回应型救济措施,与主动型救济措施相比较,设计、实施并监控是必须的,且会涉及诸多问题。其二,主动型救济措施可能会失效。更重要的是,当采取重新设计产品或者改变经营者商业模式的主动型干预措施时,需谨慎平衡事前与事后的维度。在救济措施实施的状况下,因特定的产品设计或特定的商业模式而产生的竞争不会一直持续。其三,主动型救济措施具有固有的复杂性,并且这一复杂性并不因反垄断执法机构采取"基于原则"的设计方法而减少,甚至可能加剧。即使增加临时措施,亦不能忽视主动型和回应型救济措施之间的区别。只要结构性"剥离"、改变公司的产品设计或商业模式等救济措施改变了经营者的现状,就可能超出临时措施的适用范围。

---

① 参见胡祖舜:《竞争法之经济分析》,元照出版公司2019年版,第255页。

第四章　数字经济下垄断行为救济措施的设计与实施：数字平台维度

第一节　数字平台市场的经济学特征

一、规模经济与网络效应

数字经济下经营者通常需投入大量的资金方能进入市场，初始投资一旦建立，建造额外单元的增量成本则会随之降低。数字平台市场具有供应方规模经济的特征，提供产品和服务的平均成本将随着生产规模的增加而下降。网络经济产业，如搜索引擎、社交网络、电商平台等的经济学特点是相对较高的固定成本及较低的边际成本。[①] 这些在线平台的创建需要对服务器基础设施进行大量投资，确保流量的有效处理。此外，有必要在研发方面进行大量投资，分别开发广告工具、搜索算法、社交网络功能和电子商务平台的推荐系统等。[②] 上述平台的建立将涉及相对较高的固定成本。[③] 而显示额外的广告、回答额外的搜索查询、

[①] 相关经济学著作，参见 Carl Shapiro, Hal Ronald Varian, Information Rules, A Strategic Guide to the Network Economy, Harvard Business School Press, 1999, p. 3。

[②] See Case COMP/M.5727, Microsoft v. Yahoo![2010], para. 111. 在微软与雅虎并购案中，欧盟委员会提到了"硬件、网络索引的成本、人力资本、开发和更新算法的成本及知识产权专利"，这些都是为了进入在线搜索市场而必须做出的投资；相关研究报告，可参见 Monopolkommission, Competition Policy: The Challenge of Digital Markets, 2015, accessed March 26, 2024, http://www.monopolkommission.de/images/PDF/SG/s68 fulltext eng.pdf。该报告显示，建立搜索引擎的高额固定成本构成搜索引擎市场的一个相当大的市场进入壁垒。

[③] See Case COMP/M.5727, Microsoft v. Yahoo![2010], para. 111. 在微软与雅虎并购案中，欧盟委员会指出搜索引擎市场的高进入壁垒，进入相关市场所需的资本支出在硬件与人力资本各约10亿美元。此外，新进入者还需花费几十亿美元来开发和更新算法，且须建立大型数据库。

促进用户之间的额外交互,以及提出额外的购买建议的额外成本却是非常有限的。因此,数字平台表现出越来越高的回报率并产生了供应方的规模经济。

网络效应或称网络外部性是规模经济的来源,也被称为需求方规模经济。许多网络产业的特征在于网络效应,当消费者从商品消费中获得的效用随着购买该商品的消费者数量增加而提高时,这一效应便会产生。当一种商品的价值随着用户数量的增加而提升时,网络效应是直接的;当一种商品的用户数量的增加促成更多的互补商品,从而提高网络产业的价值时,网络效应是间接的。① 虽然网络效应可通过提高消费效用为消费者提供短期利好,但也可能使经营者更容易获得市场支配地位并提高准入壁垒。从长远来看,这将可能对竞争和创新产生负面影响。② 欧盟委员会在审查 Facebook 收购 WhatsApp 的过程中便指出,网络效应本身并不能先验地表明存在竞争问题,但这种效应可能会引起对竞争的关注,特别是如果它们合并后的实体排斥竞争者,使相互竞争的供应商更难扩大客户基础。③

第一,对于平台的广告商而言,并不存在积极的网络效应。当更多的广告客户加入一个在线平台时,广告商并未受益,与之相反,额外广告的投入可能增加既有广告商的成本。在上述情况下,可能会出现拥塞效应或网络负面效应,即广告客户的增加导致广告客户的价值降低。此外,当广告客户的需求上升时,平台可能向广告商收取更高的价格。④

第二,对于在线社交网络的用户而言,存在直接和间接的网络效应。

---

① See Michael L. Katz, Carl Shapiro, Network Externalities, Competition and Compatibility, 75 American Economic Review, 424(1985).

② See Pamela Jones Harbour, Tara Isa Koslov, Section 2 In A Web 2.0 World: An Expanded Vision of Relevant Product Markets, 76 Antitrust Law Journal, 769(2010). 论文以微软滥用市场支配地位案为例,说明高进入壁垒对竞争与创新的影响。

③ See Case COMP/M.7217, Facebook v. WhatsApp [2014].

④ 关于大数据与数字平台市场竞争的关系,参见 Andres V. Lerner, The Role of Big Data in Online Platform Competition, 2014, accessed March 26, 2024, http://papers.ssm.com/sol3/papers.cfm?abstractid=2482780。关于搜索引擎的讨论,参见 Geoffrey A. Manne, Joshua D. Wright, Google and the Limits of Antitrust: The Case Against Google, 34 Harvard Journal of Law & Public Policy, 171 (2010); Joseph Farrell, Paul Klemperer, Coordination and Lock-in: Competition with Switching Costs and Network Effects, 3 Handbook of Industrial Organization,1967(2007)。

随着网络上其他用户数量的增加,彼此可以通过相同的系统进行联系,用户从社交网络中获得的价值亦直接增加。随着用户数量的增加,可用个人信息的种类越来越多,网络平台提供的兼容应用程序的数量也随之增加,间接提高了网络对用户的价值。① 根据社交网络的多面性,只有当用户、广告商和应用开发者达到临界质量时,网络效应才开始创造价值,此时社交网络便可自我维持。先发优势似乎只有在达到临界质量后才会出现。② 为获得足够数量的用户,用户间的交互量亦十分重要,促进用户互动有助于社交网络通过增加用户之间的连接程度来提高临界质量。③

然而,社交网络用户可能并不关注平台上有无共同兴趣或共同语言的其他用户,这一用户偏好的异质性可能在一定程度上抵消了网络效应。④ 欧盟委员会也注意到用户群体相关性的重要性似乎更甚于用户的整体规模,但欧盟委员会亦明确指出,网络规模可以在两个方面为用户创造价值:其一,更大的网络意味着现有联系人更有可能已经在使用通信应用程序;其二,更大的网络将为发现和获取联系人提供更多机会。基于Facebook 收购 WhatsApp 的背景所进行的市场调查显示⑤,用户群体的规模与用户在同一通信应用程序上的联系人的数量直接相关。据此,欧盟委员会认为消费者通信应用程序市场中存在网络效应。

此外,在线平台用户存在间接网络效应。与通信服务不同,如果其他人使用同一搜索引擎或电子商务平台,那么用户并不会直接从中受益,直接网络效应在其中无法发挥作用,同一平台上用户数量的增加给

---

① See Spencer Weber Waller, Antitrust and Social Networking, 90 North Carolina Law Review, 1771(2012).

② See Spencer Weber Waller, Antitrust and Social Networking, 90 North Carolina Law Review, 1788(2012).

③ See J. Christopher Westland, Critical Mass and Willingness to Pay for Social Networks, 9 Electronic Commerce Research and Applications, 6(2010); Bin Wang, Survival and Competition Among Social Networking Websites: A Research Commentary on "Critical Mass and Willingness to Pay for Social Networks" by J. Christopher Westland, 9 Electronic Commerce Research and Applications, 20 (2010); J. Christopher Westland, A Research Commentary on Critical Mass and Willingness to Pay for Social Networks, 9 Electronic Commerce Research and Applications, 20(2010).

④ See Christopher S. Yoo, When Antitrust Met Facebook, 19 George Mason Law Review, 1147 (2012).

⑤ See Case COMP/M.7217, Facebook v. WhatsApp [2014].

用户带来的好处是间接的。① 搜索引擎产生的搜索结果、社交网络提供的互动和联系,以及电子商务平台显示的购买建议,均与已完成的交易的数量更为相关。

第三,对于用户间接利益的性质而言,存在关于学习经济和网络效应的争议。有观点认为,这种利益具有间接的网络外部性,原因在于,用户没有考虑到他们能够促使搜索引擎通过额外的搜索查询和特定的搜索结果来提高搜索结果的相关性和质量。② 另一种观点则认为,这一类型的间接利益不能被视为网络效应,而应被视为学习经济。③ 如果一件商品的吸引力取决于它的销售历史,并且当前的消费者也关心这一商品的未来发展,那么便会产生网络效应,当仅有前者的规模回报递增出现时,需求方的规模经济而非网络效应便会出现,如学习经济。④ 质言之,若用户赋予商品的价值与未来用户的数量没有联系,则商品将可能受到学习经济而非网络外部性的影响。搜索引擎产生的搜索结果的相关性取决于过去用户和搜索查询的数量。所以可以认为,搜索引擎的用户在输入新的搜索查询时并不关心搜索引擎的未来情况。⑤ 因此,搜索引擎的用户不会出现网络效应。

二、转换成本与锁定效应

数字经济的另一个特征在于消费者更换供应商时产生的转换成本和锁定效应。当消费者需转换服务供应商时,新的供应商须复制并且提供

---

① See Geoffrey A. Manne, Joshua D. Wright, Google and the Limits of Antitrust: The Case Against Google, 34 Harvard Journal of Law & Public Policy, 171(2010).

② See Cédric Argenton, Jens Prufer, Search Engine Competition with Network Externalities, 8 Journal of Competition Law and Economics, 73, (2012).

③ See Robert H. Bork, J. Gregory Sidak, What Does the Chicago School Teach About Internet Search and the Antitrust Treatment of Google? 8 Journal of Competition Law and Economics, 8(2012); Giacomo Luchetta, Is the Google Platform a Two-sided Market? 10 Journal of Competition Law and Economics, 185(2014).

④ See Michael L. Katz, Carl Shapiro, Technology Adoption in the Presence of Network Externalities, 94 Journal of Political Economy, 33(1986); Nicholas Economides, The Economics of Networks, 14 International Journal of Industrial Organization, 673(1996).

⑤ See Giacomo Luchetta, Is the Google Platform a Two-sided Market? 10 Journal of Competition Law and Economics, 185(2014).

消费者在现有供应商处的全部数据与服务,便会产生转换成本。[1] 从市场特征来看,互联网产业具有明显的网络效应,移动端的普及使消费者的多栖息(multi-homing)现象明显,并且消费者在不同产品之间的切换往往需要更频繁地承担转换成本。[2] 由于转换成本的存在,消费者可能被某一特定的技术或平台所束缚,在此情况下,转向新产品或服务的成本极高,以至于即使消费者更倾向于其他供应商的产品或服务,也不得不继续使用当前供应商。这一锁定效应的程度取决于转换成本的水平。[3] 转换成本可以分为合同成本、兼容性成本、学习成本和搜索成本。[4]

其一,广告商的转换成本。广告的多重归属[5]在在线广告行业中十分常见,可见潜在的转换成本并未阻止广告商使用几个差异化的广告平台。[6] 然而,当广告商想要更换广告提供商或在多个平台上投入广告,但无法将他们现有的广告活动进行转移时,将可能面临转换成本。广告提供商通过限制广告商将广告活动转移到竞争平台,促成了转换成本

---

[1] 关于转换成本的定义和与网络效应的关系,参见 Joseph Farrell, Paul Klemperer, Coordination and Lock-in: Competition with Switching Costs and Network Effects, 3 Handbook of Industrial Organization, 1967(2007)。

[2] 参见吴汉洪:《转换成本视角下互联网经营者的创新竞争策略》,载《经济理论与经济管理》2019年第3期。

[3] See Carl Shapiro, Hal Ronald Varian, Information Rules, A Strategic Guide to the Network Economy, Harvard Business School Press, 1999 p. 104.

[4] 对于转换成本分类,更详细的讨论参见 Joseph Farrell, Paul Klemperer, Coordination and Lock-in: Competition with Switching Costs and Network Effects, 3 Handbook of Industrial Organization, 1967(2007); Carl Shapiro, Hal Ronald Varian, Information Rules: A Strategic Guide to the Network Economy, Harvard Business School Press,1999, p. 117; Aaron S Edlin, Robert G Harris, The Role of Switching Costs in Antitrust Analysis: A Comparison of Microsoft and Google, 15 Yale Journal of Law and Technology, 169(2013)。

[5] See Jean-Charles Rochet, Jean Tirole, Platform Competition in Two-sided Markets, 1 Journal of the European Economic Association, 990(2013). 如果一个客户依赖一个以上的平台提供相同的服务,就会出现多重归属,而单一归属指的是客户只使用一个平台提供特定服务的情况;对于多重归属,更详细的讨论参见 David S. Evans, Competition and Regulatory Policy for Multi-sided Platforms with Applications to the Web Economy, 2008, accessed March 26, 2024, http://papers.ssm.com/sol3/papers.cfm? abstract_id=1090368。

[6] 关于搜索引擎行业广告商的转换行为,参见 Case COMP/M.4731, Google v. Comission [2008]。尽管谷歌表明大部分经营者并非仅仅在谷歌平台上进行广告营销,但欧盟委员会的结论是,谷歌拥有足够程度的市场力量,能够在搜索广告市场上排除竞争者,因为竞争者无法实现高水平的广告定位。

的产生,这可能最终导致对广告商的锁定效应。在谷歌广告案中,竞争对手就谷歌的搜索活动提出了控告①,欧盟委员会针对谷歌通过限制 AdWords 广告平台上的广告活动的可移植性为广告商创造转换成本进行了调查。谷歌对软件开发商施加合同限制,阻止他们开发相应的用于 AdWords 与其他搜索平台自由转换的工具。② 在和解谈判中,谷歌承诺不再强制要求广告商在相互竞争的服务之间转移和管理广告活动。③ 如果这些承诺成为最终决定,那么谷歌将不能限制广告商在不同广告提供商之间复制和转移广告活动的自由,进而消除相应的转换成本。

其二,搜索引擎上用户的转换成本。对于搜索引擎的用户,其并未承担较高的转换成本。④ 虽然个人计算机或移动设备通常仅能够支持兼容有限数量应用的单一操作系统,但用户可以无限制地访问网络上每个可用的搜索引擎。基于互联网的开放性和无兼容性成本,用户可以随意切换至另一个搜索引擎或同时使用多个搜索引擎。⑤ 在这一条件下,谷歌即指出"竞争只需一次点击"。然而,用户亦可能不愿意放弃已积累了其偏好信息且能够更好地促使搜索结果适应预期的搜索引擎。因此,搜索结果个性化的趋势可能会提高转换成本并开始锁定用户。此外,这一形式的锁定助长了用户的惰性,即便存在更好的选择,用户亦可能倾向于使

---

① See Press Release European Commission, Antitrust: Commission Probes Allegations of Antitrust Violations by Google, 2010, accessed March 26, 2024, http://europa.eu/rapid/press-release IP-10-1624 en.htm.

② 欧盟委员会对谷歌广告案的观点,参见 Speech Former Competition Commissioner Almunia, Statement of Commissioner Almunia on the Google Antitrust Investigation, 2012, accessed March 26, 2024, http://europa.eu/rapid/press-release SPEECH-12-372 en.htm。

③ 谷歌广告案的相关承诺,参见 Commitments of Google in Case COMP/C-3/39.740 Foundem and Others, 3 April 2013, paras. 27-31, accessed March 26, 2024, http://ec.europa.eu/competition/antitrust/cases/dec docs/39740/39740 86085.pdf。谷歌向委员会提出了改进的承诺,其中包括一项新的建议,为防止规避早先关于广告活动可移植性的承诺提供了更有力的保障。

④ 关于用户的转换成本,参见 Kristine Laudadio Devine, Preserving Competition in Multi-sided Innovative Markets: How Do You Solve a Problem Like Google? 10 North Carolina Journal of Law & Technology 59(2008); Robert H. Bork, J. Gregory Sidak, What Does the Chicago School Teach About Internet Search and the Antitrust Treatment of Google? 8 Journal of Competition Law and Economics, 663 (2012)。

⑤ See Aaron S. Edlin, Robert G. Harris, The Role of Switching Costs in Antitrust Analysis: A Comparison of Microsoft and Google, 15 Yale Journal of Law and Technology, 169(2013).

用自己最为熟悉的搜索引擎。①

其三,电子商务平台上买卖双方的转换成本。对于买家而言,由于平台能够根据用户的偏好提供更精确的未来购买建议,因此,买家倾向于坚持使用已记录本人购买信息的平台。对于卖家而言,电子商务平台提供商根据卖家收到的正面或负面分数的数量,对卖家的档案添加评级,这使得卖家获得声誉并以此吸引买家。卖家在特定平台上建立的声誉亦构成了转换成本的来源。当卖家不能将其在现有平台上积累的声誉转移到新的平台时,卖家可能不愿意使用新的竞争平台。通过限制卖家声誉的可移植性,电子商务平台提供商可以将卖家锁定在他们的系统之中。②

其四,用户在社交网络上的转换成本。社交网络的核心特征是用户本人提供个人信息,社交网络提供商可以限制用户将其个人资料和已上传的内容(如视频、照片等)转移到竞争平台。③ 即使社交网络提供商允许用户导出自己的数据,将个人资料转移到竞争平台也需要大量时间和精力,尤其是数据在不同的社交网络间可能存在不同的提取格式。实践中,如果用户想从一个社交网络切换到另一个社交网络,那么他们必须在新平台上重新手动输入他们的个人资料信息、照片、视频和其他信息。通过限制用户个人数据的可携带性,社交网络提供商能够对用户进行锁定。由于转换成本的存在,用户可能囿于转换个人数据操作的复杂性而选择继续使用当前的社交网络平台,即便存在其他更好的服务平台。④

---

① See Nicolo Zingales, Product Market Definition in Online Search and Advertising, 9 The Competition Law Review, 29(2013); Kristine Laudadio Devine, Preserving Competition in Multi-Sided Innovative Markets: How Do You Solve a Problem Like Google? 10 North Carolina Journal of Law & Technology, 59(2008); Frank A. Pasquale, Oren Bracha, Federal Search Commission? Access, Fairness, and Accountability in the Law of Search, 93 Cornell Law Review, 1149(2008).

② 关于用户隐私和锁定效应的关系,参见 Randal C. Picker, Competition and Privacy in Web 2.0 and the Cloud, 103 Northwestern University Law Review Colloquy, 1(2008)。

③ See Peter Swire, Yianni Lagos, Why the Right to Data Portability Likely Reduces Consumer Welfare: Antitrust and Privacy Critique, 72 Maryland Law Review, 335(2013).

④ See Gabriela Zanfir, The Right to Data Portability in the Contert of the EU Data Protection Reform, 2 International Data Privacy Law, 149(2012). 关于数据可携权与转换成本的关系及数据可携权作为救济措施的讨论,参见本书第五章第四节。

三、进入壁垒与"瓶颈"效应

数字平台可能对进入者的地位提供保护,使新进入者难以在市场上立足,形成市场的进入壁垒。经济学文献关于进入壁垒有不同的定义,其中最为典型的是允许现有经营者在没有进入威胁的情况下,赚取高于正常水平的利润的优势。[1] 进入壁垒也可被定义为,为寻求进入一个行业的经营者必须承担的沉没成本,但该行业中已经存在的经营者不承担这一成本。[2] 在滥用市场支配地位的行为中,规模经济和范围经济在某种程度上都属于进入壁垒。在此情况下,优先获得基本投入或自然资源、重要技术或已建立的分销网络都可被认为是进入壁垒。与此同时,成本和其他壁垒,例如,网络效应造成的客户在转向新服务商时面临的困难也是进入壁垒。由此,当具有市场支配地位的经营者已经取得了新进入者必须取得的重大投资时,该经营者自身的行为可能产生进入壁垒。由于网络效应与转换成本在某种程度上是数字经济固有的,以上定义可能会使所有数字平台市场具有进入壁垒。虽然网络效应和转换成本有助于巩固市场领导者的地位,并可能导致市场的集中,但这些特征并不妨碍新经营者取代现有经营者。[3]

根据社交网络平台的政策,可以发现进入壁垒的不同特征。通常情况下,禁止竞争对手提供开发补充应用程序的技术,是较为常见的进入壁垒。针对第三方获取用户数据的渠道壁垒,则是笼统地禁止其他网站获取平台上的用户信息。[4] 除用户数据的汇总外,数据和广告可移植性的

---

[1] See Joe S. Bain, Barriers to New Competition: Their Character and Consequences in Manufacturing Industries, Harvard University Press, 1956, p. 3.

[2] See George Joseph Stigler, The Organization of Industry, Homewood, Richard D. Irwin, 1968, p. 67.

[3] 在网络效应下,新经营者如何取代现有经营者的讨论,参见 Stan J. Liebowitz, Stephen E. Margolis, Are Network Externalities a New Source of Market Failure? 17 Research in Law and Economics, 1(1995); Daniel F. Spulber, Unlocking Technology: Antitrust and Innovation, 4 Journal of Competition Law and Economics, 915 (2008); David S. Evans, Richard Schmalensee, Some Economic Aspects of Antitrust Analysis in Dynamically Competitive Industries, 2 Innovation Policy and the Economy, 1 (2002).

[4] 禁止其他网站随意获取相关用户内容与信息,可参见 Facebook 的相关政策,https://www.facebook.com/legal/terms。

缺失也可能导致进入壁垒。社交网络、搜索引擎和电子商务平台提供商的市场进入壁垒的关键，取决于它们能否为现有供应商带来持久的竞争优势。不论在线服务提供商所在市场本身是否存在固有的进入壁垒，经营者都可能为用户和广告商制造转换成本或通过与用户和广告商签订排他性合同以阻止竞争者收集用户数据。依据欧盟委员会对谷歌的调查可知，谷歌涉嫌对广告商采取两种限制竞争行为：一是限制广告活动的可携带性；二是迫使第三方网站从谷歌获得全部或大部分在线搜索广告。[1]

在经济学概念上，"瓶颈"通常被认为类似于"数字守门人"，但二者实际上存在差异。[2] "瓶颈"被普遍视为可能导致客观低效率的拥塞点；相较之下，"数字守门人"则能够很好地提升效率，但这些效率可能会被在线平台的潜在反竞争效应所压制。在既往的理论中，电子通信部门的许多垄断经营者可能由于潜在容量的稀缺和限制性的网络设计而操纵接入关系，"瓶颈"可以在某种程度上等同于反垄断法中的"关键设施"[3]，并为电子通信网络接入的管理提供分析基础。[4] 基于此，有观点认为，对数字平台的监管应主要针对拥有设置"瓶颈"能力的运营商。总的来说，在反垄断法的框架下，"瓶颈"的概念可能等同于"关键设施"。所谓"关键设施原则"，核心是给予"关键设施"的控制者与其他竞争者共享资源、维护竞争秩序的义务，在监管环境中使用"瓶颈"的概念将更能体现其价值，而不会模糊现有反垄断标准。[5]

---

[1]　See Speech Former Competition Commissioner Almunia, Statement of Commissioner Almunia on the Google Antitrust Investigation, 2012, accessed March 26, 2024, http://europa.eu/rapid/press-release SPEECH-12-372 en.htm.

[2]　关于"数字守门人"的相关概念与解释，请参见本章第一节第四部分。

[3]　关于"关键设施"与"瓶颈"的关系，参见 Pierre Larouche, Competition Law and Regulation in European Telecommunications, Hart Publishing, 2000。

[4]　参见阳东辉：《搜索引擎操纵搜索结果行为的反垄断法规制》，载《法商研究》2021年第6期。关于电子通信网络中的"瓶颈"，参见 Mark Armstrong, Network Interconnection, 108 Economic Journal, 545(1998); Jean-Jacques Laffont, Jean Tirole, Competitions in Telecommunications, MIT Press, 2000; Herbert Ungerer, Ensuring Efficient Access to Bottleneck Network Facilities 1998, accessed March 26, 2024, https://ec.europa.eu/competition/speeches/text/sp1998_056_en.pdf。

[5]　参见黄尹旭、杨东：《超越传统市场力量：超级平台何以垄断？》，载《社会科学》2021年第9期。

四、"数字守门人"与不可或缺的交易相对人

"数字守门人"是指控制移动互联网生态的关键环节(技术环境和运营环境)、有资源或有能力影响其他个人信息处理者处理个人信息能力的互联网运营者。① 具体而言,存在两种不同的情况:第一种情况,"数字守门人"控制第三方经营者对用户的访问。② 如在线社交网络运营者在某种程度上控制在线广告商对用户的访问。第二种情况,"数字守门人"控制对内容、产品和服务的访问。③ 如搜索引擎通过算法控制网络内容的排序和用户对网络内容的访问,音乐流媒体服务通过个性化推荐等方式控制用户对音乐库的访问。因此,在数字平台的背景下,"数字守门人"与用户存在特权关系,其对于指引用户访问平台或应用程序至关重要,并允许社交网络提供商利用相关数据为特定用户提供更新及更复杂和多样化的服务。从这一意义上看,"数字守门人"制造的网络效应越大,用户就越难以避免与之产生联系。

不同于"瓶颈"的概念,笔者认为,对"数字守门人"概念的理解不应与秉持"关键设施论"的传统思维混为一谈。原因在于,"关键设施论"通常用以判断具有市场支配地位的经营者是否许可其竞争者使用基础设施,以及其拒绝的行为是否构成滥用市场支配地位。相比之下,"数字守门人"的概念并不涉及滥用市场支配地位,而是在某种程度上宣告一个经营者为"准垄断者"。由此,"数字守门人"并不足以证明数字平台属于"关键设施",拒绝访问具有合法性。尽管"数字守门人"在确定市场支配地位的存在方面具有重要意义,但仍缺乏对市场支配地位进行独立法律检验的法理基础。因此,"数字守门人"的概念适用于在监管背景下确定经营者的潜在义

---

① 参见张新宝:《互联网生态"守门人"个人信息保护特别义务设置研究》,载《比较法研究》2021年第3期。

② See Andrea Prat, Tommaso M. Valletti, Attention Oligopoly, 2018, accessed March 26, 2024, https://papers.ssrn.com/sol3/papers.cfm?abstract_id=3197930; Tim Wu, Blind Spot: The Attention Economy and the Law, 82 Antitrust Law Journal, 771(2018).

③ See Andrei Hagiu, Bruno Jullien, Search Diversion and Platform Competition, 33 International Journal of Industrial Organization, 48(2014); Marc Bourreau, Germain Gaudin, Streaming Platform and Strategic Recommendation Bias, 31 Journal of Economics & Management Strategy, 25(2022).

务,以发挥相关市场力量对竞争的限制作用。

"数字守门人"的概念也与用户认为经营者是"不可或缺的交易相对人"①的观点密切相关。作为不可或缺的交易相对人,经营者须满足能够独立于相对人行事的标准,这也是经营者被认定为在相关市场具有支配地位的法理要求。② 在数字平台下,"不可或缺的交易相对人"的归类通常与"中间力量"相关,这一概念的适用意味着即便平台运营所者在的市场存在多个参与者,其在分散的市场中也可能行使市场支配力量。在一定程度上,客户群体会认为除与特定的服务商交易外别无选择,正如在数字平台中存在的诉诸默认设置的用户惯性。因此,对移动互联网生态具有强大控制力和影响力的"数字守门人"应承担与技术发展水平相适应且在经济上具有合理性的安全保障义务。③ 例如,依托"不可或缺的交易相对人"的概念,德国联邦卡特尔局试图对 Facebook 在各种社交媒体和通信业务之间共享客户数据进行干预。④

在数字平台下,数字平台经营者拥有市场支配力量,多个数字平台可能由单个经营者主导。由于市场向现有的数字平台提供商"倾斜",消费者无法在"全有或全无"的基础上提出关于平台的替代方案。此外,许多数字平台仍呈现"赢家通吃"的特征,即便针对现有平台服务商提供可信任、可持续的竞争替代方案,仍具有局限性。数字经济的马太效应加剧了"赢者通吃"的趋势,资源向少数经营者集聚,"数字巨头"横行其道。若迷信市场的力量,对它们继续"包容审慎","数字巨头"将扼杀创新与竞争。"数字守门人"蕴含的结构主义的底层逻辑是对数字经济反垄断现实困境的反击,它要求反垄断法回到数字经营者垄断问题的本源,即市场结构。⑤ 如果经营者是"不可或缺的交易相对人",但不能满足反垄断法

---

① 澳大利亚竞争执行机构认为,谷歌是多数媒体经营者"不可避免的贸易伙伴",因为谷歌是消费者获取新闻的重要渠道,许多新闻经营者依赖它作为转介流量。
② 相关案例中对市场支配地位概念的解释,参见 Case AT. 34.780, Virgin v. British Airways [1999]; Case T-229/94, Deutsche Bahn v. Commission [1997]。
③ 参见张新宝:《互联网生态"守门人"个人信息保护特别义务设置研究》,载《比较法研究》2021 年第 3 期。
④ See Case B6-22/16, Facebook v. Bundeskartellamt [2019].
⑤ 参见张钦昱:《数字经济反垄断规制的嬗变——"守门人"制度的突破》,载《社会科学》2021 年第 10 期。

框架下的市场支配地位的标准,那么在此情形下,将"不可或缺的交易相对人"概念与"数字守门人"概念相结合,某种程度上可以成为事前监管标准的基础。①

第二节 重塑数字平台垄断行为的救济措施的必要性

新的技术、新的商业模式将创新引入"颠覆性创新"的高地,冲击了一块又一块反垄断执法的盲区,持续挑战着传统反垄断规则的可适用性,考验着反垄断执法机构的智慧与决心。② 数字平台以多种形式对反垄断行为的实施形成挑战,不仅涉及反垄断"禁令"的适用,还涉及恢复竞争秩序的救济措施的设计。③ 在数字平台下,网络效应、规模经济和范围经济结合在一起,创造了更为强势的市场支配地位或市场力量,垄断经营者的市场优势较实体市场的大多数垄断经营者更为持久,因此,恢复市场竞争秩序的救济措施的实施难度有所增加。④ 此外,经济理论表明,在某些数字平台中,用户从单一服务商处获得的边际收益越来越大,此时用竞争取代垄断达不到"帕累托最优"⑤。传统的垄断行为救济措施可能无

---

① 针对数字平台事前监管的讨论,参见本章第四节。
② 参见喻玲:《算法消费者价格歧视反垄断法属性的误读及辨明》,载《法学》2020 年第 9 期。
③ 目前学术界的相关讨论为,数字经济的特点是否使市场具有特殊性,从而需要背离既定的反垄断法的法理框架与相关技术,参见 Jacques Crémer, Yves-Alexandre de Montjoye and Heike Schweitzer, Competition Policy for the Digital Era, 2019, accessed March 26, 2024, http://ec.europa.eu/competition/publications/reports/kd0419345enn.pdf。
④ 一些国家的反垄断执法机构已经对影响数字平台市场竞争的关键问题进行了研究,参见 Digital Competition Expert Panel, Unlocking Digital Competition, 2019, accessed March 26, 2024, https://assets.publishing.service.gov.uk/government/uploads/system/uploads/attachment/data/file/785547/unlocking_digital_competition_furman_review_web.pdf; Stigler Center for the Study of the Economy and the State, Stigler Committee on Digital Platforms: Final Report, 2019, accessed March 26, 2024, https://research.chicagobooth.edu/stigler/Media/news/committee-on-digital-platforms-final-report; Australian Competition and Consumer Commission, Digital Platforms Inquiry-final Report, 2019, accessed March 26, 2024, https://www.accc.gov.au/publications/digital-platforms-inquiry-final-report。
⑤ 关于"帕累托最优"的定义与解释,参见 Emilio Calvano, Michele Polo, Market Power, Competition and Innovation in Digital Markets: A Survey, 2021, accessed March 26, 2024, https://doi.org/10.1016/j.infoecopol.2020.100853。

法恢复数字平台市场的竞争秩序,这促使学术界与实务界都开始寻找相关的替代方法。近年来,亚马逊、Facebook、谷歌等全球标志性数字平台进行超过四百宗并购交易,但其中只有极少数经过经营者集中审查且未被禁止,显示了反垄断执法机构在既有法律和政策下面临的僵局。① 有效的救济措施设计可以通过确保技术创新保障消费者福利,亦能够通过提起反垄断诉讼以促进有效执法。鉴于针对数字平台经营者的各项调查日益增多,对救济措施进行研究亦紧迫且必要。②

    对市场竞争秩序的维护始终是反垄断法最直接也最重要的基本价值。③ 垄断行为救济措施的主要目的在于禁止垄断行为,并且在此基础上尽可能使相关市场的竞争秩序恢复到垄断行为发生之前的状况,并且不再给反垄断执法机构与法院带来过高的执行成本,最终起到防止垄断行为再次发生的效果。然而,迄今为止,在数字平台市场上所应用的垄断行为救济措施并未达到以上目标,甚至基本无效。巨额行政罚款并未改变市场状况④,而其他的救济措施一方面难以付诸实施,另一方面需要很长时间才能产生效果。如前述的2009年微软搭售案,恰当的救济措施设计是具有争议且棘手的问题之一,反垄断执法机构最终向微软强加的许可要求并未使其开放操作系统。⑤ 欧盟最近5年的相关案件亦显示,在搜索引擎、社交网络与在线零售市场实施的垄断行为救济措施对相关市场竞争秩序的影响微乎其微,尽管通过救济措施明确了数字平台的责任与

---

    ① 参见黄尹旭、杨东:《超越传统市场力量:超级平台何以垄断?》,载《社会科学》2021年第9期。

    ② 相关的调查报告,参见 European Commission Press Release ip/19/4291, Antitrust: Commission Opens Investigation into Possible Anti-competitive Conduct of Amazon (Jul. 17, 2019) in February 2020。美国联邦贸易委员会(FTC)要求谷歌、亚马逊、苹果、Facebook 和微软提供此前未向反垄断执法机构报告的并购交易信息,参见 Federal Trade Commission, FTC to Examine Past Acquisitions of Large Technology Companies, 2020, accessed March 26, 2024, https://www.ftc.gov/news-events/press-releases/2020/02/ftc-examine-past-acquisitions-large-technologv-companies。

    ③ 参见孙晋、钟原:《大数据时代下数据构成必要设施的反垄断法分析》,载《电子知识产权》2018年第5期。

    ④ 针对巨额行政罚款为何起不到威慑作用的详细讨论,参见 Brandon Garett, Too Big to Jail: How Prosecutors Compromise with Corporations, Harvard University Press, 2014。

    ⑤ 关于美国微软案的详细讨论,参见 Renata B. Hesse, Section 2 Remedies and U.S. v. Microsoft: What Is to Be Learned, 75 Antitrust Law Journal, 847(2009)。

义务,但用户仍然受制于数字平台的市场支配力量。① 换言之,针对数字平台的救济措施并未对相关市场的竞争产生直接的、即时的影响,相关救济措施并未发挥恢复性的作用。这也是某种程度上促使学术界与实务界积极探索实践事前监管举措的原因。②

当前,学术界提出了针对数字平台救济措施的改革方案,虽然呼吁采取更大力度的救济措施,但其仍处于传统的垄断行为救济措施的框架之下,如结构性救济措施、强制开放数据共享、强制实现互操作性(forced interoperability),以及非歧视义务。③ 除禁止垄断行为以外,救济措施应当是具有恢复性的,即将相关市场的竞争秩序恢复到侵权行为发生前的状态。④ 与大多数实体行业所遇困难不同,在数字平台市场中,恢复违反反垄断法的竞争秩序存在其独特困境。因此,首先,考量数字平台市场对反垄断法性质的挑战;其次,讨论在数字平台市场中,恢复竞争秩序所面临的具体挑战;最后,尝试对传统垄断行为救济措施应对数字平台时的不足寻求相应的原因。

---

① 针对救济措施收效甚微的详细讨论,参见 Foo Yun Chee, Victoria Waldersee, EU's Vestager Says Google's Antitrust Proposal not Helping Shopping Rivals, 2019, accessed March 26, 2024, https://www.reuters.com/article/us-eu-alphabet-antitrust/eus-vestavs-Googles-antitrust-proposal-not-helping-shopping-rivals-idUSKBN1XH2I8。

② 关于事前监管举措的作用及如何与事后救济措施协调与配合,参见本章第四节。亦可参见 Giorgio Monti, Attention Intermediaries: Regulatory Options and their Institutional Implications, 2020, accessed March 26, 2024, https://ssrn.com/abstract=3646264。

③ 关于传统救济措施的分类与实施,请参见本书第三章。

④ 美国最高法院长期以来认为垄断行为救济措施的目的具有恢复性,参见 Nat'l Soc'y of Prof'l Eng'rs v. U.S., 435 U.S. 679, 698 (1978)。在该案例中,法院认为救济措施应该是提供"消除非法行为后果的合理方法"。亦可参见 U.S. v. E.I. du Pont de Nemours & Co., 366 U.S. 316, 366 (1961)。在该案例中,法院认为整个反托拉斯救济措施问题的关键是发现有效恢复竞争的措施。同时,欧盟竞争法亦表明救济措施是有恢复性,所谓有效的救济措施,即寻求垄断行为对过去与未来的影响。See Frank P.Maier-Rigaud, Philip Lowe, Quo Vadis Antitrust Remedies', in Barry Hawk (ed.), International Antitrust Law & Policy: Fordham Competition Law 2008, Juris 2008, p.597. 作者认为,救济措施须确保竞争至少恢复到侵权行为发生前的状态。很少有欧盟法院的判决明确讨论欧盟竞争法框架下救济措施的目的,不过在 AKZO 一案中,法院表示欧盟委员下令采取"重建争端之前存在的情况"的措施并不公平。亦可参见 Case C-62/86, AKZO v. Commission [1991], ECR Ⅰ-3439, para. 157。关于欧盟竞争法与美国反垄断法的比较,参见 Thomas E. Sullivan, Antitrust Remedies in the U.S. and EU: Advancing a Standard of Proportionality, 48 Antitrust Bulletin, 377 (2003)。

一、数字平台市场对反垄断法性质的挑战

数字经济是人类通过大数据即数字化的知识与信息的"识别→选择→过滤→存储→使用",引导、实现资源的快速优化配置与再生,实现经济高质量发展的经济形态。① 在数字平台市场的经济学特征中,规模经济和网络效应尤为重要。首先,数字平台市场往往受制于规模经济和范围经济,生产和多样化的回报率不断增长。② 规模经济和范围经济属于供应方经济,其单位生产成本随着产量的增加或产品范围的扩大而下降。在一些数字平台市场中,尤其是在数据驱动的市场中,由于信息产品生产和分销的边际成本较低,规模经济和范围经济占有较大比重。其次,数字平台市场具有巨大的网络效应的特征,新用户接受服务的价值随着已经接受服务的用户数量的增加而提升。尽管这些经济学特征并不新颖,但它们的组合却是独特的。③

在具有显著的规模经济、范围经济和网络效应的数字平台市场中,市场极易发生"倾斜",竞争往往是为了获取市场。④ 依托这种自我强化的正反馈循环,最早接触到大量用户的平台经营者将成为单一或主要的供应商。在经济学理论中,市场缺乏竞争并非市场失灵的充分必要条件⑤,甚至在高

---

① 参见孙晋:《数字平台的反垄断监管》,载《中国社会科学》2021年第5期。
② 与通常的看法相反,数字平台市场并不总是以市场力量不断增强的规模经济和范围经济为特征,这些市场也可能受到限制市场力量的规模经济与范围经济的影响。对此问题更加深入的讨论参见 Timothy F. Bresnahan, Shane Greenstein and Rebecca M. Henderson, Schumpeterian Competition and Diseconomies of Scope: Illustrations from the Histories of Microsoft and IBM in Josh Lerner and Scott Stern(eds.), The Rate and Direction of Inventive Activity Revisited, University of Chicago Press, 2012, p. 77。
③ 在一些市场中,用户行为的偏差,例如坚持默认选项或者有限理性的决策(bounded rationality),可能会进一步加剧市场的进入壁垒。
④ 当市场容易发生倾覆时,竞争过程就会转向对市场的竞争。在具有网络效应或其他类型规模经济的市场中,经营者可能为整个市场而竞争,而不是为市场中的份额而竞争。关于此观点的详细讨论,参见 Council of Economic Advisors, 2020 Economic Report of the President, 2020, accessed March 26, 2024, https://trumpwhitehouse.archives.gov/articles/2020-economic-report-of-the-president/。
⑤ 在单一时间点上集中的市场份额并不一定意味着竞争不充分,这种情况可能有一两家经营者控制着高水平的市场份额,由此仅表明相关市场的竞争水平较低。当这种情况发生时,相关市场仍然处于"竞争状态",处于垄断地位的经营者仍然会得到信号,其必须努力工作以满足消费者的需求,并保持对潜在对手的领先。

交易成本存在的情况下,垄断结构可能使社会剩余最大化①,用户可以从加入的单一网络中获得最大效用。② 多个平台在市场上竞争在一定时间后可能造成重复浪费。原因在于,竞争的成本大部分由用户和开发者承担,而不是由平台经营者承担。③ 因此,保持市场竞争的约束力尤为重要,这将使现有经营者产生竞争压力。然而,这种竞争并非必然发生,数字平台市场中存在经济学上的"在位优势",拥有更好产品或服务的进入者因为无法向用户提供数据效用,可能无法对已进入市场的其他主体形成有效竞争并赢得市场。

与此同时,数据作为进入壁垒的作用取决于每个市场的属性和背景。在数字经济下,数据的输入和输出将快速过时,这也意味着数字平台市场的经营者将面临着较大的波动性、不确定性和风险性。④ 经济学家亦证明,大部分数字平台市场都会崩溃的假设是错误的,反之,如移动应用生态系统等数字平台市场的经验现实表明,数字平台市场呈现稳定的碎片化样貌。⑤ 然而,当市场中"在位优势"十分显著时,政策的制定者将可能

---

① See Nicholas Economides, Competition Policy in Network Industry: An Introduction, in Dennis W. Jansen(ed.), The New Economy and Beyond: Past, Present and Future, Edward Elgar Publishing, 2006, p. 106. 该论文认为在具有显著网络外部性的行业中,且在竞争平台之间不相容的条件下,垄断可能会使社会剩余价值最大化。当网络效应存在时,经营者集中会使消费者的总剩余最大化,但其利益必须与市场力量导致的成本进行权衡。

② See Justus Haucap, Ulrich Heimeshoff, Google, Facebook, Amazon, eBay: Is the Internet Driving Competition or Market Monopolization? 11 International Economics and Economic Policy, 49 (2014). 该论文认为,网络效应不断扩大数字平台的规模不可或缺。因此,不能简单地以传统市场的方式解释数字经济环境下的市场集中度。此外,从理论上看,并不清楚与垄断市场结构相比,平台之间的竞争是否一定能提高消费者福利。

③ See Timothy Bresnahan, Joe orsini and Pai-Ling Yin, Demand Heterogeneity, Inframarginal Multihoming, and Platform Market Stability: Mobile Apps, 2014, accessed March 26, 2024, http://idei.fr/sites/default/files/IDEI/documents/conf/Internet_2016/Articles/yin.pdf.

④ 大数据对数字经济的影响,参见 Ioanna D. Constantiou, Jannis Kallinikos, New Games, New Rules: Big Data and the Changing Context of Strategy, 30 Journal of Information Technology, 44 (2015); Anandhi Bharadwaj, Omar A. El Sawy, Paul A. Pavlou and N. Venkatraman, Digital Business Strategy: Toward a Next Generation of Insights, 37 MIS Quarterly, 474(2013); Min Sungwook, Manohar Kalwani and William T. Robinson, Market Pioneer and Early Follower Survival Risks: A Contingency Analysis of Really New Versus Incrementally New Product-Markets, 70 Journal of Marketing, 15(2006)。

⑤ 亦有学者通过经济学的分析得出,从算法定价实践中,可以发现市场机制并未失灵,市场仍有自发纠错的能力。参见喻玲:《算法消费者价格歧视反垄断法属性的误读及辨明》,载《法学》2020年第9期。

倾向于促进中长期的竞争替代,而非短期的直接竞争,这也被称为通过创新取代现有经营者的"创造性的破坏"(creative destruction)的"熊彼特式竞争"(Schumpeterian competition)。① 正如计算机的市场支配地位被个人电脑操作系统取代,而后者又被便携式设备、互联网、搜索引擎、社交网络和应用程序等中间平台所取代。

在某些情况下,以上提到的数字平台市场的特征也可能将引发市场力量的持续性、持久性。数字平台市场存在极高的利润率,市场进入壁垒包括战略性进入威慑,导致缺乏新的进入者参与竞争。平台力量的实质是平台结构下的数据力量,反映的是平台控制数据流量,进而占据数字经济流量入口,影响干预数字经济竞争的能力,通过流量挟制和自我优待,平台构造股权关系和协议关系之外的新型"控制—依赖"关系。② 对于数字平台经营者而言,其市场力量的持久积累将可能带来多种隐忧。其一,可能导致配置、生产和动态效率的丧失,具有成本或质量优势的经营者可能被阻碍进入市场,市场内现有经营者开展创新和增进消费者福利的动机将被抑制。③ 其二,可能无法保证现有垄断者提供最佳的产品或服务。垄断者可能因技术之外的原因而获得市场支配地位,市场支配地位并不代表其掌握的技术相比于其他竞争者也处于相当优势的地位,由此市场也将被锁定在次优的技术状态下。④

二、恢复数字平台市场竞争秩序的挑战

数字平台市场的反垄断存在两个显著的特征,即软弱性与缓慢性。⑤ 既

---

① 所谓创造性的破坏理论,参见 Joseph A. Schumpeter, The Theory of Economic Development, Harvard University Press, 1934。
② 参见黄尹旭、杨东:《超越传统市场力量:超级平台何以垄断?》,载《社会科学》2021年第9期。
③ 市场力量可能表现为较低的产品质量,不全面的隐私保护,以及更重要的是较少的创新投资。
④ See W. Brian Arthur, Competing Technologies, Increasing Returns, and Lock-In by Historical Events, 99 Economic Journal, 116 (1989); W. Brian Arthur, Increasing Returns and Path Dependence in the Economy, University of Michigan Press, 1994 p. 49.
⑤ See Andrew I. Gavil, The End of Antitrust Trench Warfare: An Analysis of Some Procedural Aspects of the Microsoft Trial, 13 Antitrust, 7(1998).

有研究主要将这两个特征归咎于反垄断法中垄断行为的认定标准及责任标准存在缺陷①,但实际上与救济措施的设计高度相关。原因在于,反垄断法无法消除数字经营者因非法商业行为而占据的持久性市场支配地位。② 在数字平台市场中,追求恢复竞争秩序的救济措施的难点与挑战可归为以下六个方面。

其一,一旦数字平台经营者完成了基于规模经济、范围经济和网络效应的比较优势的积累,其他具有相同功能、资源、能力的潜在竞争者将难以复制这类优势,这是最为重要的一点。具有比较优势的经营者并不需要从事排他性行为便能够持久占据市场支配地位。一旦相关经营者具备了显著的在位优势,仅对其垄断行为进行经济处罚并不能起到恢复竞争秩序的作用。救济措施应侧重于防止数字平台经营者继续享有其非法获得或保持的比较优势,并减少其他竞争者的进入壁垒。然而,依照传统市场力量的评价逻辑,超级平台特别是社交平台巨头往往并不具备控制市场的力量③,关于垄断者的比较优势在何种程度上形成市场的进入壁垒,仍是一个尚未解决的经验性争议问题。

其二,恢复性救济措施旨在重新建立本应普遍存在的竞争条件④,但在规模经济、范围经济和网络效应作用显著的数字平台市场中,这一目标将难以达成。实施非法行为的主体可能基于某一阶段的随机事件或者基于价值竞争、垄断行为或前述行为的组合而塑造了某种竞争环境。在此情况下,对竞争的评估具有前瞻性且是基于当前市场条件作出的,因此实现设定的目标尤为困难。同时,对于恢复竞争秩序的分析既

---

① 对此,有观点甚至主张直接改变实质性的反垄断理论,特别是放宽认定与数字平台相关的市场支配地位的门槛条件。

② 关于数字平台持久性市场支配地位的详细讨论,参见 Matt Stoller, How Russian Antitrust Enforcers Defeated Microsoft's Monopoly, 201, accessed March 26, 2024, https://mattstoller.substack.com/p/how-russian-antitrust-enforcers-defeated。

③ 参见黄尹旭、杨东:《超越传统市场力量:超级平台何以垄断?》,载《社会科学》2021年第9期。

④ 这一困难也与本书探讨的救济措施有关。事实上,这也是恢复性救济措施最重要的限制之一,因为很难评估在没有这种长期影响的情况下,相关市场的竞争条件如何。因此,救济措施不会超出竞争的范围,否则不应适用。此外,这种救济措施只应在制定对所有市场参与者透明的准则之后,以之为基础加以适用。这对于确保救济措施的明确性和透明度,以及限制自由裁量权是必要的。

要向前看,亦须向后看,即必须评估垄断行为对市场造成的长期影响,以及市场力量在中短期内抵消这些影响的可能性,此亦提高了评估的复杂性和难度。

其三,恢复性救济措施通常试图通过减少进入壁垒和增加竞争以恢复市场竞争秩序,但这可能导致数字平台市场的低效率。例如,在谷歌搜索滥用市场支配地位案中,欧盟委员会试图采取救济措施恢复比较购物网站,禁止谷歌对比较购物服务和自身服务进行区别对待,但这在一定程度上抑制了创新动力。① "关键设施"的强制性开放即便能够给占据市场支配地位的经营者公平补偿,却也会严重打击它们投资和创新的积极性。② 如上文所述,当存在较高的兼容成本与转换成本时,从竞争到垄断的偏离将可能是有效的。同时,如果以上成本较低或采取恢复性救济措施降低此类成本在技术上是可行的,那么垄断行为救济措施便可能促进市场竞争。

其四,反垄断法的救济措施倾向于通过使直接竞争者销售替代产品或服务来恢复竞争秩序,但在数字平台市场中,显著的在位优势导致难以通过市场竞争取代现有的垄断者。基于对计算机行业的研究,在以显著的网络效应为特征的市场中,成功的竞争通常是通过产品差异化间接进入的。③ 在微软搭售案中,欧盟委员会亦提到,救济措施的长期目标是保持运行在服务器上的中间件对 Windows 垄断的平台威胁,而不一定是替代服务器操作系统。

其五,反垄断执法机构和法院倾向于及时补救,但资源的有限往往给监管带来巨大的压力。正如美国最高法院在 Trinko 一案④中指出的,反垄断法院不可能事无巨细地分担监管义务。在数字平台市场中,若一家经营者实施垄断行为,将可能重新颠覆市场并创造新的垄断,如此便需要大量重复实施反垄断措施来恢复竞争秩序。诚然,反垄断执法机构可以

---

① See Case AT. 39740, Google Search v. Commission [2017].
② 参见孙晋、钟原:《大数据时代下数据构成必要设施的反垄断法分析》,载《电子知识产权》2018 年第 5 期。
③ See Timothy F. Bresnahan, Shane Greenstein, Technological Competition and the Structure of the Computer Industry, 47 Journal of Industrial Economics, 1(1999).
④ See Verizon Communications Inc. v. Law Offices of Curtis V. Trinko, 540 U.S. 398 (2004).

将监管事务外包给第三方,以避免监管的高成本。如在微软搭售案中,美国最高法院下令建立一个三人技术委员会,负责监督微软的合规情况,评估第三方投诉,并提出纠正违规行为的方法。① 对反垄断监管进行外包将涉及合法性问题,尤其是在第三方可能存在垄断者资助的情况下,这也导致欧盟法院拒绝由微软支付资金的独立受托人来监督和披露救济措施的实施。

其六,反垄断执法机构和法院倾向于降低进入壁垒,使进入者获得相当的竞争优势,而非抵消垄断者的相对优势,故垄断行为救济措施需要较长时间方能产生效果。在数字平台市场中,由于数字经济的特征限制,进入者获取竞争优势亦十分缓慢且较为艰难。对此,虽然救济措施可禁止垄断者使用限制竞争者收集数据的排他性合同,但在数据分析的规模和范围存在显著回报的领域,竞争者仍需充足的时间以积累足量数据并将其转化为有价值的信息。与此同时,垄断者仍将继续从其非法获取的竞争优势中获益。

三、传统救济措施应对数字平台垄断的效果有限

迄今为止,对数字平台市场实施传统的垄断行为救济措施基本没有实现预期效果。例如,谷歌在一些司法管辖区一再遭受反垄断执法,2017—2020 年,谷歌三次被欧盟法院宣告滥用市场支配地位。② 然而,各项反垄断执法几乎没有削弱谷歌在一般搜索服务领域的市场支配力量。高额的罚款并不足以恢复市场秩序。③ 由于谷歌的垄断违法行为,其向欧盟总计支付了 82 亿欧元的罚款,但即便这些罚款能够对未来的垄断行为产生足够的威慑,但若先前的垄断行为已形成不可逾越的进入或扩张壁垒,那么仅靠罚款措施本身并不足以自动恢复竞争

---

① 技术委员会由三名在软件设计和编程方面具有技术和商业经验的成员组成,参见 Final Judgment, United States v. Microsoft Corp, CA No. 98-1232 (CKK), accessed March 26, 2024, https://www.justice.gov/atr/case-document/file/503541/download。

② 针对谷歌的反垄断调查,参见 Case AT. 40099, Google Android v. Commission [2018]; Case AT. 40411, Google Search v. Commission [2019]。

③ 甚至持续的反垄断调查本身也并不能消除垄断行为,相反,可能暗示经营者将反垄断调查作为一种经营成本。

秩序。

同时,至今所实施的恢复性救济措施亦表明其无法成功恢复相关市场的竞争秩序。美国和欧盟针对微软实施的恢复性救济措施均要求披露视窗系统用于个人电脑端与其他操作系统互用的通信协议,但以上措施并未对市场产生明显效果。谷歌搜索滥用市场支配地位案亦是如此,即便欧盟法院要求谷歌开发一种补救性访问措施,允许竞争者的比较购物网站出现在普通搜索页面顶部的购物单元中,但多数观点均认为这一救济措施未显著恢复市场竞争秩序。①

因此,需要探索新的救济措施以恢复市场竞争秩序。在过往的实践中,反垄断执法机构和法院亦进行了关于新型救济措施的试验,如在派拉蒙电影经营者案中,与政府试图强制要求电影发行商放弃其在影院的控股权相反,地方法院建立了一种强制性的投标机制,允许影院从竞争者处获得电影版权。② 同样,美国最高法院在微软搭售案中适用的一系列复杂的救济措施较以往根据美国反垄断法所做得更为灵活、更具前瞻性。③

上述传统救济措施的缺陷表明有必要提出全新的、对数字平台市场保持敏感性的救济措施。这类救济措施应侧重于恢复市场竞争秩序,并尽量减少选择低效技术方案。为恢复竞争秩序,救济措施需要超越以往的禁止继续设立进入壁垒的做法,并将市场重置为还未出现垄断行为的竞争状态。

---

① 关于谷歌搜索滥用市场支配地位案的详细评论,参见 Bo Vesterdorf, Kyriakos Fountoukakos, An Appraisal of the Remedy in the Commission's Google Search (Shopping) Decision and a Guide to its Interpretation in Light of an Analytical Reading of the Case Law, 9 European Competition Journal, 3(2018).

② See U.S. v. Paramount Pictures Inc., 66 F. Supp. 323, 353 (S.D.N.Y. 1946), aff'd in part and rev'd in part, 334. U.S. 131 (1948).

③ 该救济措施要求微软向开发者提供微软服务器操作系统,用于原生互操作性协议。关于微软搭售案的救济措施,更详细的讨论参见 William H. Page, Optimal Antitrust Remedies: A Synthesis, 2012, accessed March 26, 2024, https://papers.ssrn.com/sol3/papers.cfm? abstract_id=2061791。

第三节　救济措施重塑进路之一：建立损害理论与救济措施的逻辑关系

一、以谷歌搜索滥用市场支配地位案为切入点

2017年6月27日,欧盟委员会通过了关于谷歌搜索滥用市场支配地位案的"禁令"决定。[1] 该案包括调查、初步评估和三轮承诺谈判,引发了各种讨论,涉及欧盟委员会定义市场和支配地位的方法、所依托的前所未有的损害理论,以及关于竞争对手和消费者行为的反竞争影响评估等,欧盟委员会出具了反对声明、反对补充声明和事实认定书。[2] 具体而言,欧盟委员会发布了如下调查结果,认定谷歌滥用其在一般搜索服务市场的支配地位。

谷歌在欧盟的一般搜索服务市场占据了支配地位,并在一般搜索结果页面上展示"谷歌购物"(Google Shopping),与竞争对手的同类服务相较,具有更有利的定位和展示,属于滥用市场支配地位的行为。欧盟委员会发现,当消费者在谷歌通用的搜索引擎中输入相关产品的查询信息时,谷歌会通过不同的排名算法形成广告,并将自身的"谷歌购物"以丰富的形式显示于搜索引擎结果页面顶部的保留空间之中。相比之下,欧盟委员会认为,受谷歌通用搜索算法的影响,谷歌的竞争对手的比较购物服务网在通用搜索结果中显示为蓝色链接。欧盟委员会指出,这种行为可能排除比较购物服务网,并可能促使谷歌提高价格、减少创新,导致反竞争效应。据此,欧盟委员会对谷歌处以24.2亿欧元的罚款,并要求谷歌有效终止其侵权行为。

由上述内容可知,欧盟委员会所提出的救济措施仅限于"禁令"这

---

[1] See Case AT. 39740, Google Search v. Commission [2017].

[2] 关于该案件的详细讨论,参见 Joyce Verhaert, The Challenges Involved with the Application of Article 102 TFEU to the New Economy: A Case Study of Google, 35 European Competition Law Review, 265 (2014); Pablo Ibanez-Colomo, Exclusionary Discrimination under Article 102 TFEU, 51 Common Market Law Review, 141 (2014); Christian Kersting, Sebastian Dworschak, Does Google Hold a Dominant Market Position? Addressing the (Minor) Significance of High Online User Shares, 2014, accessed March 26, 2024, http://ssrn.com/abstract=2495300。

一形式,涉及执行的部分仅要求谷歌"有效终止其侵权行为"。对于谷歌而言,如何执行"禁令"将取决于自身,正如"禁令"中提到的:由于符合条约的可以有效地终止侵权行为的方法不止一种,因此,谷歌需要在这些不同的方法中作出选择。同时有观点认为,救济措施可以通过多种方式来实现,反垄断执法机构需关注的是结果而非对方法作评判。

即便如此,欧盟委员会的"禁令"仍试图为划定可接受的救济措施提供指导原则,其中最为重要的为平等待遇原则(equal treatment principle),即谷歌选择的任何措施均应确保展示在其一般搜索结果页面中,为竞争者的比较购物服务提供的待遇不低于自身的比较购物服务。欧盟委员会亦公开承认,救济措施并非对特定结果作强制性规定,更为重要的应是确保谷歌对竞争者一视同仁。该禁令第700段第(a)项至第(d)项也明确,平等待遇原则非关乎结果,而是关乎过程,谷歌选择的任何措施均应:"(a)适用于所有设备,而不考虑执行搜索的设备类型;(b)适用于13个相关成员国的所有谷歌用户,无论他们使用的是哪个谷歌域名;(c)使"谷歌购物"在谷歌一般搜索结果页面中的定位和显示,遵循与其他竞争性比较购物服务相同的基本流程和方法,包括搜索结果的可见性、触发机制、排序或图形格式等可能产生影响的因素;(d)不会导致竞争性比较购物服务被收取与本禁令所确定的侵权行为具有相同或等效的目的或效果的费用或者其他形式的对价。"

但需要注意到的是,这一禁令偏离了欧盟委员会于2016所作的反对补充声明,该声明明确指出,在购物单元中显示产品广告的任何费用均需予以固定,设定为每次点击支付0.01欧元,即AdWords的最低保留价格。但最终决定并未包含这样的要求,上述第(d)项涉及的可能向竞争对手收取的费用仅反应了该禁令所遵循的平等待遇原则,因此,依据该禁令和关于救济措施的既往案例,允许基于拍卖机制的市场化收费。"禁令"要求谷歌在接到通知之日起60天内提出救济措施,并于90天内实施,谷歌执行了"禁令"并相应引入了公平拍卖救济措施,使竞争者的比较购物服务能够在平等条件下与"谷歌购物"竞争,从而展示购物单元、放置产品广告。"谷歌购物"亦以独立的经营者身份,使用与其他竞争性比较购物服务相同的方式参与拍卖,并且未在拍卖活动中享受任何优惠待遇。

监管方面,谷歌的救济措施不受正式批准程序的约束,但根据"禁令"第705段的规定,相应的救济措施将受到欧盟委员会的持续监测,并由外部技术专家和毕马威会计师事务所协助,谷歌必须在此后5年中,每隔4个月便向欧盟委员会提交一次关于救济措施的定期报告。若欧盟委员会发现谷歌未能遵守条款,将对谷歌处以相当于日均营业额5%的巨额罚款。

二、以平等对待竞争者作为救济措施:数字平台是否负有平等对待的义务

(一)反垄断法框架下平等对待义务的法理依据

在市场竞争中,歧视性行为极为普遍,尤其对纵向经营者而言,其以任何方式歧视下游竞争者、偏袒自身的相关业务,都将可能引发竞争问题。[①] 纵向一体化语境下的歧视可以广义地理解为,一体化经营者实施的用于提高竞争者在相邻市场上与附属部门竞争的成本。[②] 处于市场支配地位的经营者实施的纵向歧视行为通常具备"杠杆作用",这意味着其利用在一个市场中的支配力量来支持另一个相关行业中的业务。[③] 上述市场并非处于上下游,也不一定相互辅助,而是通过连接组合的方式被联系到一起。

在谷歌搜索滥用市场支配地位案中,谷歌受到的指控之一,即对竞争对手实施纵向歧视,给予自身产品"谷歌购物"以非法优势并损害竞争者的服务,因此,可以被认定为滥用市场支配地位的行为。谷歌对于自身产品的偏袒待遇可见于两个方面:其一,谷歌让自己的产品免于通用搜索算法的制约,在用户键入查询信息时,算法将对谷歌产品进行优先排序。若用户在搜索框中键入的特定词汇与"谷歌购物"所包含的产品相关,则

---

① See Massimo Motta, Competition Policy Theory and Practice, Cambridge University Press, 2004, p. 491.
② 针对排他性歧视行为的详细讨论,参见 Pablo Ibanez Colomo, Exclusionary Discrimination Under Article 102 TFEU, 51 Common Market Law Review, 120(2014)。
③ 如何实施这种"杠杆效应",参见 Robert O'Donoghue, Jorge Padilla, The Law and Economics of Article 102 TFEU, 4th ed., Hart Publishing, 2013, p. 250。

"谷歌购物"的查询结果将会以丰富的形式在屏幕顶部或右侧永久地突出显示。其二,"谷歌购物"的竞争者受到两种特定算法的制约,这两种算法在用户进行查询时,将降低竞争者的服务网站在结果列表中的排序。由此,排序最高的竞争者出现在搜索结果靠前的位置,而其他竞争者则出现在更为靠后的位置。

鉴于用户倾向于选择靠近顶部的结果而非访问后续页面,欧盟委员会认为谷歌的做法将直接导致"谷歌购物"的点击量大幅增加,而这一效果的代价则是损害竞争者的服务网站。此外,消费者也因此被剥夺了市场竞争带来的福利,即真正的选择和创新。基于以上原因,欧盟委员会最终决定对谷歌处以有史以来最大数额的单笔罚款。欧盟委员会除命令谷歌停止关于自身的比较购物服务的非法行为,并避免采取任何具有相同或等效目标或效果的措施外,还命令谷歌遵守平等待遇原则。

这一决定直接引发的问题在于,任何行业中纵向经营者是否都有平等对待的义务。若纵向经营者负有此义务,其法律基础为何。就其影响而言,若平等对待义务存在,则纵向经营者不仅应当停止偏袒自身的相关业务,更应在相邻市场平等积极地对待和帮助竞争者,保证竞争者获得平等对待。[①] 对此,这类非歧视义务的必要性首先可以从经济学角度获得支撑。纵向经营者在相邻市场中对竞争者实施的反竞争歧视包含定价歧视和非定价歧视。定价歧视是控制基本投入的综合经营者排除下游市场(排他性滥用)或者只是在上游市场行使其市场支配力量(剥削型滥用)。[②] 非定价歧视是纵向经营者很可能会通过降低基本投入等方式,增加自身下游经营者的竞争对手的成本。[③]

在反垄断法框架下,纵向经营者的特殊责任在于行为不损害相关市

[①] See Renato Nazzini, Google and the (Ever-stretching) Boundaries of Article 102 TFEU, 6 Journal of European Competition Law & Practice, 301(2015); John Temple Lang, Comparing Microsoft and Google: The Concept of Exclusionary Abuse, 39 World Competition, 5(2016).

[②] See Bruno Jullien, Patrick Rey and Claudia Saavedra, The Economics of Margin Squeeze, 2014, accessed March 26, 2024, http://idei.fr/sites/default/files/Medias/doc/by/jullien/Margin_Squeeze_Policy_Paper_revised._March_2014.pdf.

[③] See Nicholas Economides, The Incentive for Non-Price Discrimination by an Input Monopolist, 16 International Journal of Industrial Organization, 271 (1998).

场上的无扭曲竞争,这亦是非歧视义务的法理依据。① 只有当纵向经营者平等对待竞争对手和自身的业务时,才能保证竞争过程不被扭曲。纵向经营者的这一特殊责任在欧盟的米其林案②中首先得到承认,并在判例法中不断得以重申。欧盟法院对此强调,竞争者之间的机会平等是无扭曲竞争的必要条件。只有各种经济行为者机会平等,才能保证无扭曲的竞争秩序。③ 在 Deutsche Telekom 一案④中,法院再次强调,在相关市场上没有做到遵守机会平等,也就没有保证无扭曲的竞争秩序。非歧视、机会平等和多元化展现了一个有效的竞争过程,在这个过程中,所有经营者和消费者都有机会不受损害。⑤ 竞争法的目标之一是保护竞争自由,即不受其他经营者势力影响地参与市场的自由,非歧视义务与这一目标是一致的。⑥

此外,既有实践亦对平等对待义务予以一定承认。在供应链中,欧盟委员会不仅规定了交易的义务,还规定了以"非歧视"条件供货的义务。如在 Health/IMS 一案⑦中,欧盟委员会认定"应要求在非歧视的基础上",立即向所有经营者发放许可证。在 2004 年微软搭售案中,欧盟委员会的命令允许经营者在合理和非歧视的条件下互通信息。⑧ 综上,从经济和法律的角度出发,均可以认定平等待遇原则及其非歧视义务的存在

---

① See Case C-322/81, NV Nederlandsche Banden-Industrie Michelin v. Commission, [1983] ECR 3461, para. 57.

② See Case C-23/14, Post Danmark A/S v. Konkurrenceradet, EU:C:2015:651 (Post Danmark Ⅱ), para. 70.

③ See Case C-49/07, Motosykletistiki Omospondia Ellados NPID (MOTOE) v. Elliniko Dimosio, [2008] ECR Ⅰ-4863, para. 51.

④ See Case C-280/08, Deutsche Telekom AG v. European Commission, [2010] ECR Ⅰ-09555, para. 240.

⑤ See Renato Nazzini, The Foundations of European Union Competition Law: The Objective and Principles of Article 102, Oxford University Press, 2011 p. 120.

⑥ See Liza Lovdahl-Gormsen, A Principled Approach to Abuse of Dominance in European Competition Law, Cambridge University Press, 2010, pp. 76-83; Liza Lovdahl-Gormsen, The Conflict Between Economic Freedom and Consumer Welfare in the Modernization of Article 82 EC, 3 European Competition Journal, 329(2007).

⑦ See Case COMP D3/38.044, Health/IMS, Commission Decision 2003/741/EC [2003]; Case COMP Ⅳ/31.851, Magill, Commission Decision 89/205/EEC [1988].

⑧ See COMP/C-3/37.792, Microsoft v. Commission [2004].

基础。

（二）平等对待义务是否具有经济学意义

第一，如前所述，在经济学上，纵向经营者存有歧视下游竞争者的强烈动机。这一事实并不必然导致平等对待原则所禁止的任何类型的歧视都会产生实质性的反竞争效果，因为这类伤害仅在少数情况下出现。反之，歧视会增加消费者福利。例如，价格歧视在高度竞争的市场中同样会发生，但在大多数情况下有利于竞争①，原因是，与统一定价的情况相比，价格歧视针对不同消费者，根据其支付意愿，制定不同的价格②，可以通过增加市场总产出提高经济福利和效率。③ 以纵向经营者为例，经营者一方面以较低的价格向竞争者（A）出售差异化产品，因消费者支付意愿或支付能力较低；另一方面，经营者以较高的价格出售给另一个竞争者（B），因其差异化产品的购买者是支付能力较强的消费者。若赋予该经营者强制性的非歧视义务，则竞争者将存在两种选择：其一，以与 A 同样低的价格出售，从而导致更低的利润；其二，以与 B 同样高的价格出售，从而导致更少的销售。在此情况下，经营者将减少投入并收取高于 A 的价格，从而保证利润，这最终将导致消费者无法得到适应自身预期的服务。价格歧视在一定情况下有助于竞争，因为买家不同，支付意愿或能力不同，能有效地收回固定成本。④ 尤其在固定成本高但边际成本低的新经济行业中，开发数字产品或基础设施的支出可以通过价格歧视收回，这也将鼓励其他主体的投资和创新。⑤

---

① 因为只有在完全竞争的理论模型中，市场中买家和买家都是价格的接受者，他们所面对的价格都是市场给定的，也就是完全竞争价格，因此价格歧视是不可能的。参见 Damien Geradin, Anne Layne-Farrar and Nicolas Petit, EU Competition Law and Economics 250, Oxford University Press, 2012。

② 参见朱巧玲、杨剑刚：《算法陷阱与规制跨越》，载《经济学家》2022 年第 1 期。

③ See Gunnar Niels, Helen Jenkins and James Kavanagh, Economic for Competition Lawyers, 2nd ed., Oxford University Press, 2016.

④ 关于纵向价格限制与歧视性定价行为的正向效果的描述，参见 Jean Tirole, Patrick Rey, A Primer on Foreclosure, in Mark Armstrong, Robert Porter (eds.), Handbook of Industrial Organization, North Holland, 2006, pp. 2145-2156; Alison Jones, Brenda Sufrin, EU Competition Law: Text, Cases, and Materials, 6th ed., Oxford University Press, 2016, p. 381。

⑤ See Massimiliano Kadar, European Union Competition Law in the Digital Era, 2015, accessed March 26, 2024, https://ssrn.com/ abstract=2703062.

第二,严格的平等对待义务并未考虑发生价格歧视的市场竞争程度、替代占支配地位的公司的投入可能性或在竞争者成本中的相关性。首先,在上游市场占市场支配地位的经营者,在相邻市场中仍可能面临激烈竞争,禁止经营者的自我偏向可能阻却其在第二市场上与处于市场支配地位的经营者的竞争。① 其次,非歧视义务并不考虑市场上是否存在其他替代性投入。如果市场上存在替代性选择,那么竞争对手可轻易转向其他选择,从而导致非歧视义务要求的竞争效果无法实现。最后,平等对待义务假定占据市场支配地位的经营者所提供的投入是最终产品成本的重要组成部分,但这一假设并非恒定。当情况相反时,即便是严重的歧视性定价行为也不会对竞争产生重大影响。在巴黎机场案②中,欧盟委员会在确定竞争扭曲时便考虑到经营者的投入是否作为客户成本结构的重要组成部分。

第三,即使歧视会给竞争者造成一些不利影响,经营者也可能偏向自己的业务。如在利润挤压的情况下,即使下游竞争者的利润为负,也不可断定纵向经营者实施了垄断行为,因为其可能正处于促销期。对此类特殊做法予以禁止将损害消费者利益。依据运输成本、服务报酬及对新进入者的折扣等因素,向不同竞争者提供不同价格具有合理性,对自己的附属部门的优惠待遇亦可能是经营者通过纵向一体化所达成的效率的结果。实际上,在两个市场进行经营,将使占支配地位的经营者获取协同效应,使其获得相对于竞争者显著的成本优势和非成本优势。而平等对待义务将禁止这类协同效应的发生,进而可能对经营者纵向整合自身业务、提升实质性效率产生一定的不利影响。这也是欧盟法院在认定滥用市场支配地位时,要求经营者证明其行为具有"客观正当性"的原因。

第四,禁止经营者的自我偏向将可能引致动态效率的损害。禁止纵向歧视的规则将使所有竞争者拥有同纵向经营者的产品相同的条件,从而约束垄断行为,并在短期内增强竞争。但从动态的视角看,所实现的效果将恰

---

① 欧盟委员会关于滥用市场支配地位的指南,参见 European Commission, Communication from the Commission: Guidance on Its Enforcement Priorities in Applying Article 82 of the EC Treaty to Abusive Exclusionary Conduct by Dominant Undertakings [2009], para. 36。

② See COMP/IV/35.613, Alpha Flight Services v. Aeroports de Paris [1998].

恰相反。经营者在通常情况下可以收回投资成本并获得管理费用,从而达到鼓励创新和促进有社会价值的资产进入市场的效果。在平等对待义务下,具有市场支配地位的经营者无法通过对竞争者的歧视获取预期利润,其预先所做的任何投资的价值将大大降低。经营者基于利润前景进行投资、创新和进入市场,在平等对待义务下,有形资产和无形资产的发展均显著萎缩。[1] 对占市场支配地位的经营者的供应条款和条件进行明确监管,将削弱行业中许多经营者创新和投资的动力,因为占支配地位的经营者担心,其将被迫以受监管的条款和条件与他人分享投资或创新的利益。[2] 更为重要的是,在平等对待义务下,"创造性的破坏"被大幅削弱。非歧视义务使竞争者认识到,纵向经营者所给予的同等条件将及于所有市场经营者,因而,竞争者将基于"搭便车"的动机失去自身创新和竞争的动力。从这一意义上而言,经营者的自我偏向会推动其纵向关系中的竞争者提升自身效率,并以此对下游竞争形成有效激励。纵向经营者的歧视性定价行为促使竞争者通过创新和投资改进产品和服务,最终提升消费者福利。

第五,禁止歧视性定价行为将助长市场支配力量或经营者的相互勾结。在平等对待义务下,纵向经营者考虑到未来必须将同等条件扩充至所有竞争者,因此,便没有给予特定竞争者更优条件或更有利于竞争条件的动力。如果纵向经营者可以与下游市场的竞争者进行歧视性交易,那么经营者可能会被迫提供更优的交易条件,最终提升消费者福利。[3] 而歧视性定价行为将导致垄断者恢复其垄断行为,提高价格、降低产量,会使所有"瓶颈"控制者抵制选择性降价需求,维持高价格。非歧视义务使下游市场的所有竞争者获得了对竞争对手或至少是对主导经营者的投入成本的了解。因此,非歧视义务可能成为维持下游市场中明示或默示勾结的一种手段或者成为达成这类勾结的一种激励。

---

[1] See Alan Devlin, Fundamental Principles of Law and Economics, Routledge, 2014, p. 359.
[2] 关于拒绝销售问题的相关讨论,参见 OECD, Policy Roundtables Refusals to Deal, 2007, accessed March 26, 2024, http://www.oecd.org/daf/43644518.pdf。
[3] See Mark Armstrong, Price Discrimination, in Paolo Buccirossi(ed.), Handbook of Antitrust Economics, The MIT Press, 2008, p. 460.

总而言之,从经济视角看,经营者的自我偏向并不总是有害于竞争,与之相反,可能是一种提升消费者福利的做法。纵向经营者的歧视性定价行为同其他商业行为一样,可能产生有利于或不利于竞争的影响。纵向经营者的平等对待义务规则虽然可以在一定程度上阻却垄断行为,但同时也阻却了利于竞争的行为。因此,相较于从经济视角进行分析,对纵向歧视予以逐案分析显然更为可取。反垄断执法机构应当能够区分经营者促进竞争效果的自我偏向、产生"纯粹劣势"的自我偏向和产生"竞争劣势"的自我偏向。后两种情况在不具备"客观正当性"的情况下,应被视为经济视角下的垄断行为。不利因素的存在并不意味着对总体利润的实质性影响小于对自身利润的影响,也不必然影响处于不利地位一方的竞争力,更不必然影响相关市场的竞争秩序。

三、搜索中立原则:作为救济措施的合理性

如前文所述,对于具有市场支配地位的数字平台是否具有平等对待竞争者的义务,无论在反垄断法框架下还是在经济学上都无定论。因此,将平等对待义务作为救济措施似缺少逻辑。由此,需讨论的问题是,是否在一般搜索中确立搜索中立原则,从而在某种程度上将其作为救济措施?搜索中立,即搜索引擎不基于特定网站的质量评价或消费者偏好之外的原因而明显偏向某一网站,并透明、客观地将基于评估值进行区分的算法应用于搜索结果,可被视为网络中立原则的延伸。① 搜索中立旨在恢复平衡的政策,是在既定前提下,对推定的搜索偏向问题提出的救济措施。② 许多搜索引擎基于自身利益的考虑,往往以自然搜索为名,行付费搜索和人工操纵搜索结果之实,操纵搜索结果的具体表现为两种行为样态:搜索偏见和恶意屏蔽。③ 可见,欧盟委员会强制要求谷歌实施的"平等待遇原则"与"搜索中立原则"具有相符性。但随之而来的问题在

---

① 搜索中立原则保障在提供互联网接入服务时,对流量的平等和非歧视性待遇,可参见《欧盟议会和理事会条例》。

② 参见邵晨:《搜索中立与搜索引擎平台的博弈》,载《法律适用》2020年第4期。

③ 参见阳东辉:《搜索引擎操纵搜索结果行为的反垄断法规制》,载《法商研究》2021年第6期。

于,若要在谷歌搜索滥用市场支配地位案之外确立搜索中立原则,就有必要首先明确其法律基础。

首先,基于欧盟法中的类比论证(argument by analogy),如果新案例和先例在所有相关方面都相似,则可以使用类比论证,先例的判决理由适用于新的案件事实。① 据此,若其他在线服务平台的所有相关方面均与谷歌搜索滥用市场支配地位案所涉服务平台存在相似性,那么搜索中立原则可以应用于其他在线服务平台。依据欧盟委员会在谷歌搜索滥用市场支配地位案中的推论,搜索结果列表中产品的排列直接影响了市场的竞争。产品的可见性、点击量与产品的流量直接相关,"谷歌购物"的知名度越高,获得的流量越多,可见性和点击量亦随之增长,谷歌以牺牲竞争者的利益为代价而获得的收入也就越多。自谷歌使用此类算法以来,自身产品的流量显著增加,而竞争者的流量大幅下降。如在搜索结果中,这类基于排列和可见性的作用模式被其他在线服务平台识别,可以根据类比论证应用搜索中立原则。谷歌搜索滥用市场支配地位案可作为一个先例和分析模版,用于识别搜索引擎环境中其他纵向歧视行为的合法性。② 谷歌搜索滥用市场支配地位案这一类关注比较购物服务的案件将为执行欧盟竞争规则树立一个广泛的先例。③

其次,谷歌搜索滥用市场支配地位案中的"特殊责任"(special responsibility)也能够为在相同情况下将搜索中立原则延伸到其他服务提供支撑。如上文所述,纵向经营者的特殊责任需根据每一案例的特殊情况具体确定,若其他在线服务平台的案件情况与谷歌搜索滥用市场支配地位案相同,那么经营者的特殊责任也应当相同。欧盟委员会的决定提供了行为指导,赋予谷歌作为纵向经营者的特殊责任,要求谷歌应审慎维护竞争秩序。在相同情况下,欧盟委员会所确立的这一特殊责任及其包含的搜索中立原则将延伸至其他在线服务平台。

---

① See Katja Langenbucher, Argument by Analogy in European Law, 57 Cambridge Law Journal, 520 (1998).

② See Case AT. 39740, Google Search v. Commission [2017].

③ See European Commission, Statement by Commissioner Vestager on Antitrust Decisions Concerning Google, 2015, accessed March 26, 2024, http://europa.eu/rapid/press-release_STATEMENT-15-4785_en.htm.

最后,明确搜索中立原则的法律基础后,亦须明确具体适用范围,否则将可能产生反面效果。反对搜索中立原则的观点认为,该原则是搜索引擎的"乌托邦",搜索引擎的关键作用在于,用户最终通过选择对其更有用和更相关的信息来避免中立。[1] 搜索中立原则保护的是对消费者毫无价值的低效竞争者,但纵向经营者能够通过对结果的操纵为用户的特定查询提供更好的处理。[2] 对于用户而言,其更倾向于"有偏向的"、主观的搜索引擎,因为这样更符合自身的需求。搜索引擎的"偏向"有利于搜索引擎平台改进服务的相关性与准确性,同时也可以使用户最快获取相关信息。[3] 搜索中立原则通过强制实施标准化,削弱了创新的潜力,并将搜索转化为商品,减少了消费者的福利。[4]

上述反对意见正是源于对搜索中立原则适用范围的误解。该原则并不意味着为满足消费者偏好,干涉搜索引擎设计算法配置,任何数字平台均可以自由地对搜索引擎中显示的内容进行判断和编排。欧盟委员会亦在谷歌搜索滥用市场支配地位案中明确,不反对谷歌通用搜索引擎算法的设计或降级,也不反对谷歌显示或编辑其搜索结果页面的方式。但与此同时,欧盟委员会也指出,这类认知偏见必须与物质偏见进行明确区分,后者与占据市场支配地位的搜索引擎在相关市场中偏向自身产品的经济利益有关,这种实质性的偏见不受保护,因为其目的是扭曲竞争秩序,维持或扩大其市场力量或支配地位。

因此,确定认知偏见和物质偏见的界限,是明确搜索中立原则适用范围的必然要求。仅存在谷歌搜索滥用市场支配地位案中的"突出显示"和"降级"并不必然构成对市场支配地位的滥用,也不必然构成被搜索中立原则所禁止的行为。对于物质偏见的认定应立足于这一行为的实质目

---

[1] See Florian Wagner-von Papp, Should Google's Secret Sauce be Organic? 16 Melbourne Journal of International Law, 23(2015).
[2] 针对"竞争中立"原则作为搜索歧视的救济措施,更详细的讨论,参见 Marvin Ammori, Luke Pelican, Proposed Remedies for Search Bias: Search Neutrality and Other Proposals in the Google Inquiry, 11 Journal of Internet Law, 19(2012)。
[3] 参见邵晨:《搜索中立与搜索引擎平台的博弈》,载《法律适用》2020 年第 4 期。
[4] 参见阳东辉:《搜索引擎操纵搜索结果行为的反垄断法规制》,载《法商研究》2021 年第 6 期。

的,即通过非基于价值的竞争方式使对手处于竞争劣势。从这一目的看,搜索中立与特殊责任的范围几乎重叠。

第四节 救济措施重塑进路之二:运用复合型救济措施

一、以算法价格合谋的新型垄断行为作为切入点

(一)算法技术在价格合谋中的作用

数字经济是基于代码化算法所构建的一套数据自由流动的规则体系和赋能体系,在此意义上,数字经济也可以被理解为算法经济。[①] 算法技术作为某种深度学习方法是人工神经网络的一类应用,具有独特特征。针对算法价格合谋及救济措施的讨论,需首要明确算法技术及其特征。算法技术的输出,即通过数据处理解决不同类型的问题,如聚类(寻找对象之间的相似性)、预测和寻找优化给定变量的规则。具体而言,解决这些问题的方法统称为机器学习,包括无监督学习(unsupervised learning)、监督学习(supervised learning)和强化学习(reinforcement learning)。[②] 虽然这些问题能够通过传统的统计方法进行解析,但机器的深度学习可实现自动化处理,并同时处理成百上千,甚至更多的变量,进而超越人类的能力范围,实现更优的处理结果。

算法学习的过程可被简单地概括为,依赖过往影响销量的与价格有关的因素,对设计者认为影响销量的价格因素进行回归分析,构建模型,并通过对变量的实时观察以改变价格。[③] 例如,对于价格合谋,机器学习在理论上可以实现以下效用:第一,无监督学习的聚类可以用于更好地分类,并发现较为被动且容易受到价格合谋影响的客户;第二,监督学

[①] 参见时建中:《共同市场支配地位制度拓展适用于算法默示共谋研究》,载《中国法学》2020年第2期。

[②] 关于以上机器学习方法的详细介绍,参见 Gopinath Rebala, Ajay Ravi and Sanjay Churiwala, An Introduction to Machine Learning, Springer, 2019, pp. 19–22。

[③] 参见喻玲:《算法消费者价格歧视反垄断法属性的误读及辨明》,载《法学》2020年第9期。

习算法的需求预测可以帮助经营者更为准确地预估需求弹性,从而使经营者更为精准地估计客户群体的保留价格;第三,通过算法对过去的数据进行强化学习,经营者可以在实验中根据多种变量制定定价策略。以上方法可以提升经营者解决问题的能力,有利于市场价格渐趋稳定并逐步恢复到竞争基准以上的水平。虽然算法的输出效率随着数据可用性的提高而提升,但在经营者不掌握一定数量信息的情况下,算法仍无法保证竞争的均衡性。一般而言,深度学习方法的使用可以促成更为稳定的寡头垄断价格。

算法进行预测或建立规则时可能带来社会危害,可以通过改变软件的编写方式,将某些变量排除在模型之外。例如,对于性别等个人特征的歧视,若不向算法提供关于这一变量的数据,则可以避免歧视的出现。[①] 但在大多数情况下,算法仍可以通过相关间接数据进行推断,如通过与地理位置等其他变量的关联来锁定消费者,以及通过经营者需求的变化数据推断竞争对手可能的反应等。鉴于算法学习通常需处理大量的变量并以随机方式进行组合,最终结果可能不直观。在此情况下,算法所作的可能对社会有害的选择将无法清晰地从简单的代码阅读中识别。可以由反事实对可能发生的危害进行推测,即平台以不协调的方式定价时将会发生什么来预估市场结果。

此外,算法可对嵌入代码中的回报函数(reward function)进行学习,在给定当前需求和成本条件的情况下,算法可以查看过去的数据,选择使预期利润达到最大化的价格。若算法所给定的输出是非法的,则回报函数可以"考虑到"随之而来的惩罚,并据此改变最终输出结果。

(二)价格合谋的反垄断规制

在反垄断法的框架下,经营者之间的合谋行为在通常情况下是被禁止的,一般存在三类非法的合谋行为,即经营者之间的垄断协议、经行业协会组织达成的垄断协议,以及所谓一致行动。但上述三种情况均不适

---

① See Ajay Agrawal, Joshua Gans and Avi Goldfarb, Prediction Machines: The Simple Economics of Artificial Intelligence, Harvard Business Review Press, 2018 p. 23.

用于本节所提到的价格合谋或称"相互依赖定价"。

"协议"的概念要求经营者在市场上以特定方式的行为表达共同意图,且存在意志的一致性。[1] 传统的意图测试坚持主客观相一致原则,旨在通过客观证据揭示行为人的主观目的,进而印证违法事实。经营者间的协调不仅传递价格信号,还需要存在以共同提高价格的意图等其他形式的沟通。在人工智能背景下,意图测试解释客观事实的功能在多数情况下未必有效,原因是算法决策"黑箱"[2]的存在。[3] 禁止一致行动的规则旨在规范不具备协议关系的经营者之间的协调行为,但该规则应当包含建立经营者之间实际协调的合作,避免竞争的风险。[4] 因此,禁止一致行动规则并不适用于单纯的相互依赖,遑论涉及自主定价代理的相互依赖。不同于单纯的"协议","一致行动"对经营者的协同行动和后续行为有所要求,且二者须存在因果关系。[5] 对经营者而言,可以通过保持与该类行为的距离、向反垄断执法机构举报或以其他方式来避免因果关系的成立。例如,在 Eturas 一案[6]中,旅行社的旅行套餐在线预订系统设置了折扣上限,并修改了相关软件,除非旅行社采取额外的技术措施进行修改,否则该软件将会自动降低折扣。对此,法院认为可以推定已知被告这一消息的旅行社参与了"一致行动",除非其与这一行为保持距离,但在基于无罪推定且没有进一步证据的情况下,仅有 Eturas 发送的信息并不能充分证明旅行社应当知晓信息内容。

通常而言,"一致行动"的概念不包括无法明确协同、嗣后行动或因

---

[1] 关于"协议"的概念,参见 Case T-41/96, Bayer AG v. Commission [2000]。
[2] 算法"黑箱"是指算法犹如一个不透明的"黑箱",由于存在专业隔阂、技术壁垒、专利保护,以及技术公司的排他性商业政策,用户只能通过输入数据和得出结论来观察结果,其内部的运算过程、决策机制及目标意图都无从知晓,也无从获悉算法设计者、实际控制者及机器生成内容的责任归属等信息,更无法对算法进行评判和监督。算法"黑箱"是一个建模系统,是一个完整机制,一旦存在算法歧视、信息控制、侵犯隐私等问题,就会发生连续性的非常规动作,造成系统化和机制化的侵权后果,这是人脑"黑箱"所不具备的。参见朱巧玲:《算法陷阱与规制跨越》,载《经济学家》2022 年第 1 期;林洹民:《自动决策算法的风险识别与区分规制》,载《比较法研究》2022 年第 2 期。
[3] 参见杨文明:《算法时代的垄断协议规制:挑战与应对》,载《比较法研究》2022 年第 1 期。
[4] See Case C-48/69, Imperial Chemical Industries Ltd. v. Commission, [1972].
[5] See Case C-199/92P, Hüls v. Commission [1999], para. 161.
[6] See Case C-74/14, Eutras and Others [2016].

果关系,自主实施的平行行为不构成"一致行动",且不被反垄断法所禁止。可见,算法定价的独立使用与上述情况截然不同,故在大多数情况下不被垄断行为所涵盖。在许多情形中,默许的价格合谋存在与非法协调相同的结果,但却不受反垄断法规制。有观点认为,从经济政策的角度出发,应取消反垄断法对于二者的区分,进而实现规制所有类型的寡头垄断定价的行为。①

(三)算法价格合谋的认定标准与反竞争效果

在不存在自主定价代理的传统情况下,经济理论已表明,在不涉及经营者公开沟通的情况下,寡头垄断市场将导致超高定价。与完全竞争或垄断竞争的情况相反,寡头垄断者的利润取决于自身和竞争对手所选择的策略。② 相比之下,在完全竞争下,经营者对市场价格没有影响力,仅作为价格的接受者;而在垄断市场下,具有市场支配地位的经营者可以通过单方面限制产量和设定价格来实现利润最大化。③ 战略定价只发生在寡头垄断的情况下。既有的经济学文献分析了寡头垄断市场中的经营者战略行为及其对市场总福利的影响,并试图确定寡头垄断市场维持稳定的超高定价的影响因素。与此同时,经济学理论亦明确了有利于形成寡头垄断市场超高定价的条件和市场特征。④ 市场透明度、分散的需求、频繁的重复交互、稳定的需求和成本结构,以及产品的同质性才可能使价格合谋变得更具可能性。⑤ 在上述背景下,针对价格合谋的主要问题集中在以下四点:其一,要求寡头垄断者不依其最佳利益行事是否合理;其二,是否有不会导致假阳性错误(false positives)的法律标准;其三,是否

---

① 欧盟竞争法与美国反垄断对待与价格相关的垄断行为的不同态度,参见 Louis Kaplow, Direct Versus Communications-based Prohibitions on Price Fixing, 3 Journal of Legal Analysis, 449 (2011).

② See Roger J. Van den Bergh, Comparative Competition Law and Economics, Edward Elgar Publishing, 2017, p. 188.

③ See Dennis W. Carlton, Jeffrey M. Perloff, Modern Industrial Organization, Pearson, 2015, p. 115.

④ See Jean Tirole, The Theory of Industrial Organization, MIT Press, 1988, p. 240.

⑤ 信息交流也可以被定性为促进价格合谋的一种做法。然而,直接交流信息的可能性,如通过行业协会或通过经营者的特殊情况,也可以被分析为增加稳定的相互依赖定价的一个因素。See Jeffrey Church, Roger Ware, Industrial Organization: A Strategic Approach, McGraw-Hill, 2000, p. 349.

应当允许价格合谋;其四,是否存在对算法价格合谋可行的救济措施。①

其中,第一点和第二点存在错综复杂的联系,问题在于,如果禁止寡头垄断者相互依赖形成价格合谋,那么设定何种价格才是能够赚取所谓正常利润的价格。实践中,无论是法院还是反垄断执法机构,都难以确定实际的边际成本,因而无法确定所谓竞争性价格的标准。② 同时,若要对价格合谋予以禁止,则须证明这类相互依赖的行为存在非法性,须分两步进行分析:第一,须有证据证明该行为模式与竞争性定价不一致;第二,证据须表明该行为是非法合作的结果。

对于寡头垄断行为,有观点认为,正如垄断利润不必然违法,寡头垄断利润也应被允许存在。然而,寡头垄断者须依托竞争者的反应制定策略的事实表明,其在产品创新和降低成本方面与垄断者有着不同的动机。相较于竞争者而言,寡头垄断者在所有方面竞争的动力均处于较弱的状态,例如,寡头垄断者降低成本的投资将可能刺激实现利润最大化的联合价格也有所降低,若预期的寡头垄断利润足够高,那么寡头垄断者便不会进行这类投资,否则将破坏相互依赖的均衡。因此,即便寡头垄断利润和垄断利润存在性质上的相似性,但却不可予以同等对待。

然而,算法的使用改变了对上述问题的考量。算法技术在某种程度上能促进竞争的潜力,并提供一种更为平衡的方法来阻止可能发生的社会危害。例如,许多行业中实施的所谓"收益管理"定价策略的成本可以有所降低,而效益可以得到提升。在传统模式中,"收益管理"定价策略由相应的专门部门根据需求、成本和竞争对手战略的变化来执行并以此调整定价。③ 算法的引入使其中的部分任务得以自动化,如根据潜在条件的变化对模型予以校准,从而明显降低了进行最优价格预测的成本。与此同时,从需求方面出发,算法亦能够精准地预测消费者的需求并传递

---

① 针对第四点的讨论在本节第二部分。
② See Donald F. Turner, The Definition of Agreement under the Sherman Act: Conscious Parallelism and Refusals to Deal, 75 Harvard Law Review, 655(1962); Richard A. Posner, Economic Analysis of Law, Wolters Kluwer, 2007, p. 303; Richard A. Posner, Review of Kaplow, Competition Policy and Price Fixing, 79 Antitrust Law Journal, 761(2014).
③ 算法参与定价与传统模式的比较,参见 Anthony W. Donovan, Yield Management in the Airline Industry, 14 The Journal of Aviation/Aerospace Education & Research, 11(2005)。

利于定价的信息,降低需求调查和搜索的成本。① 从价格方面出发,传统的市场定价以价值定价法为基准,具有显著的"千人一价"的特征,市场从未实现最优定价。② 步入数字经济时代后,数据及算法的运用降低了复杂定价和频繁改价的成本,显著提高了定价决策的质量,使得最优定价成为可能。此外,算法能够通过细分消费者需求,促使经营者精准扩大或缩减产能,亦能更好识别忠诚客户和非忠诚客户,对客户群体作出有效筛选。

算法参与定价在一定程度上也包含了本节所讨论的定价风险,相关实验已经证明算法能够学习价格合谋③,算法的快速价格反应亦可能使寡头垄断定价模式表现更多的竞争行为特征而不具有可检测性。算法能够帮助经营者更好地预测竞争对手的价格变化和对成本、需求的反应,但这也导致难以区分算法促进的是合作还是竞争。同时,依托算法所使用的模型和数据的不同,对竞争性基准价格的估计也会存在差异。算法的透明度亦影响到算法的可检测性问题。"算法价格合谋"具有行为的智能隐蔽性、合谋达成的稳固性,以及社会效果的双重性。④ 算法的模型包含无数以随机方式组合的数据,导致无法直接确定是否以合谋的方式设定了价格。除上述提及的问题之外,纯粹相互依赖定价的现象在算法定价出现之前几乎没有被讨论过。这类现象仅限于高度集中的行业、同质商品、经营者间对称的成本结构,以及价格透明等较为罕见的情况。

基于算法定价的广泛应用,纯粹的相互依赖定价可能在经济中更为

---

① 有一种可能性,即对消费者的诱导会使他们购买一开始就不想要的商品。从消费者福利的角度来看,这些担忧从理论上看是正确的。诱导消费者购买只是把需求曲线往上推。这具有增加市场总福利的明确效果。然而,在其他经济方面,如收入不平等和降低储蓄率等,对消费者的引导可能是有问题的。

② 关于算法的定价优势,参见喻玲:《算法消费者价格歧视反垄断法属性的误读及辨明》,载《法学》2020年第9期。

③ See Emilio Calvano, Giacomo Calzolari, Vincenzo Denicolò and Sergio Pastorello, Artificial Intelligence, Algorithmic Pricing and Collusion, 2019, accessed March 26, 2024, https://ssrn.com/abstract-3304991.

④ 关于算法默示合谋的特征,参见吴太轩:《算法默示合谋反垄断规制困境及其对策》,载《竞争政策研究》2020年第6期。

普遍,技术手段可能涉及价格的变化速度、定价决策的合理性及市场的确定性等与寡头垄断利润的稳定性相关的问题。其一,算法加快了价格变动的频率,加之价格的透明度提升,价格的滞后性将会逐渐消失,价格降低动向的快速流通性将抵消价格降低所带来的好处。[1] 其二,算法在价格决策中引入了更高的合理性,算法对于未来利润贴现率的理性计算可以获得高于均衡边际成本的价格,从而使得寡头垄断利润更加稳定。其三,算法亦能够解决寡头垄断者实现稳定的超竞争价格所面临的市场不确定性的障碍。当存在足够多的高质量数据时,算法可以很好地模拟影响供求关系的变量之间的关系,为经营者提供关于竞争者成本和需求结构的分析结果,并评估使利润最大化的价格。对于供需条件的变化,算法能够妥善预测市场上其他竞争经营者的价格变化属于欺诈行为还是基于新情况的常规调整。当寡头垄断者对自身情况的误判率降低,以及随之而来的策略变化减少时,价格战的频率便会变慢,市场也将更为稳定。

如上文所述,即便在相互严格对称的条件下,寻找所有寡头垄断者均能趋同的焦点价格也存在不确定性。有观点认为,为克服无限重复博弈的困境,在大多数情况下,寡头垄断者需要进行公开沟通。[2] 但若其掌握了必要的数据,算法模型便可以很好地对相关市场中所有寡头垄断者可趋同的价格展开准确预测,如此便不需要公开沟通来交换相互的保证。针对以上各类复杂问题,即便当前并无经验证据证明价格合谋随着算法定价的出现及发展变得更为普遍,但仍然可以对算法定价及价格合谋制定相应的法律标准。从理论上讲,这能够在不影响社会福利的情况下,防止算法技术对相关市场的危害。这在很大程度上取决于本节所述的算法的可检测性问题,亦取决于下文将要分析的相关救济措施。

---

[1] 由于透明的市场条件和算法的反应速度,滞后性的减少将得以实现。
[2] 此外,公开沟通的证据也出现在与似乎容易发生串通的相关案件中,这一事实表明,传达相互保证的明示形式确实有作用。See John M. Connor, Price Fixing Overcharges: Legal and Economic Evidence, in Richard O. Zerbe, John B. Kirkwood (eds.), Research in Law and Economics, Emerald, 2007, p. 92. 然而,亦有观点认为,默示形式也可以发挥作用,参见 Louis Kaplow, On the Meaning of Horizontal Agreements in Competition Law, 99 California Law Review, 449(2011); Kai-Uwe Kuhn, Xavier Vives, Information Exchanges Among Firms and Their Impact on Competition, Report to the European Commission, European Communities, 1995, p. 44。

二、强制开放算法作为合谋行为救济措施的局限

(一) 强制开放算法的情形与条件

针对算法的强制开放主要有三种情况:其一,经营者通过非法禁止竞争对手访问学习数据而获得高级算法。例如,数字平台和商家之间的独家交易协议,限制了竞争对手获取改进算法推荐所需的商家销售数据。算法推荐是数字平台的核心技术,因此,此类非法的独家交易协议将引发对竞争秩序的损害。其二,经营者通过非法垄断从用户处获取比竞争对手更多的数据[①],以支持算法的进一步开发,从而在市场中获得更大的相对优势。其三,经营者合法获得数据,但竞争对手的相关访问受到非法限制。可见,似通过强制共享算法可以消除竞争对手的劣势,从而恢复竞争秩序。假设两家数字平台在在线零售业展开竞争,设计的算法需对以往的用户数据进行学习,当具有市场支配地位的数字平台独占用户数据,并限制用户向竞争者传输个人数据时,其就可以从数据反馈的回路中获得完善算法的机会,竞争平台因无法获得相关数据而失去竞争力,具有市场支配地位的数字平台由此巩固市场支配地位。

针对上述三种情况,开放算法可以实时地重置市场竞争条件,从而恢复相关市场的竞争秩序。作为数字平台市场的恢复性救济措施之一,算法的强制开放具有以下优点:其一,算法具有非竞争性,复制成本极低。其二,与数据共享等其他救济措施相比,算法的强制开放对于恢复竞争秩序具有更为直接的效果。[②] 具体而言,即便竞争者获得了必要的数据,也难以从中挖掘并分析高质量的信息,除非能够达到与数据规模相称的规模经济和范围经济。而强制开放算法则可以弥补这一缺陷,竞争者所获

[①] 例如,2019 年,美国联邦贸易委员会与 Facebook 就涉及剑桥分析经营者的数据保护违规行为达成了 50 亿美元的和解。另外,德国联邦反垄断局在针对 Facebook 的案件中,指控其在数据收集方面的剥削型反竞争行为,涉及第三方跟踪的条件,参见 Case B6-22/16, Facebook v. Bundeskartellamt [2019]。在上诉法院的初步裁决中,该"禁令"首次被杜塞尔多夫高等地区法院暂定,参见 Case VI-Kart 1/19 (V), Facebook v. Higher Regional Court Dusseldorf [2019]。德国联邦最高法院最终裁定 Facebook 败诉,支持德国联邦反垄断局的判决,对此问题的详细讨论参见 Viktoria Robertson, Excessive Data Collection, 57 Common Market Law Review, 161 (2020).

[②] 关于强制开放数据作为救济措施,请参见本书第五章。

得的高级算法是基于对大量数据的学习而设定的,通过开放算法,竞争者可以快速且容易地应用于自身的数据集,并从算法学习中获益。其三,算法的强制开放可以限制对非法获得的比较优势的利用,且不会损害消费者利益,即在算法强制开放的情况下,所有市场参与者都平等地享有最先进的算法技术带来的好处,具有市场支配地位的数字平台不再享受非法的比较优势,促进公平竞争秩序的恢复。[①] 其四,算法的强制开放属于一次性的救济措施,不需要持续性的监督成本,且在确认算法改进是垄断行为的直接结果的情况下,没有理由认为侵权者可以从许可费中获益,反垄断执法机构也不需要花费大量时间和精力制定算法开放的许可条款。其五,算法的强制开放在一定情况下为恢复市场竞争秩序创造了更好的条件。例如,在具有显著"在位优势"的数字平台市场之中,赢家通常占有全部或大部分市场,如果强制要求经营者开放通过非法获取数据收集分析算法,那么将可能使竞争者基于数据的先发优势而胜出。在以数据为优势的市场中,这点尤为重要,更有效率的竞争者将依托数据优势获得更多的竞争机会和更大的优势。

同时,算法的强制开放是有条件的。

第一,强制开放的算法必须源于垄断者的垄断行为导致拒绝访问数据或垄断者向用户施加了关于数据收集的反竞争条件。此外,在大多数情况下,竞争者不需要完全相同的数据参与竞争。因此,不必要求与垄断者收集的数据完全相同,否则救济措施将毫无意义。例如,在垄断者通过排他性策略阻止竞争者访问某一网站的情况下,竞争者所需要的数据并不一定与垄断者的数据集相关,而是应根据其自身经营情况有针对性地收集数据,从而得出所需结果。

第二,算法的功能必须与竞争者的竞争需求相关,且应有利于竞争者的竞争潜力和优势的发挥[②],否则,依托不同算法或开放一项不能创造任何比较优势的低效算法,都不能对恢复市场竞争秩序产生积极作用。此

[①] 相对于竞争者的数据优势,可以使数字平台实现规模经济的良性循环,从而产生网络效应,并形成有利于自己的竞争局面,收集更多的数据。然而,新进入者很可能会经历相反的情况,因此无法跨越进入壁垒。

[②] 注意,此处并不要求算法是数字平台的"关键设施",竞争者的竞争能力是不可或缺的。

外,开放算法通常只惠及受到垄断行为严重不利影响的竞争者,以及在没有任何垄断行为的情况下,有合理机会取得市场竞争优势的竞争者。而一旦竞争达到临界质量,应当停止算法的开放。

第三,竞争者应具有能力运行开放算法的相关数据。例如,与健康数据相关的算法所需数据为患者体温,那么竞争者拥有的数据必须与患者体温相关,而非患者的其他身体参数。算法可能会因为使用主体、针对对象、所涉问题的不同而有很大差异[1],强制开放算法并不一定能够在所有情况下恢复公平的竞争环境。在使用同一算法的情况下,若垄断者拥有较竞争者更为广泛或更高质量的数据集,那么通过算法所得的结果将更具针对性和准确性,从而继续保持相对的竞争优势。

第四,相比开放算法,算法的可解释性具有更高的要求,因为前者主要强调算法运算数据的开放及源代码的开放,而后者不仅强调公开,还强调算法必须为数据主体或终端用户所理解。[2] 竞争者须了解算法的功能、特性等具体细节,即应当阐明算法发现的模式和结构背后的因果关系或信息关系。[3] 对此,可通过间接验证的方式确保开放算法的效果,反垄断执法机构可通过将算法用于垄断者和竞争者各自数据集的测试实验进行比较,执行对开放算法效果的验证。此外,开放算法要求垄断者与竞争者的数据集具备互用性,垄断者在特定情况下须改变算法以适应竞争者的数据新格式或调整自身的数据以供算法使用。

第五,某些算法具有高度资产特异性(asset specificity),并非所有算法均可无缝移植。例如,汽车的自动驾驶检测算法,制造商的算法设计可能与其自身特定的技术系统进行交互,在此情况下,竞争者将很难从算法的开放中获益。

(二)强制开放算法可能引发的问题

作为救济性措施,算法透明原则是一项带有普遍强制性的法律原

---

[1] 参见丁晓东:《论算法的法律规制》,载《中国社会科学》2020年第12期。
[2] 参见丁晓东:《论算法的法律规制》,载《中国社会科学》2020年第12期。
[3] 深度学习的问题是它无法提供所发现的相关关系背后的解释,这通常被称为"黑箱问题"。然而,某些高级算法可以识别因果关系。See Rainer Opgen-Rhein, Korbinian Strimmer, From Correlation to Causation Networks: A Simple Approximate Learning Algorithm and Its Application to High-Dimensional Plant Gene Expression Data, 1 BMC Systems Biology, 3(2007).

则,可能会与国家安全、社会秩序和私主体权利等法益相冲突,引发诸多问题。①

第一,对经营者的激励问题。尽管算法通常不受知识产权的保护,但其仍被视为经营者的专有技术资产和商业秘密。算法的强制开放将可能削弱经营者投资算法开发和数据收集的积极性,这也是反垄断执法机构和法院在实施算法强制许可时持以谨慎态度的重要原因。② 然而,在反垄断案件中,算法带来的比较优势通常基于非法竞争,而非价值竞争。③ 只要具有明确的算法开放条件,"寒蝉效应"亦无关紧要,且通过算法开放限制垄断者的行动有助于限制其从事非法行为的动机。

第二,开放算法的可管理性问题。算法带来的部分比较优势可能来源于垄断者的合法行为,由此确定来源合法行为的比较优势的程度,以及非法获益的可分性,将是算法管理的重要问题之一。通常情况下,仅通过非法获取的数据改善算法学习的情况十分少见,更多的是算法通过结合合法及非法获取的数据进行学习。在救济措施不能区分管理的情况下,规定更为广泛的算法强制开放义务便存在合理性问题。若垄断者通过从事市场危害性较高的持续性、系统性的垄断行为来维持市场地位或相对鲜有地从合法获取的数据中获得利益,那么算法强制开放义务便具有合理性。但实践中,垄断者通常很容易通过将少量合法获取的数据添加到自身数据集中来避免算法强制开放义务。此外,算法管理的另一个重要问题在于技术上开放算法和记录功能的困难。

---

① 参见沈伟伟:《算法透明原则的迷思——算法规制理论的批判》,载《环球法律评论》2019年第6期。
② 此处是专利相关的强制许可,该救济措施在20世纪中期被应用。在两个备受瞩目的案例中,强制专利许可是较为成功的救济措施。贝尔系统在1956年的强制专利许可中促进了创新,使半导体行业成为可能,而施乐在1975年通过和解则刺激了普通纸张复印机的竞争和创新。然而,从另一角度来说,第一个案件导致贝尔实验室的解散,第二个案件使美国国内的复印行业商品化,并导致了一种新的分工,有利于亚洲普通纸复印系统的生产。关于强制许可专利作为救济措施的详细讨论,参见 David J. Teece, Next-Generation Competition: New Concepts for Understanding How Innovation Shapes Competition and Policy in the Digital Economy, 9 The Journal of Law, Economics & Policy, 97(2012); William E. Kovacic, Designing Antitrust Remedies for Dominant Firm Misconduct, 31 Connecticut Law Review, 1285 (1999)。
③ 关于竞争与创新激励之间关系,参见 Jonathan B. Baker, Evaluating Appropriability Defenses for the Exclusionary Conduct of Dominant Firms in Innovative, 80 Antitrust Law Journal, 431(2016)。

第三,反竞争协调的风险问题。若强制开放算法适用于寡头垄断市场,那么竞争者运用相似的算法将可能导致明示或暗示的合谋。但若算法只是促进所有竞争者相同功能的高效执行,而各自输入的数据不同,那么协调与合谋将存在困难。在很大程度上,寡头垄断市场中,算法对竞争的效用取决于算法的功能及影响市场参与者策略的其他因素。[1] 为降低反竞争协调的风险,在开放算法的过程中,应通过第三方来减少竞争者的直接接触,并确保开放算法的一次性。

第四,违反数据保护法规定的风险问题。强制开放算法将可能增加违反数据保护法的风险。[2] 例如,竞争者借助算法对获取的数据集的识别可能违反数据保护法的规定,对个人隐私等方面产生消极影响。各国垄断行为救济措施考虑到了这一风险,如相关数据保护法要求对应用算法的垄断行为实施的救济措施,不应忽视垄断者及其竞争者的数据归属问题。[3] 与此同时,使用非个人数据的算法等并不违反数据保护法。

第五,消费者福利的损害效应问题。其一,占据支配地位的算法可能对消费者福利造成一定程度的损害。例如,劣质算法的开放和复制,以及随之而来的竞争加剧,导致更多的恶性输出,如通过对不真实或夸大的内容进行优先排序,最大化用户注意力的算法。此外,算法带来的更多竞争亦可能导致更多的"标题党"效应。其二,在一定情况下,算法质量的差异和算法的多样性将是有益的,但开放算法可能致使共享的算法成为主导算法而缩小相互间的差异。

三、目标导向下的复合型救济措施

算法可以通过大量的市场数据对竞争者的成本、价格变化,以及各种

---

[1] 然而,这在很大程度上取决于数据的内容。如果所有竞争者将不同的但具有代表性的相关数据的样本应用于类似的算法,可能会得出类似的结果。See Michal Gal, Algorithms as Illegal Agreements, 34 Berkeley Journal of Law & Technology, 67(2019).

[2] 与此同时,也可能违反知识产权法。然而,当受保护的数据是通过非法行为获得时,这种法律不应该被优先考虑。关于从知识产权法本身来证明这种使用的合理性的论点,参见 Mark A. Lemley, Bryan Casey, Fair Learning, 2020, accessed March 26, 2024, https://ssrn.com/abstract=3528447。

[3] See Christian Peukert, Stefan Bechtold, Michail Batikas and Tobias Kretschmer, European Privacy Law and Global Markets for Data, 2020, accessed March 26, 2024, https://doi.org/10.3929/ethz-b-000406601。

策略中的焦点价格作出精准的预测,在无须诉诸公开沟通的情况下设置联合的最大化价格。现代社会算法的本质是一种人机交互决策,应当抛开算法的价值中立性,对其进行规制。① 法律系统对自动决策算法的规范,应克服科技系统与经济系统的弊端,将风险识别与防范内化于算法的研发和应用之中。②

前文对于算法价格合谋的危害的论述一方面指向寡头垄断市场,认为寡头垄断市场更可能受到默许价格共谋的影响,并因此导致超竞争价格。算法合谋使寡头垄断者之间心照不宣地串通,从而影响市场竞争秩序。另一方面认为算法价格合谋造成的危害与特定价格算法的技术设计相关。针对算法定价的救济措施的设计,需考虑到寡头垄断市场和技术驱动型市场的情况与特征。在寡头垄断市场中,默许价格合谋的负面影响难以归因于单一经营者;在技术驱动型市场中,反垄断执法机构通常难以用实际技术实施干预,也难以进行持续性的监督措施。因此,两类市场的救济措施的设计均十分复杂。但考虑到算法价格合谋的危害性,设计并实施相关救济措施仍具有充分的必要性。因此,有必要对可行的、相互补充的救济措施予以充分考量,避免经营者通过算法定价实现价格的相互依赖。

以"剥离"作为救济措施能够具有改变市场结构的相对优势,且可以简化对垄断事实的认定。根据经济学相关理论,价格合谋的稳定性和市场对称性具有密切联系,可以将对相关经营者的资产"剥离"引入市场竞争,从而打破市场的对称性,促进未来市场竞争。行为性救济措施可以以实现禁止算法价格合谋为目标,改变算法的编程。为实现这一救济措施,应当规定自动定价的透明度标准,并避免透明度可能带来的不利影响。此外,还可以通过合并控制和市场调查的方式解决算法价格合谋的问题,前者可以避免算法发现集中价格的市场结构,后者则可以为反垄断执法机构提供调查所需的各项信息。

(一)以算法透明度作为行为性救济措施

在算法价格合谋出现之前,对于行为性救济措施的讨论,主要集中

---

① 参见丁晓东:《论算法的法律规制》,载《中国社会科学》2020年第12期。
② 参见林洹民:《自动决策算法的风险识别与区分规制》,载《比较法研究》2022年第2期。

于救济措施的可行性和经营者价格决策的合理性。其后,行为性救济措施则涉及算法的编程等,反垄断执法机构可以命令经营者对算法的编程进行修改,以适应并促进市场竞争。在算法价格合谋的语境下,反垄断执法机构干预的并非经营者的产品设计,而是经营者的自动化价格决策。就算法公开而言,应当是有意义的和有特定指向的决策体系的公开,而非一般的算法架构或源代码的公开与解释。① 若在算法的良性属性不受救济措施损害的情况下改变编程以避免价格合谋,则可以对经营者发布相关"禁令"或命令经营者不采取相互依赖的价格和利润最大化的策略。

然而,由于算法中反竞争规则的隐蔽性,算法的深度学习不仅用于市场预测,还用于自动化价格决策,这可能导致设计和监测算法的救济措施的成本大大增加。对此,一方面可以通过观察基于假设数据的算法输出,重建算法定价决策规则,并确定其是否具有反竞争性;另一方面,可以制定与算法透明度相关的准则,消除算法的"黑箱"问题,这并非要求算法供应商或直接市场参与者向社会公众公开所有算法,而是确保反垄断执法机构对算法进行核查的透明度。

在反歧视法律责任的领域,也存在侧重于算法透明度的解决方案②,主要模式是确立数字平台的算法透明度义务,以便反垄断执法机构对算法进行审查,并确定相关因素是否发挥作用。这一逻辑同样适用于算法定价决策规则,其中应关注的变量是竞争者价格的战略反应。③ 当无法充分解释其中变量的作用时,可以通过设立针对算法的可反驳的推定,从而实现算法透明度的强制执行,即在相关调查中,反垄断执法机构在初步认定存在算法价格合谋之后提供可反驳的推定,使被调查方有机会证明该算法中不存在任何旨在促成合谋的设计。同时,需注意算法透

---

① 参见丁晓东:《论算法的法律规制》,载《中国社会科学》2020年第12期。
② See Frederik Zuiderveen Borgesius, Discrimination, Artificial Intelligence, and Algorithmic Decision-Making, 2018, accessed March 26, 2024, https://rm.coe.int/discrimination-artificial-intelligence-and-algorithmic-decision-making/1680925d73.
③ See Autorite de la concurrence, Bundeskartellamt, Algorithms and Competition, 2019, accessed March 26, 2024, https://www.bundeskartellamt.de/Shared.Docs/Publikation/EN/Berichte/Algorithms_and_Competition_Working-Paper.pdf?blob=publicationFile&v=5.

明度可能将导致算法被竞争者重构,从而加剧价格合谋。对此,反垄断执法机构应考虑到这一风险的可能性,并对算法透明度带来的风险予以化解,如加大对价格合谋行为的处罚力度或加大持续性监管的力度。

此外,算法的透明度义务亦包含向反垄断执法机构提供确定合谋所需的相关变量。例如,经营者并不一定需要披露所有关于算法的源代码,但可以提供用于确定算法在合谋情况下,可能发生作用的直接或间接证据信息,例如,关于算法输入、学习、校准、输出,以及相似的其他算法等的信息。①

(二)在相关市场引入不对称条件作为结构性救济措施

结构性救济措施往往在缺乏同等有效的救济措施的情况下,方能实施。②"剥离"等结构性救济措施可用于以多种方式解决算法价格合谋的问题。例如,通过"剥离"可以创造更多的竞争者,也可以重新安排现有市场参与者之间的竞争模式,从而提高算法价格合谋的难度。在寡头垄断市场中,"对称性"意味着寡头垄断者的定价决策主要取决于竞争者的定价决策。但经营者的定价行为不应仅取决于相关竞争者的定价,还应当参照经营者的成本结构、分销渠道等多种因素,从而促使相同的算法定价应用于不同数字平台时得出不同的最优价格。通过确立市场的不对称性,可以降低价格合谋的可能性。因此,在对"剥离"的结构性救济措施进行设计时,反垄断执法机构应通过创造不对称的市场参与者等方式努力削弱算法价格合谋的负面影响。

结构性救济措施不仅可以恢复市场竞争秩序,还可以预防违规行为。经营者一般情况下能够预见结构性救济措施的实施将形成更具竞争性的市场结构,出于未来利益的考量,经营者将在一开始便实施独立的、更具竞争力的定价决策。③ 在稳定的相互依赖定价的环境中,利益是经营者改变定价决策的首要变量。因此,在更易形成价格合谋的市场之中,结构性救济措施将产生更大影响。

---

① 参见丁晓东:《论算法的法律规制》,载《中国社会科学》2020年第12期。
② 针对结构性救济措施的详细讨论,参见本书第三章。
③ See Joseph E. Harrington Jr. A Proposal for a Structural Remedy for Illegal Collusion, 82 Antitrust Law Journal, 335 (2017).

对于结构性救济措施的实施条件,须存在可予以"剥离"的资产。① 即便存在可"剥离"的资产,也应当考虑结构性救济措施可能带来的成本变化。例如,在重要的规模经济下,对资产的"剥离"将导致价格上升,这可能抵消从更具竞争性的市场条件中所获的收益。结构性救济措施的实施对象还包括航空经营者的算法定价。民用航空行业对算法定价的使用颇为普遍,且存在各类关于横向协议的案例记录。航空经营者可以对机场的机位予以"剥离",并出售给非同一航线的航空经营者。② 因此,结构性救济措施可以解决价格合谋导致的不利影响,而不需要涉及算法、代码等技术性问题,且大多数情况下相较于其他救济措施在成本上具有优势。因此,在一定情况下,结构性救济措施更具吸引力。

第五节 救济措施重塑进路之三:事后救济与事前监管相结合

一、事后救济与事前监管的案例梳理

过去数十年以来,针对数字平台经营者的反垄断调查案件采取了不同类型的救济措施,法律规定也随之更迭,其中的救济措施大致可分为以下三种。

(一)建立平等对待义务与应对数字平台的"自我偏向"规则

数字平台的传导效应可以让其在不具有高市场占有率的其他市场领域仍旧发挥数据优势,并通过并购选取目标市场的特定主体,传导和强化数据优势。③ 许多涉及数字平台市场的反垄断案件与传统的纵向限制案件类似,占据某一具有特定市场支配地位的经营者利用其市场

---

① See Joseph E Harrington Jr. A Proposal for a Structural Remedy for Illegal Collusion, 82 Antitrust Law Journal, 335 (2017).
② 在这种特定情况下,可以将机位卖给低成本的航空经营者。这将在市场上引入不对称条件,如上文所解释的,这对纠正和阻止市场损害会有更大的效果。
③ 参见黄尹旭、杨东:《超越传统市场力量:超级平台何以垄断?》,载《社会科学》2021年第9期。

支配力量限制相邻市场的竞争,进而相关救济措施的设计也应着眼于相邻市场竞争秩序的恢复。涉及数字平台市场的相关案件主要实施非歧视义务的救济措施,对与科技相关的经营者的"自我偏向"进行集中治理。

例如,在2004年微软搭售案①中,欧盟委员会禁止视频播放软件与视窗软件进行技术捆绑,并要求微软提供没有视频播放软件的视窗软件版本,从而减少对其他竞争性软件的损害。② 而在2009年微软搭售案③中,欧盟委员会要求微软提供允许用户自由选择安装浏览器的选择项。若微软未遵守此承诺,将对其处以罚款。④ 在谷歌搜索滥用市场支配地位案中,欧盟委员会则加大了对数字平台"自我偏向"的关注力度。欧盟委员会认定谷歌滥用其在一般搜索服务市场的市场支配地位,在搜索引擎结果页面的显著位置展示自己的比较购物服务网站,并有目的地降低竞争者的比较购物服务网站的排位。欧盟委员会最终确定的救济措施是,要求谷歌平等对待(treat equally)竞争者的比较购物服务网站和自己的比较购物服务网站,但允许谷歌灵活选择履行这一义务的方式。⑤ 对此,谷歌多次修改比较购物服务网站广告的投标拍卖系统,以适应平等对待义务的要求,但仍饱受批评,竞争者认为这一拍卖服务最终实现的效果仍是将利润转移回谷歌。⑥

---

① See Case Commission Decision 2007/53/EC of 24 March 2004 [2007] OJ L32/23, Microsoft-Windows Media Player Decision, accessed March 26, 2024, https://eur-lex.europa.eu/eli/dec/2007/53(1)/oj.

② See Commission Decision 2007/53/EC of 24 March 2004 [2007] OJ L32/23, Microsoft-Windows Media Player Decision, accessed March 26, 2024, https://eur-lex.europa.eu/eli/dec/2007/53(1)/oj, p. 26.

③ See European Commission, Antitrust: Commission Confirms Sending a Statement of Objections to Microsoft on the Tying of Internet Explorer to Windows, 2009, accessed March 26, 2024, https://ec.europa.eu/commission/presscorne r/detail/en/MEMO_09_1.

④ See European Commission, Antitrust: Commission Accepts Microsoft Commitments to Give Users Browser Choice, 2009, accessed March 26, 2024, https://ec.europa.eu/commission/presscorner/api/files/document/print/en/memo_09_558/MEMO_09_558_EN.pdf.

⑤ See European Commission, Antitrust: Commission Fines Google e2.42 Billion for Abusing Dominance as Search Engine by Giving Illegal Advantage to Own Comparison Shopping Service, 2017, accessed March26, 2024, http://europa.eu/rapid/pressrelease_IP-17-1784_en.htm.

⑥ See Foundem, Google CSS Auction: Different Name, Same Illegal Conduct, 2019, accessed March 26, 2024, http://www.foundem.co.uk/fMedia/Foundem_Google_CSS_Auction_Revenue_Counts_As_Traffic_Nov_2019/.

针对"自我偏向"的垄断行为,欧盟亦基于网络中立规则实施监管干预,全面限制互联网服务提供商的"自我偏向"。① 此类法律法规通常要求所有占据市场支配地位的互联网服务提供商平等对待互联网流量,并依据客观标准进行流量管理。与之相反,美国选择废除网络中立规则,并要求经营者在流量管理方面展开竞争。② 此后,德国、英国、欧盟等国家与组织近年来不断探索实施"数字守门人"的不对称义务,以解决经营者的"自我偏向"问题。德国竞争法增加了相应规定,联邦卡特尔局有权对"在跨市场竞争中至关重要的经营者"施加非歧视和禁止"自我偏向"义务。③ 英国则在监管机构的改革中探索引入全新的数字平台市场部门,用于限制数字平台的"自我偏向",并促进数字平台市场的竞争。④ 欧盟委员会则颁布了《数字市场法案》,纳入了核心数字平台服务商的不对称义务。⑤

(二)限制排他性垄断行为的事后救济与事前监管的不足

排他性垄断行为可能阻碍市场竞争、限制用户选择和影响相邻市场的竞争力,尤其在数字平台市场之中,排他性垄断行为与搭售的不利影响更为突出。例如,英国竞争与市场管理局针对 ATG 媒体经营者的排他性合同条款是否会阻碍在线直播拍卖平台与英国拍卖行的竞争展开相关调查,ATG 媒体经营者最终承诺,将停止实施此类排他性垄断行为。⑥ 谷歌

---

① See European Parliament & European Council, Regulation (EU) 2015/2120 of the European Parliament and of the Council of 25 November 2015 Laying Down Measures Concerning Open Internet Access (2015).

② See Federal Communications Commission, Open Internet Order, 2015, accessed March 26, 2024, https://www.fcc.gov/document/fccreleases-open-internet-order; Federal Communications Commission, Restoring Internet Freedom, 2018, accessed March 26, 2024, https://www.fcc.gov/restoring-internet-Freedom.

③ See Bundeskartellamt, Amendment of the German Act Against Restraints of Competition, 2021, accessed March 26, 2024, https://www.bundeskartellamt.de/SharedDocs/Meldung/EN/Pressemitteilungen/2021/19_01_2021_GWB%20Novelle.html.

④ See Information-Digital Markets Unit, 2021, accessed March 26, 2024, https://www.gov.uk/government/collections/digital-markets-unit.

⑤ See European Commission, The Digital Markets Act: Ensuring Fair and Open Digital Markets, 2020, accessed March 26, 2024, https://ec.europa.eu/info/strategy/priorities-2019-2024/europe-fit-digital-age/digital-markets-act-ensuring-fair-and-open-digital-markets_en; European Commission, Proposal for a Regulation of the European Parliament and of the Council.

⑥ See Auction Services: Anticompetitive Practices, 2016, accessed March 26, 2024, https://www.gov.uk/cma-cases/auction-services-anti-competitive-practices.

安卓一案亦涉及排他性垄断协议。① 此案中,谷歌通过与移动设备制造商签订排他性合同,将谷歌的搜索应用与谷歌浏览器进行捆绑,合同同样适用于谷歌安卓,将安卓系统与其他业务进行挂钩。对此,欧盟委员会禁止谷歌将谷歌搜索应用与自己的其他业务进行捆绑,并禁止谷歌强迫硬件制造商和用户预装此类产品或通过优惠折扣支持预装。

值得注意的是,除针对以上个案实施的救济措施之外,至今尚未出台直接针对数字平台的排他性合同,以及针对搭售行为的事前行政监管规则。对此,最为接近的行政监管规则是上述针对纵向一体化经营者的限制,即禁止纵向一体化经营者与相关经营者建立排他性义务。

(三)应对新型剥削型滥用行为的救济措施与相关跨部门条例

针对新型剥削型滥用行为,德国、意大利、欧盟等均实施了相应的救济措施,防止对用户权益的损害。在亚马逊一案中,德国联邦卡特尔局最终促使亚马逊承诺调整协议以增加透明度、履行提前通知的义务等。② 在Facebook一案③中,德国联邦卡特尔局认定Facebook利用其在德国社交网络市场的市场支配地位,在未经用户明确自愿同意的情况下,从第三方平台收集和处理用户个人数据。对此,德国联邦卡特尔局要求Facebook在征得用户明确同意之前,在德国创建两个单独的数据库,一个用于存储作为Facebook服务的一部分所收集的数据;另一个用于存储自第三方平台收集的数据。④

欧盟多项反垄断调查亦涉及数字平台的新型剥削型滥用行为,如对个人数据的收集。欧盟《一般数据保护条例》(General Data Protection Regulation)的相关规则侧重于对个人数据收集和处理的跨部门监管和规范。2022年7月实施的《欧盟商业平台(P2B)条例》(EU Platform to Business Regulation)则借助平台对经营者的监管,限制在线搜索引擎、社交媒

---

① See Case AT. 40099, Google Android v. Commission [2018].
② See Case B2-88/18 Amazon, v. Bundeskartellamt [2019].
③ See Case B6-22/16 Facebook, v. Bundeskartellamt [2019].
④ See Bundeskartellamt, B6-22-16-Summary of Decision, 2019, accessed March 26, 2024, https://www.bundeskartellamt.de/Shared Docs/Entscheidung/EN/Fallberichte/Missbrauchsaufsicht/2019/B6-22-16.pdf?_blob=publi cationFile&v=3.

体和其他在线中介服务所实施的剥削型滥用行为。此外,欧盟规定,除非用户依据《一般数据保护条例》明确表示同意,否则,将对根据"数字守门人"提供的多种服务收集的数据和第三方服务收集的数据施加限制。①

二、运用事前监管举措维护数字平台市场竞争秩序的前提

(一)数字平台"根深蒂固"的市场力量

在数字平台市场中,少数的数字平台经营者长期占据相关市场,并引发日益增长的监管隐忧。数字平台往往能够充当关键分销渠道的"守门人",通过控制市场准入,在市场中挑选赢家和输家。数字平台由此获得巨大的市场支配力量,并可能滥用市场支配力量收取高昂的费用,强加苛刻的合同条款,并从依赖他们的个人和经营者处获取有价值的大数据。此外,每个数字平台利用其"守门人"的地位维持市场力量,通过控制数字基础设施来监视其他经营者、识别潜在的竞争对手,并最终买断、复制或切断竞争威胁。此外,数字平台还可能滥用中介角色实施"自我偏向"、掠夺性定价或排他性行为等措施,进一步巩固和扩大其支配地位。

数字平台力量的本质是利用技术算法控制数据的能力,毋庸通过并购或者垄断协议,即可操控其他市场主体,获得支配市场的控制权力。② 市场支配力量在某种程度上源自数字平台市场独特的经济学特征,当这些特征结合在一起时,将可能导致自然竞争过程在一定程度上无法产生竞争效果,包括:第一,边际成本较低的强大规模经济;第二,极端的直接和间接的网络效应,使拥有大量固定用户的平台吸引更多用户;第三,存在进一步强化网络效应的数据驱动反馈回路;第四,存在显著的范围经济和聚集效应。③ 以上特征共同表现了一种"赢家通吃"的动态,在这一动态之中,市场极易发生"倾斜"并高度集中于一个或几个主导平台。因此,若某一平台能够获得数据或数字基础设施等关键投入、资本和大量稳定用户,就可以获得并实施市场支配力量。为实施这一战略,数字

---

① 参见《数字市场法案》第 5 条第 a 款。
② 参见黄尹旭、杨东:《超越传统市场力量:超级平台何以垄断?》,载《社会科学》2021 年第 9 期。
③ 针对以上四种特征的详细讨论,参见本章第一节。

平台经营者往往在收购其他经营者的过程中实施"杀手收购"(killer acquisitions),即为获得关键的数据集消除潜在的竞争者,从而在自身的相关业务周围建立"围栏"。鉴于数字平台市场巨大的进入壁垒,创新型数字平台经营者和初创经营者无法获得与既有大型数字平台经营者相同的竞争优势,自然无法形成竞争威胁。

此外,市场力量的杠杆作用意味着"数字守门人"能够创建一个数字服务的生态系统,用户可能被生态系统的每个新服务产生的高转换成本锁定,在一定情况下,这将对竞争秩序造成难以逆转的损害。基于对市场的影响和相对于用户的谈判地位,"数字守门人"甚至充当私人监管机构,一方面制定数字平台市场的规则;另一方面不受民主制衡的问责和市场纪律的约束。例如,大型数字平台可以设定不透明的使用条款,用于阻止用户多重归属,收集数据和反馈或避免消费者知晓可能的替代服务平台等,从而巩固并加强自身的市场地位。[1] 若消费者希望使用其服务平台,则必须无条件接受这些条款。这意味着数字平台市场可能被"数字守门人"所主导从而丧失竞争性,也意味着数字平台收集和使用数据的信息不对称,并且数字平台向消费者提供服务的信息也不对称,从而限制消费者的自主选择。

以上所述的数字平台的市场力量导致的竞争问题不仅影响竞争者,还影响消费者,甚至整个社会。英国数字市场工作组(Digital Markets Taskforce)特别提到数字平台的市场力量对消费者造成的具体伤害,例如,在缺乏竞争的市场中,消费者需要提供大量自身信息以获得互联网服务的访问,并得到更少的数据保护和控制。[2] 数字平台的市场力量导致产品和服务价格的普遍升高及创新和选择的减少,对于心理健康、媒体多元化、新闻准确性和民主等方面亦存在不利影响。[3] 美国反垄断小组委员会对此也指出,数字平台市场力量的危害将触及整个社会,产生巨大且

---

[1] 关于大型数字平台监管问题的比较研究,参见 T. Takigawa, Super Platforms, Big Data, and Competition Law: The Japanese Approach in Contrast with the USA and EU, 9 Journal of Antitrust Enforcement, 289(2021).

[2] See Competition and Markets Authority, CMA, 2020, paras. 2, 8, p. 18.

[3] See Competition and Markets Authority, CMA, 2020, paras. 2, 10, p. 19.

持久的不利影响,数字平台以侵蚀经营者精神、损害在线隐私、破坏自由和多样化媒体活力的方式行使其支配地位,导致创新减少、消费者选择减少和民主的弱化。①

简言之,数字平台市场引发了亟须解决的重要竞争问题,数字平台经营者的市场支配地位与"数字守门人"地位、规则制定权相结合,带来了数字平台竞争扭曲的风险,以及向邻近市场扩张的风险。数字平台市场的发展极为迅速,鉴于对用户行为的强大导向效应,需要对滥用行为实施先发制人的干预措施,否则将付出极高代价。

(二)事后救济措施应对数字平台垄断行为的乏力

近年来,部分国家、国际组织针对大型数字平台的垄断行为开展了相关反垄断调查,如我国国家市监总局、德国联邦卡特尔局、韩国公平贸易委员会、印度竞争委员会、美国联邦贸易委员会和欧盟委员会等,侧重于滥用支配地位、垄断及可能的反竞争兼并等行为。从实际效果看,事后救济措施并未足够有效且迅速,引发了对于数字平台进行事前监管的相关讨论并产生了两大阵营的分立:一者认为数字平台市场超出了竞争法执法的范围;另一者认为竞争法执法工具可以适用于数字平台市场,但当前的规则和执行方式存在较大瑕疵。

具体而言,前者认为市场存在倾向于支配或垄断的特定动态,这意味着竞争法执法工具难以有效达成令经营者满意的效果,尤其在数字平台市场中,竞争法的执行因过于复杂、缓慢和具体而无法保护有效竞争。② 既有的反垄断执法机构与大型数字平台旷日持久的法律斗争,显示了纯粹的事后垄断行为救济措施在促进数字平台竞争方面的局限性和执行不力。因此,仅靠竞争法无法解决数字经济中可能出现的所有系统性问题,需要实施事前监管。③ 现有竞争法本身不足以应对数字平台市场的挑战。④

另外,竞争法适用于数字平台市场的批评更多地集中于执法本身的明

---

① See US House of Representatives Sub-Committee on Antitrust, 2020, p. 7.
② See Giorgio Monti, The Digital Markets Act-Institutional Design and Suggestions for Improvement, 2021, accessed March 26, 2024, http://dx.doi.org/10.2139/ssrn.3797730.
③ See Digital Markets Act, Proposal for a Regulation of The European Parliament and of The Council on Contestable and Fair Markets in the Digital Sector, recital 5.
④ See Competition and Markets Authority, CMA, 2020, para. 5, p. 3.

显缺陷。有观点认为,反垄断诉讼和执法耗时长且成本高昂,需要进行大量的调查与复杂的反竞争效果分析。以上分析在理论上有助于厘清相关责任,并在此基础上设计与实施有效的救济措施。但实践中,却已形成一种完全依赖个案裁决的执法体系,并可能因此导致执法的模糊性。这不仅大量消耗执法资源,还有可能剥夺个人和经营者参与制定实质性反垄断规则的机会。① 早在2017年,便有学者提议对竞争法加以修订,以赋予反垄断执法机构更新颖、更灵活、更有效的工具来打击数字平台市场的不当竞争行为。②

此外,部分国际组织的反垄断执法机构亦指出了通过价格和消费者福利的传统竞争工具处理数字经济中新出现的竞争问题的困难。联合国贸易与发展委员会(United Nations Conference on Trade and Development)认为,传统竞争工具的困难主要是由数字平台市场的网络效应、规模经济、范围经济、零价格服务(zero-price services),以及数字平台市场数据获取和货币化等多方面性质引发的。③ 经济合作与发展组织(Organization for Economic Co-operation and Development)的报告提及,界定相关市场和确定数字平台市场的支配地位尤其具有挑战性,标准的经济分析机制和传统的竞争工具在涉及数字平台案件时,有效性不足。④

综上所述,即便各国及组织反垄断执法机构关于数字平台市场下垄断行为救济措施的最佳办法仍存在分歧,但存在一项广泛的共识,即需要某种形式的针对数字平台市场的事前监管作为竞争法执法的补充。

三、数字平台市场事前监管举措的应然目标

事前监管是对事后救济措施的必要补充,不仅有利于促进市场竞

---

① See Competition and Markets Authority, 2020, para. 5, p. 359.
② 著名的针对数字平台的论文,参见 Lina Khan, Amazon's Antitrust Paradox, 126 Yale Law Journal, 710 (2017)。
③ See Competition Law, Policy and Regulation in the Digital Era, 2021, accessed March 26, 2024, https://unctad.org/system/files/official-document/ciclpd57en.pdf.
④ 2020年12月,经济合作与发展组织全球竞争论坛的一次圆桌讨论中讨论了竞争执法机构在进行滥用市场支配地位调查时面临的实际条件,参见 2020 OECD Global Forum on Competition Discussed Competition Policy: Time for a Reset? accessed March 26, 2024, https://web-archive.oecd.org/2021-08-24/561570-competition-policy-time-for-a-reset.htm。

争,还能减少诉讼成本,激励"福利增加型"的高质量竞争或创新不断涌现。① 尤其在数字经济之中,若能够通过降低转换成本来增加算法透明度和消费者选择,打破数字平台的垄断,从而实现监管目标,则可以将事前监管作为行之有效的举措予以适用。下文通过对事前监管目标的讨论,可以得出针对数字平台市场,事前监管举措的中心目标在于通过改变相关市场的竞争状态,限制具有市场支配地位的数字平台滥用其市场支配力量,并阻止将其市场支配力量延伸至新的市场。

(一)公平

市场的良好运作需要市场参与者之间的公平。公平已被证明是市场经济的支柱,市场经济中最基本的公平必须通过监管来保证。在反垄断监管措施中,"公平""公平竞争"的概念反复出现,数字平台履行公平义务是解决平台剥削或滥用支配地位的方式之一。一方面,通过事前规制模式将典型的不公平行为类型化,避免执法机关或司法机关陷入复杂的法律适用和裁量困境;另一方面,事前规制模式可以更好地防止不公平行为的发生,避免在激烈的竞争环境中出现事后救济无效的情况。②

关于"公平"这一目标,英国《数字市场工作组的建议》(Advice of the Digital Markets Taskforce)③声明,未来行为准则的目的是防止具有战略市场地位的经营者可能破坏公平竞争。"公平"包含了"公平交易"和"公开选择",后者的定义明确指向用户可以自由、方便地在占支配地位的数字经营者和其他经营者提供的服务之间进行选择。④ 欧盟委员会的《数字市场法案》多次提到"公平竞争"和"公正"。此外,序言(4)提到,核心平台提供商或"数字守门人"的特征导致议价能力的不平衡,并因此导致经营者的不公平做法。序言(5)指出,为数字行业的所有参与者提供更公

---

① 参见李世刚、包丁裕睿:《大型数字平台规制的新方向:特别化、前置化、动态化——欧盟〈数字市场法(草案)〉解析》,载《法学杂志》2021年第9期。
② 参见李世刚、包丁裕睿:《大型数字平台规制的新方向:特别化、前置化、动态化——欧盟〈数字市场法(草案)〉解析》,载《法学杂志》2021年第9期。
③ See Competition and Markets Authority, 2020.
④ See UK Advice of the Digital Markets Taskforce, section 4.38.

平、更平等的条件,将使他们能够更好地利用数字平台的增长潜力。德国竞争法第十修正案中虽然没有规定公平是压倒一切的原则,但目标仍在于加强对大型数字平台经营者滥用垄断行为的控制,主要调查和调整的情况是,支配性经营者以不公平的方式直接或间接阻碍另一项承诺或者在没有任何客观理由的情况下,直接或间接将另一项承诺与类似的承诺区别对待。①

随着社会的发展,不公平的情况加剧,导致欧洲的竞争政策中越来越多地将"公平"作为指导原则,但这一概念仍存在模糊性。竞争过程应该带来"公平"的命题,并提出具有挑战性的问题:从什么是"公平"到对谁"公平"。② 从上述规定来看,对"公平"的界定仍相对模糊,"公平"不仅仅意味着"公平"竞争,是否涵盖经营者的公平竞争环境、消费者福利和市场效率等各类因素,均须予以澄清,以便更好地运用和执行竞争规则。对于法院而言,在被指控违反反垄断法义务的主体向法院寻求司法救济时,亦需要对"公平"给予一致性、适当性的定义,避免错误的法律适用。因此,"公平"应该是为了用户利益组织经济活动,使用户因其对经济和社会福利的贡献而获得公正的回报,并且不限制商业用户的竞争能力。总之,需要对"公平"的定义予以共同理解和广泛共识,从而保证相关规则的有效适用。

(二) 可竞争性

可竞争性是市场监管理论的另一基本原则,向更多市场主体开放数字市场竞争是贯穿大部分国家监管举措的一条"红线"。如上文所述,具有市场支配地位的数字平台利用横向包围或纵向整合等各种手段,将其支配地位扩张到相邻市场以创建强大的生态系统。③ 数字平台市场的结构和基本经济学特征有助于继续巩固其市场支配地位,这使得其他竞争对手和商业用户难以直接竞争或进入市场。对此,可竞争性的目标旨在

---

① See German Competition Act, Section 19, Art(2).
② 关于"公平"与竞争法之间的关系及如何定义"公平",参见 Niamh Dunne, Fairness and the Challenge of Making Markets Work Better, 84 The Modern Law Review, 230(2020)。
③ 参见本章第二节关于"恢复数字平台市场竞争秩序的挑战"的相关讨论,亦可参见 Thomas Eisenmann, Geoffrey Parker and Marshall Van Alstyne, Platform Envelopment, 32 Strategic Management Journal, 1270(2011)。

促进竞争和减少垄断行为的风险,同时在一定情况下纠正数字平台市场的失衡。例如,欧盟委员会《数字市场法案》的总体目标是通过促进数字平台市场的有效竞争,特别是营造可竞争性和公平的在线平台环境,确保内部市场的正常运行。序言中几乎每一页都提到了"公平性和可竞争性"或相似表述,并指出核心平台服务的特征与不公平行为相结合,可能会对核心平台服务的可竞争性产生实质性影响,从而削弱竞争,提高进入壁垒,并增加消费者和在线经营者的转换成本。

(三)创新与透明度

对于数字平台市场的事前监管规则而言,刺激创新和提高透明度是又一重要目标。欧盟委员会向来对欧洲数字行业中创新和竞争力的缺乏表示担忧。[1] 欧盟委员会《数字市场法案》的解释性备忘录和序言中多次提及激励创新的必要性。序言第 79 条规定,该法案的目标是,确保总体上可竞争的公平的数字平台,特别是核心服务平台,以促进创新、提高数字产品和服务的质量、维护公平和有竞争力的价格,以及确保数字部门最终用户的高质量选择。英国竞争与市场管理局的报告亦将竞争和创新联系在一起,并将"创新"作为倡导的未来数字平台市场的核心目标。德国竞争法中虽未规定以创新为目标,但在评估经营者的市场支配力量时,竞争压力所激发的创新的程度可作为减轻处罚的法律标准之一。

透明度则是有助于刺激创新的另一个重要方面,当前针对数字平台市场所实施的大多数监管举措均包含提高透明度的条款,以解决数字平台和用户之间信息不对称的问题。在监管举措中,寻求刺激创新和提高透明度的措施与公平性和可竞争性这两大目标高度互补。一般而言,竞争有助于创新,但更具体而言,适度竞争的市场可能存在较强的创新,而垄断和高度竞争的市场可能存在较弱的创新。有学者认为,规制措施实质上就是再分配,并且是政治过程的结果,以满足消费者或者产业压力集团的自我利益,规制会影响资源配置效率。[2] 亦有学者反驳了更多的事前监管可能扼

---

[1] See European Commission, Communication: Shaping Europe's Digital Future, 2020, accessed March 26, 2024, https://ec.europa.eu/info/sites/default/files/communication-shaping-europes-digital-future-feb2020_en_4.pdf.

[2] 参见喻玲:《算法消费者价格歧视反垄断法属性的误读及辨明》,载《法学》2020 年第 9 期。

杀平台创新的观点,并建议在法规中加入促进公平和可竞争性的建议和提高透明度的规定,以此鼓励数字平台市场中的创新。[1] 其中,透明度是一个运转良好、竞争激烈的数字平台市场的必要非充分条件,有助于解决数字平台的"黑箱"问题,尤其是在算法和人工智能的使用方面。此外,提高透明度可以确保平台向用户提供足够的信息,以保证用户能够在知情的情况下自主选择。因此,加强透明度以揭示数据的使用或算法的功能,是向数字平台市场创新迈出的重要一步。

四、事前监管与事后救济的组合框架

针对事前监管举措与事后救济措施的设计与实践而言,需要对事前监管举措与事后救济措施予以整合,实质性事前事后监管组合设计首先需选择适当的事后救济措施,并引入错判成本的理论框架,为措施的组合提供指导。

（一）救济措施的类型权衡:以错判成本理论为基础

随着垄断行为表现形式越发广泛多样,垄断行为救济措施的选项亦随之增多,但是,相关救济措施的设计可能过于宽泛或过于狭隘,导致整体福利的减损。尤其在复杂性、易变性和信息不对称的数字平台市场中,这一情况尤为突出。例如,在在线旅行社适用最惠国待遇的情形下,若发现最惠国待遇可能影响竞争和进入市场,反垄断执法机构可以在以下两种做法中选择其一:允许最惠国待遇条款并在占支配地位的经营者适用条款时进行干预以缩小适用范围,或在某一部门完全禁止最惠国待遇条款。若最惠国待遇阻止了某些类型的"搭便车"行为,那么实施"禁令"将可能是一种过于宽泛的干预,最终招致对市场竞争和消费者的损害。若与"搭便车"行为无关,那么对简单的限制条款的干预将显得过于狭隘,同样会导致市场总福利的损失。

决策中错判成本的处理框架不仅具有广泛的理论认同,还被广泛用

---

[1] See Jacques Crémer, Gregory S. Crawford, David Dinielli, Amelia Fletcher, Paul Heidhues, Monika Schnitzer, Fiona Scott-Morton and Katja Seim, Airness and Contestability in the Digital Markets Act, 3 Digital Regulation Project-Policy Discussion Paper, 35 (2021).

于正确解释相关规则和侵权的认定之中。① 自从伊斯特布鲁克(Easter-brook)法官将这一框架应用于反垄断的开创性观点发表以来,相关分析便主要围绕着法院在界定存在不确定性的反垄断侵权行为时可能出现的错误而展开②,包括本身违法规则(per se illegal)是否可能导致过度执行,造成第一类错判;而以合理原则进行个案分析是否可能导致执行不足,即第二类错判。③ 对此,伊斯特布鲁克法官表示,对于第二类错判,偏向于限制有效行为的严格规则可能产生难以克服的直接社会成本。当前许多学者呼吁重新平衡错判成本,并为更加严格的政府行动提供合理性,以维护数字平台市场的竞争秩序。④

在将反垄断法应用于数字平台市场时,上述围绕错判成本理论的讨论,对于错判成本的平衡尤为重要。然而,上述讨论仍缺乏对于其他关键事实的认定,即在垄断行为认定之外的其他决策层面的错误认定。尤其对于数字平台市场而言,由于动态市场固有的不确定性,以及随着监管和救济措施的增多,即便反垄断执法机构在垄断行为认定方面作出正确决定,最终实施的救济措施仍可能不足以解决垄断问题,进而导致救济措施本身对消费者造成损害。这也意味着在救济措施的设计中存在复合效应,即垄断行为认定的不确定性和救济措施干预的权利范围的不确定性。因此,在垄断行为认定之外,救济措施的设计是另一个容易出现过度执行和执行不足的错误的领域,需要使用相关方法以尽量减少错误。

对此,救济措施设计的错判成本方法要求评估侵权认定或已识别的市场问题的确认程度,进而关注到在实施干预措施层面的潜在错误,并在

---

① 关于错判理论,波斯纳在对民事、刑事和行政案件的早期研究中提出了这个想法,参见 Richard A. Posner, An Economic Approach to Legal Procedure and Judicial Administration, 2 Journal of Legal Studies, 399(1973)。

② 错判理论运用到反垄断法理论框架中的,参见 Frank H. Easterbrook, Limits of Antitrust, 63 Texas Law Review, 41(1984)。

③ 关于错判理论的两类错误,参见 Ramsi A. Woodcock, The Hidden Rules of a Modest Antitrust, 11 Minnesota Law Review, 1 (2021)。

④ See David Evans, A. Jorge Padilla, Designing Antitrust Rules for Assessing Unilateral Practices: A Neo-Chicago Approach, 72 The University of Chicago Law Review, 73(2005).

进一步设计干预措施时,将这种复合效应的风险最小化。① 因此,在界定救济措施的范围时,反垄断执法机构必须权衡:第一,垄断行为已经发生或该行为对社会福利产生负面影响;第二,垄断行为对市场竞争或社会福利的损害程度。若反垄断执法机构确信垄断行为已经发生,且认为这种行为对市场竞争和社会福利存在较高的危害性,那么就应当采取更为严格的救济措施,但这也同时可能面临过度执法的风险。若反垄断执法机构对于侵权行为的认定存在较大的模糊性,那么就应当采取范围更窄、风险更低的干预措施,否则,将导致侵权的定义和救济措施的设计过于宽泛。由此可知,侵权认定的低风险与救济措施设计的高风险相匹配,反之亦然。

通过救济措施的设计,可以将这一复合风险最小化。一方面,救济措施的设计是一个非二元的过程。在一般侵权中,关于侵权行为的调查结果或对特定行为的决定通常是二元选择,法院和反垄断执法机构承担着分离的(discrete)错误风险:侵权/干预或非侵权/不干预。然而,救济措施的设计更接近于反映一种可能性的连续分布,这种可能性要求可以且应当在救济措施的强度上得以调整。反垄断执法机构必须从一系列可用的干预措施中选择一种或集中解决方案来纠正某一特定行为,这反过来又允许其更好地微调对于错误风险的评估。另一方面,正因为救济措施的设计是非二元的,干预措施可以且应当随着时间的推移而进行调整。随着时间的推移和反垄断执法机构对救济措施是否充分的看法的改变及市场条件的变化,明确的审查程序可以对过宽或过窄的救济措施进行调整。正因为救济措施是一系列可能性中的一种选择,其适应过程不应被视为一种失败,而应被视为一种学习的过程,这一过程能够随着时间的推移而逐渐减少救济措施设计和实施中过度执行和执行不足的错误。

综上,这一复合错判成本框架表明,救济措施的设计是一项在重大不

---

① 关于错判成本理论的详细论述,参见 Jonathan B. Baker, Jonathan Sallet and Fiona Scott Morton, Unlocking Antitrust Enforcement, 127 Yale Law Journal, 1916(2017); Jonathan B. Baker, Taking the Error out of "Error Cost" Analysis: What's Wrong with Antitrust Right, 80 Antitrust Law Journal, 1(2015)。

确定性之下进行的复杂工作,容易出现各种不同类型的错误。这一框架与传统的关于侵权责任认定的错判成本框架既有联系,也有区别。因此,垄断行为救济措施的设计不应再局限于一般的侵权责任,而应当通过专门资源确保监督和救济措施不断适应且转变,使相关措施适应市场条件的变化。

(二)在错判成本框架下组合事前监管与事后救济

通过对复合错判成本框架的认识,可以帮助反垄断执法机构和专家学者理解法律救济措施设计中的平衡。与传统的侵权责任认定的错判成本框架相同,垄断行为救济措施设计的错判成本框架在实际应用中也需要使用"筛选工具",以协助反垄断执法机构就行为的危害性和措施的选择进行细致分析。

使用此筛选工具,需明确监管和垄断行为救济措施可以根据其功能特征的不同进行分类,如法律规定、措施广度、干预范围和适用的难易程度等所有影响风险评估的因素[1],对此,垄断行为救济措施和事前监管举措的差异可总结如下(表4-1):第一,实施相应措施的法律规定。垄断行为救济措施是基于法律责任分析的调查结果,因此通常为事后实施。[2] 而事前监管措施通常不必依托具体调查或对特定非法行为的分析,因此通常以法律法规的形式规定并事前实施。[3] 第二,措施的广度。由于垄断行为救济措施通常需要通过特定程序来确定特定的法律责

---

[1] 针对竞争法律法规不同特点的详细讨论,参见 OECD, Policy Roundtables, Relationship Between Regulators and Competition Authorities, Background Note, 1998, accessed March 26, 2024, http://www.oecd.org/regreform/sectors/1920556.pdf; Giorgio Monti, Managing the Intersection of Utilities Regulation and EC Competition Law, 4 Competition Law Review, 123(2008); Gesner Oliveira, Caio Mario da Silva Pereira Neto, Regulation and Competition Policy: Towards an Optimal Institutional Configuration in the Brazilian Telecommunications Industry Second Annual Latin American Competition and Trade Round Table, 25 Brooklyn Journal of International Law, 311(1999)。

[2] See Michal Gal, Nicolas Petit, Radical Restorative Remedies for Digital Markets, 37 Berkeley Technology Law Journal, 1(2022).

[3] 关于事前监管与事后救济之间的区别,参见 Peter Alexiadis, Caio Mário da Silva Pereira Neto, Competing Architectures for Regulatory and Competition Law Governance, 2019, accessed March 26, 2024, http://cadmus.eui.eu/handle/1814/63285; Inge Graef, Mandating Portability and Interoperability in Online Social Networks: Regulatory and Competition Law Issues in the European Union, 39 Telecommunication Policy, 502(2015)。

任,因此,其仅限于特定调查所针对的一家或多家经营者。而事前监管措施则可以适用于特定市场中的所有经营者或特定多数的市场参与者。第三,措施的介入范围。垄断行为救济措施通常是恢复性的,即措施的设计旨在恢复垄断行为发生之前的市场竞争条件。而事前监管措施则可以涉及对社会福利产生负面影响的各种行为,且可以解决反竞争影响之外的其他问题。① 第四,措施适用的难易程度。垄断行为救济措施通常作为特定经营者违法的具体、对抗性的裁决程序的结果而适用,因此,也需要一个具体且缓慢的程序以对决定进行审查并促使经营者自愿承诺。而事前监管措施则无须就相关措施对特定经营者的影响进行具体评估,否则,将可能导致法律法规的多变性和高成本。②

表 4-1 垄断行为救济措施与事前监管举措的功能差异

垄断行为救济措施	事前监管举措
事后实施(经营者集中除外):救济措施的干预需要以特定的责任认定或违法行为认定作为基础	事前实施:救济措施的干预不需要以特定的责任认定或违法行为认定作为基础
有限的广度:仅限于一家或多家经营者	较宽的广度:适用于特定市场中的所有经营者或特定多数的市场参与者
较窄的干预范围:恢复垄断行为发生之前的市场竞争条件,以"恢复"为重点	较广的干预范围:可能超出市场竞争的范围(如安全、社会正义和环境保护)
较难适用:救济措施的适用需要具体缓慢的程序并促使经营者自愿承诺	易于适用:救济措施不一定需要评估对特定经营者的影响,更容易予以适用

在数字平台市场中,垄断行为救济措施与事前监管举措日益增长的相互作用和交叉,可能导致管辖权的重叠,模糊事后救济措施和事前监管举措的行政边界。通过对功能差异的关注,而非对反垄断执法机构与监管机构的关注,更好地促进反垄断事后救济措施与事前监管举措的融合

---

① See Stephen G. Breyer, Antitrust, Deregulation, and the Newly Liberated Marketplac, 75 California Law Review, 1005 (1987).
② 有趣的是,这些通常是由成本效益分析产生的,这些分析为监管规则的制定带来一些通常由责任制度要求的具体评估,但不包括纳入了为监管干预措施寻找具体非法行为的需要。

发展。实际上,如英国、澳大利亚等国,反垄断执法机构和监管机构的行政权力分野已逐渐淡化,反垄断执法机构已被授予监管或准监管权力。① 此外,根据上述功能特征对救济措施予以区分,亦有助于认识不同类型的干预措施如何服务于不同目的,以及实现何种不同效果,进而识别过度执行或执行不足的对应风险。

具体而言,对以上功能的分析表明,事前监管举措较事后救济措施,更可能出现第一类错误,即过度执行:由于监管的干预不一定需要对抗程序的加入和特定责任的确定,且通常适用绝大多数的市场参与者,因此,事前监管举措可能确立超出恢复"完全竞争"的市场结果的理论基准义务。② 在以责任为基础的反垄断制度中,对大多数的市场参与者施加更为广泛的义务,相较以效果为基础的方法逐案确定干预,更容易出现过度执行的错误,且广义的监管救济措施存在相对较高的执行风险。

实践中,在对特定行为的有害影响具有相当确定性的情况下,反垄断执法机构应首先考虑通过范围较窄的、基于责任的垄断行为救济措施重建市场竞争秩序和增加市场总福利。若上述措施能够实现预期效果,则仅需依托垄断行为救济措施进行干预;若上述措施不足以恢复市场竞争和社会福利,那么便需要转向更为广泛的基于责任的监管措施干预,并适用特定经营者的非基于责任的不对称的狭义救济措施,以及适用整个行业的非基于责任的广义救济措施,最后达到适用跨部门的非责任救济措施。下一阶段,反垄断执法机构应着眼于救济措施对市场竞争和市场总福利影响的变化,并随着时间和条件的推移,调整相应救济措施,时刻避免过度执行和执行不足的风险。

以上的救济措施框架的实施仍需考虑两个重要方面。其一,这一框

---

① See Heike Schweitzer, The New Competition Tool: Its Institutional Set-up and Procedural Design, 2020, accessed March 26, 2024, https://ec.europa.eu/competition/consultations/2020_new_comp_tool/kd0420574enn.pdf.

② 在进行电信业反垄断和监管的误差成本分析时,发现事前监管举措更有可能在无意中造成第一类错误,阻碍相关市场的竞争和创新,参见 Gene Kimmelman, Maureen K. Ohlhausen, Michael O'Rielly, Christopher S.Yoo and Stephen F. Williams, Telecommunications: Competition Policy in the Telecommunications Space, 85 Mississippi Law Journal, 779(2016)。

架并不必然要求反垄断执法机构总是从针对具体责任的狭义干预开始。若反垄断执法机构确认这一狭义的救济措施可能导致如竞争的危害性、干预的缓慢性或复杂性,无法仅通过竞争干预措施解决,那么便应当从不对称的监管义务,甚至更广泛的干预措施开始,并接受在初始阶段过度执行的救济措施风险。对此,反垄断执法机构应对过度执法的风险和针对性救济措施无法重建竞争的确定程度予以评估和权衡,从而实现救济措施设计固有的复合错判成本最小化。其二,在特定诉讼的不同阶段,同样需要以上考量,避免对市场总福利产生的影响与其非法程度不相称。例如,反垄断执法机构在采取临时措施时,若某一行为非法性的确定程度低于最终裁决时非法性的确定程度,那么临时措施中的救济措施便应当较最终裁决中的预期救济措施更具有针对性。

第六节 小 结

本章从数字平台的维度探讨了数字平台市场中救济措施的设计与实施。数字平台的兴起,以及其对于市场竞争与市场总福利的影响,正在迅速使监管环境发生变化,并且扩大了反垄断事后处置与事前监管之间相互作用的空间。由此,迎接数字平台所带来的挑战,需对引发这一变化的内在原因有深入的认识。

如前文所述,设计与实施适当的救济措施并非易事。数字经济下垄断行为救济措施更容易出现过度救济或者救济不足的情况。一般而言,反垄断执法机构更愿意采取更加严格的救济措施,因为前期的反垄断调查的主要结果与救济措施的严厉程度有直接因果关系。这也意味着面对数字平台的垄断行为,需谨慎地适用尚未成熟的损害理论,充分考察垄断行为对相关市场的影响。此外,还需将救济措施理解为一项动态的工作,随着时间的推移,根据相关垄断行为显现的对市场的实际影响而不断调整。这一动态的过程需反垄断执法机构的全程参与,需通过以下三方面对不同阶段的工作进行分类:①确定垄断行为的性质及其对市场竞争的负面影响;②设计救济措施;③检测实施的情况,不断调整救济措施的实施。

总而言之,无论是一般性的救济措施,抑或数字经济领域的救济措施,对其的理解不应当局限于行政执法决定书的最后几条措施,而应当将其设计为一个兼具实质性和灵活性的框架,从事前到事后对平台的垄断行为进行有力的监管与引导,以恢复相关市场的竞争秩序。

第五章 数字经济下垄断行为救济措施的设计与实施：数据维度

第一节 数据作为竞争要素的特征与价值

一、数据的生命周期

数据最基本的形式是以电子格式存储的 0 和 1 的集合。然而，它反应的信息是各不相同的。这意味着若不把数据放在一个特定的环境中，那么对数据及其使用、价值和对竞争的影响的普适化就没有意义。例如，GPS 坐标、个人搜索历史和天气记录是三种不同类型的数据。此外，数据的生命周期是从数据生成发展到数据使用影响（图 5-1）。通常而言，它可以与其他产品或服务融合至更复杂的资产中。例如，数据可以作为特定使用流程的副产品，这意味着它的价值与该使用流程所针对的产品或服务相关联；以提供运输服务为主要目标的列车运营商也会同时产生额外的数据信息，这对预测客流量或延误等一系列应用具有非常高的价值。

图 5-1 数据的生命周期

与之类似，收集数据的目的是将其应用到另一项服务提供的使用流程中。例如，社交媒体平台通常使用数据来售卖广告宣传，投资基金使用数据销售投资机会。数据是商业模式中不可或缺的重要组成部分。换言之，数据是产品或服务的一部分，其提供了数据财产化的策略，若对二者进行分离,将可能会破坏提供数据公司的商业模式。当数据与其他产品或服务捆绑在一起时,它将成为一种复杂的资产,且不排除未来会出现一个新的数据市场。但这也意味着通过干预手段来开放数据,需要采取更谨慎的方法。

二、数据的主要特征

数据通常被描述为"新石油"或"新黄金"。[①] 实际上,数据本身并非如此,只有在特定的情况下,数据才会有价值。数据主要存在以下五方面的特征,并互相影响(图 5-2)。

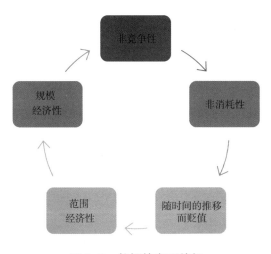

图 5-2 数据的主要特征

[①] 关于将数据描述为"新石油"或"新黄金"的相关论文,例如,Gabriel J. X. Dance, Michael LaForgia and Nicholas Confessore, As Facebook Raised a Privacy Wall, It Carved an Opening for Tech Giants, New York Times, 2018, accessed March 26, 2024, https://www.nytimes.com/2018/12/18/technology/facebook-privacy.htm; Levent Bozkurt, The World's Most Valuable Resource is no Longer Oil, but Data, The Economist, 2017, accessed March 26, 2024, https://www.economist.com/leaders/2017/05/06/the-worlds-most-valuable-resource-is-no-longer-oil-but-data; Matt Shepherd, Is data the new gold? CEO Today, 2018, accessed March 26, 2024, https://www.ceotodaymagazine.com/2018/04/is-data-the-new-gold/。

第一,数据是非竞争性的。① 如果一家公司正使用一组数据,其他人也可同时以不同的目的使用该数据。与之相反,有形财产在某种程度上几乎总是竞争性的:如果一个人拥有一桶石油,那么另一个人就不可能拥有完全相同的一桶。

第二,数据是非消耗性的。数据从其本质而言不会被耗尽:同一组数据被反复使用并进行分析,但不用担心数据被耗尽。相比之下,一旦石油被用于制造塑料或燃烧,那么它就消失了。

第三,数据会随着时间的推移而贬值。它贬值的幅度和速度取决于自身。例如,姓名、性别和年龄等数据贬值速度相对较慢。② 相比之下,浏览历史、位置或信息内容等数据往往会很快失去价值。在此意义上,数据类似于实物资产:石油不会迅速"贬值",因此,可以现在使用或存储以备将来使用;相比之下,新鲜奶酪就会很快"贬值"。

第四,数据往往具有范围经济性。这意味着数据组合会带来更好的收益。例如,通过将产品的数量、位置、运输的实时可用性、目的地的需求和存储空间等数据整合在一起,可以充分优化供应链。只了解其中一个因素虽然也可以改善供应链的管理,但知道所有这些因素的话,收益则会成倍增加。

第五,数据的规模经济性虽然多数时候也会存在,但最终会被耗尽。以算法学习为例,在校准方面,最初的几千次观测具有极大价值,但会逐步降低。最终,更新的数据往往不再对算法的改进产生更多影响。③

以上数据特征结合生成、收集和传输数据的技术发展,增加了信息用于产生新的认识的可能性。这对数据使用的行业竞争动态产生巨大影响。

---

① 数据的非竞争性不意味着不具有排他性,相关论述参见殷继国:《大数据市场反垄断规制的理论逻辑与基本路径》,载《政治与法律》2019年第10期。

② 关于用户信息的价值,参见 Oxera, Customer Data in Online Markets, Agenda, 2018, accessed March 26, 2024, https://www.oxera.com/insights/agenda/articles/consumer-data-in- online-markets/#_ftn18。

③ 关于持续进行大数据"投喂"是否会对算法的更新产生正向效果,参见 Xavier Amatriain, 10 Lessons Learned from Building Machine Learning Systems, 2014, accessed March 26, 2024, https://www.slideshare. net/xamat/10-lessons-learned-from-building-machine-learning-systems; Hal Varian, Is There a Data Barrier to Entry? 2015, accessed March 26, 2024, http://www.learconference2015.com/wp-content/uploads/2014/11/Varian-slides.pdf。

三、数据作为无形资产的计算方法

无论数据是否属于"新石油",数据等无形资产在现代经济中的作用越来越重要。拥有能够评估数据价值的工具非常重要,有助于更全面地解释数字商业模式:经营者是直接地从持有的数据中获得价值,还是将其应用于数据的算法才是真正的价值驱动因素?如果需要获得数据,访问未必是免费的,若收取费用,则需要以某种标准来确定价格,并且评估是否与数据的价值相符。基于此,与数据相关的一系列问题也随之被提出:数据当下与潜在的用途是什么?数据对于不同用户的价值是什么?使用数据是否会产生其他类型的更广泛的价值?与数据相关的成本是什么?

目前有四种方法来对数据价格进行评估:
①以成本为基础(cost-based);
②以市场为基础(benchmark/market-based);
③以收入为基础(income-based);
④以外部性为基础(externalities-based)。

鉴于数据的具体情况和评估数据方的目标,可以使用其中一种或多种方法。

顾名思义,以成本为基础的方法是测度创建、存储、处理和共享数据的相关成本。虽然创建数据副本的边际成本可能接近于零,但共享数据会产生巨大的固定成本。例如,当关注的目标或政策的目标是接入无法复制的基础设施,并且不太可能进行创新或吸引投资时,可以采取该方法。

以市场为基础的方法是指观测市场中买卖双方之间数据交易的价格。例如,当关注价格的公平性时,基于市场的方法可以比较同类供应商的报价或类似资产的收费。

以收入为基础的方法着眼于使用数据而获得的收入。例如,与一组特定数据相关的广告收入可以直观感受到其价值。在不同参与方之间公平分配也可以使用该方法。以收入为基础的方法可以根据使用数据的每项业务活动提供对未来收入的完整估算。

以外部性为基础的方法着眼于数据的更广泛影响，例如，社会或用户从数据中获得的利益。当首要目标是使数据的可用性对社会的价值最大化时，该方法更合适。例如，可以适用于政府机构持有的数据。当业务决策者或数据估值人正在权衡一系列政策或业务的目标时，可能需要多种方法来获得一个更合适的价值。图5-3是数据估值的基本框架，包括被用于进行必要计算的信息来源，也是经济学家用来进行估值本身的技术。

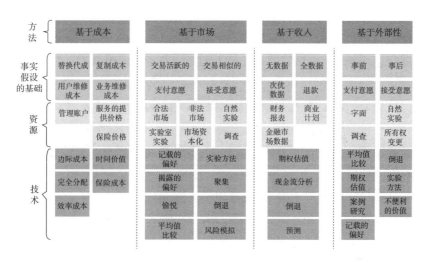

图5-3 数据估值的基本框架

第二节 数据驱动的竞争损害理论

数字化的普及激发了新的商业模式。网络效应和无形资产作为关键因素，将数字商业模式与传统商业模式区分开来：一方面，许多数字化的业务，尤其是数字平台业务，都拥有强大的网络效应。网络效应指的是特定平台的用户规模随着一方或多方用户数量的增加而增加，使得用户从特定平台所获得的利益有所强化，从而使市场结构转向一家或少数几家公司垄断的状态。另一方面，数据和算法等无形资产是许多数字商业模式下的产品提供与迭代的核心①,被用来更好地满足不同的参与者,实现更好的个性化体验与安全性。数据和算法还可以帮助寻找服务提供不足的市场,并通过辅助降低成本或预测未来需求的商业决策②,实现生产过程中的效率提升③。

在某些情况下,网络效应和无形资产会共同作用。当一家公司利用算法学习来改进产品,从而吸引更多的客户时,这些客户反过来将产生更多的数据,这就创造了由数据驱动的网络效应良性循环。④ 与以用户数量为导向的网络效应相比,人们担心这种基于数据的网络效应可能会使公司"颠覆"市场,锁定竞争优势,减少消费者的选择,提高价格、降低质量。⑤ 在讨论数据集的大小和维度时,会经常用到数据的"广度"和"深度"。这是从用户数据中产生的用于提高质量和经济价值的重要因素。更具"广度"的数据集意味着可以获得更多用户的信息,即数据集更具代表性,且平均每个项目包含了更多的数据。相比之下,更具"深度"的数据集是用户配置文件的丰富程度,即平均每个用户都有更多可使用的数据。

从竞争法的角度来看,与数据相关的影响有正面的也有负面的,正面影响是通过数据与算法主动影响市场的创新、产品的价格与消费者的选择并从中获利。⑥ 与此同时,数据的集中将可能导致少数公司获得重要

---

① 数据与算法对数据经营者的贡献大小并未明确,在不同性质的公司之间有所不同。关于算法与竞争的关系,参见 Ambroise Descamps, Timo Klein and Gareth Shier, Algorithms and Competition: The Latest Theory and Evidence, 20 Competition Law Journal, 32(2021)。
② 当然,算法也可以作为辅助经营者监督竞争信息的工具,促进共谋协议的实施。参见周围:《算法共谋的反垄断法规制》,载《法学》2020 年第 1 期。
③ 关于数据对效率的提升,参见 Oxera, How Platforms Create Value for Their Users: Implications for the Digital Markets Act, Agenda, 2021, accessed March 26, 2024, https://www.oxera.com/wp-content/uploads/2021/05/How-platforms-create-value.pdf。
④ 关于网络效应与数据结合之后的效应,参见 Andrei Hagiu, Julian Wright, Data-enabled Learning, Network Effects and Competitive Advantage, Working Paper, 2020, accessed March 26, 2024, https://econ.hkbu.edu.hk/eng/Doc/20201029_WRIGHT.pdf。
⑤ 有学者就此分别讨论了基于质量下降和价格上涨的假定垄断者测试方法,参见殷继国:《大数据经营者滥用市场支配地位的法律规制》,载《法商研究》2020 年第 4 期。
⑥ 这表明数据平台对算法的设计和部署是包含价值观和主观意图的,对算法运行的结果是有基本预见的。这是法律追责的根本指向,也是对数据平台问责的根本依据。参见张凌寒:《网络平台监管的算法问责制构建》,载《东方法学》2021 年第 3 期。

的市场力量甚至占据市场支配地位,进而市场力量被滥用的风险和进入市场的壁垒也会增加,最终使得以数据为核心的市场力量或市场支配地位难以被新的或潜在的竞争对手削弱。[1] 关于数字平台市场背景下的各种损害理论,以及需要考虑的适当福利标准,长期存在争议。[2] 笔者就数据驱动的损害理论提出三个论点。第一,在数据驱动的网络效应很强的情况下,市场往往会产生垄断或者"倾斜"。在此过程中,垄断者积累了更多的数据、财富和熟练的劳动力,从而构成了有效的进入壁垒。[3] 第二,这种"倾斜"并不会止步,而是可能蔓延到相关的数据密集型市场。这些市场可能已经存在,也可能正在形成。随着垄断者在越来越多的市场中收集到更多的用户数据,数据驱动的网络效应会越来越强。第三,这对创新也有影响,因为高进入壁垒扼杀了潜在的进入者与现有经营者,以及它们在市场中的创新活动。高进入壁垒和缺乏竞争力也削弱了现有经营者的创新动力。此外,更多的证据表明,高进入壁垒还将导致获得风险投资的渠道变窄,这对新进入市场的经营者而言,又增加了一重进入壁垒。

一、数据驱动对消费者福利及创新的正面影响

个人和非个人数据的使用使经营者能够提高绩效与创新力,提供新的商业模式,并最终使消费者受益。用户可以通过各种方式直接从数据中受益。例如,公司可能会使用消费者数据来改进产品,降低生产成本,增加可信度或者通过数据学习提供更有针对性的产品和服务。此外,消费者的数据可能使多方经营者在不同方面更有效地盈利,并反向补贴消费者。例如,向消费者提供免费的赞助服务和产品,这在社交媒体、

---

[1] 关于竞争与创新的关系,以及反垄断法对创新目标的定位,可参见方翔:《论数字经济时代反垄断法的创新价值目标》,载《法学》2021年第12期。

[2] 有学者基于此,结合结构主义的分析路径,提出了"价格分析+有效竞争衡量"的二元分析框架,将反垄断规制的目标定位为实现竞争与创新之间的均衡。参见杨明:《平台经济反垄断的二元分析框架》,载《中外法学》2022年第2期。

[3] 参见丁晓东:《论数据垄断:大数据视野下反垄断的法理思考》,载《东方法学》2021年第3期。

视频共享网站、音乐流媒体中较为常见。① 在这个过程中,另一个潜在的消费者利益是广告将更符合其偏好——如果用户确实认为观看个性化广告具有积极的价值。

经营者对数据的使用可以实现产品或服务的创新,并提供更低廉的价格,消费者则可以享受更多的产品和服务。此外,使用非个人、非消费者的数据也可实现获利,如经营者可以通过商业信息或消费者评价来改善运营模式。② 例如,在管理组织活动、改进流程、优化成本、预测需求和管理库存方面,可以通过数据驱动决策来降低成本。③

此外,数据不仅仅对已经获得数据使用权限的用户和公司有利,还可以激发公司开发新的产品和商业模式或者识别出服务不足的市场。例如,在公共交通领域,授予数据访问权的公司或实体也会通过其他数据提供的新产品、服务或更高的效率而获益。④

二、数据驱动的网络效应与市场集中

与此同时,数据的运用与市场特性、数据属性相互作用,加剧了对市场竞争秩序的潜在危害。数据获取的高成本可能与竞争者的缺乏相关,因为少数公司能够通过数据为消费者提供优质的服务,这增加了那些可以获取数据的公司的竞争优势,提高了进入壁垒,削弱了其他公司的创新动力和潜力。⑤

---

① 针对这种商业模式的更具体的讨论,参见 Geoffrey G. Parker, Marshall W. Van Alstyne, Two-sided Network Effects: A theory of Information Product Design, 51 Management Science, 1494 (2005); Ramon Casadesus-Masanell, Feng Zhu, Business Model Innovation and Competitive Imitation: The Case of Sponsor-based Business Models, 34 Strategic Management Journal, 464 (2012)。

② See Feng Zhu, Xiaoquan Zhang, Impact of Online Consumer Reviews on Sales: The Moderating Role of Product and Consumer Characteristics, 74 Journal of Marketing, 133(2010).

③ See Kuldeep Lamba, Surya Prakash Singh, Big Data in Operations and Supply Chain Management: Current Trends and Future Perspectives, 28 Production Planning & Control, 877(2017); Gang Wang, Angappa Gunasekaran, Eric W. T. Ngai and Thanos Papadopoulos, Big Data Analytics in Logistics and Supply Chain Management: Certain Investigations for Research and Applications, 176 International Journal of Production Economics, 98 (2016).

④ See International Association of Public Transport (UITP), Sharing of Data in Public Transport: Value, Governance and Sustainability, 2020, accessed March 26, 2024, https://www.uitp.org/publications/sharing-of-data-in-public-transport-value-governance-and-sustainability.

⑤ 国内的相关论述较多,参见殷继国:《大数据市场反垄断规制的理论逻辑与基本路径》,载《政治与法律》2019 年第 10 期。

数据驱动的网络效应和用户数量产生的网络效应之间的相似性，引发了对额外收费和潜在的市场垄断的担忧，即数据高度集中于少数公司可能会形成进入壁垒，限制竞争。[1] 围绕数据访问和数据使用的讨论正在核心竞争框架内进行，包括大型"数字守门人"滥用市场支配地位，以及并购管控中的数据救济措施。然而，目前的立法提案也在扩大覆盖范围。例如，欧盟委员会的《数字市场法案》将其范围扩展到了数字平台市场竞争性和数据获取。这表明，数字平台市场的竞争形态已经超出传统竞争法对于垄断协议、滥用市场支配地位，以及并购审查[2]所能解决的范围。

经营者利用某个市场经营的数据，为进入另一个市场并优化经营决策提供信息。尽管这将为消费者带来诸多好处，但也可能引发对市场竞争秩序的担忧。近期研究特别强调了此类情况，经营者通过绑定的方式在双边市场中发挥影响力，特别是在非负价格存在的情况下，进而对市场竞争秩序造成损害。[3] 但也要考虑到，数据驱动的网络效应的风险可能被过分高估了。例如，与标准的网络效应相比，在某些情况下，数据驱动

---

[1] 关于数据的网络效应及其如何进一步引发竞争问题的讨论已有较多的论文与报告，例如 Jacques Cremer, Yves-Alexandre de Montjoye and Heike Schweitzer, Competition Policy for the Digital-Era: Final Report, 2019, accessed March 26, 2024, https://ec.europa.eu/competition/publications/reports/kd0419345enn.pdf; Jason Furman et al., Unlocking Digital Competition: Report of the Digital Competition Expert Panel, 2019, accessed March 26, 2024, https://www.gov.uk/government/publications/unlocking-digital-competition-report-of-the-digital-competition-expert-panel; Stigler Center, Stigler Committee on Digital Platforms: Final Report, 2019, accessed March 26, 2024, https://www.chicagobooth.ed.u/research/stigler/news-and-Media/committee-on-digital-platforms-final-report; Australian Competition and Consumer Commission, Digital Platforms Inquiry-final Report, 2019, accessed March 26, 2024, https://www.accc.gov.au/publications/digital-platforms-inquiry-final-report; Competition, Markets Authority, Online Platforms and Digital Advertising Markets Study, 2020, accessed March 26, 2024, https://www.gov.uk/cma-cases/online-platforms-and-digital-advertising-market-study。相关案例参见 Case 1:20-cv-03010, United States et. al. v. Facebook [2020]; Case 1:20-cv-03590-JEE, Federal Trade Commission v. Facebook [2021]。

[2] 例如，大型平台经营者对初创经营者的扼杀式并购，参见王伟：《平台扼杀式并购的反垄断法规制》，载《中外法学》2022年第1期。

[3] 关于双边市场的竞争问题，参见 Jay Pil Choi, Doh-Shin Jeon, A Leverage Theory of Tying in Two-sided Markets with Non-Negative Price Constraints, 13 American Economic Journal: Microeconomics, 283 (2021); Alexandre de Corniere and Greg Taylor, Upstream Bundling and Leverage of Market Power, 131 The Economic Journal, 3122(2021)。

学习的竞争效应及颠覆或锁定市场的风险可能被夸大了。[1] 主要原因可以归纳为以下四点:①经营者仍然可以通过获取外部数据或收集类似信息来克服数据不足的"冷启动"问题;②竞争优势可能仅限于既有客户,而新客户仍然具有竞争可能性;③数据规模的回报越来越小,限制了访问大型数据集的优势;④数据驱动的网络效应不太可能受到用户期望的影响。此外,由于数据价值贬值,过去积累的数据所呈现的竞争优势可能不会持续太久。

当消费者使用数字服务时,如在线搜索、电子商务、数字媒体,会通过显示个人偏好或个人行为偏见等方式,留下数字足迹。通常情况下,数据平台以用户参与的方式来设计服务方式,从而获取更多的用户数据。这些用户数据可以直接用于改进服务,例如,提高搜索结果、自身内容和产品的质量,间接提高所推荐的产品和内容的质量,即是本节阐述的数据驱动的网络效应。[2] 在更抽象的层面上,这种数据驱动的网络效应或者数据驱动的范围经济可以在一定程度上降低创新的成本。一些观点认为,更多数据会降低创新的边际成本,初始的小市场优势可能会瓦解,以致市场向拥有数据优势的公司"倾斜"。[3] 例如,一家能够访问大量客户位置数据的公司在开发数字地图服务方面将更容易,该服务还可以显示道路交通和商场的拥挤时段,从而改进其他地图服务,并吸引更多的需求者,获取更多的位置数据。同样,拥有许多用户的公司可以通过现场实验以更准确地测试不同产品的设计与功能,更好地从用户行为中寻获新的功能。这反过来将促进更多的需求,并更好地分析和预测。尽管初始的创新动力很强,因为预期能够通过市场的"倾斜"来获取高收益,但在其

---

[1] 具体论述,参见 Andrei Hagiu, Julian Wright, When Data Creates Competitive Advantage, 98 Harvard Business Review, 94(2020); A. Hagiu, Is Knowledge Power? Data-enabled Learning and Competitive Advantage, Agenda, 2021, accessed March 26, 2024, https://www.oxera.com/insights/agenda/articles/is-knowledge-power-data-enabled-learning-and-competitive-advantage/。

[2] 关于数据驱动的网络效应,参见 Maximilian Schäfer, Geza Sapi, Learning from Data and Network Effects: The Example of Internet Search, 2021, accessed March 26, 2024, https://drivegoogle.com/file/d/1RRxhTW560PwtMGLEN-0wHikW7oVS9CEn/view; Francesco Ducci, Natural Monopolies in Digital Platform Markets, Cambridge University Press, 2020。

[3] 针对数据与创新的成本问题,参见 Jens Prüfer, Christoph Schottmüller, Competing with Big Data, 69 The Journal of Industrial Economics, 967(2019)。

他条件相同的情况下,已经发生"倾斜"的市场中的创新动力却很低。因为现有经营者既有较高的服务质量,又有较低的创新边际成本。

有部分学者甚至认为,数据驱动的网络效应可能会导致自然垄断和较高的进入壁垒,因为对于拥有丰富数据的现有经营者来说,创新成本要低得多,而且进入者的创新很容易被超越。① 这导致现有经营者缺乏进入者带来的创新压力,反过来就意味着现有经营者本身不太可能投资创新。②

上述关于数据驱动的网络效应与创新的关系,某种程度上符合阿罗和熊彼特(Schumpeter)开创的古典创新理论。根据肯尼斯·J.阿罗(Kenneth J. Arrow)的观点③,面对激烈竞争的公司往往具有更高的创新动力来规避竞争。而根据熊彼特的观点④,处于垄断地位的公司有更高的创新动力来保护其垄断地位,并阻止他人进入,即"创造性的破坏"理论。结合此两种观点,并根据实证研究,可以发现创新激励往往在少数寡头垄断公司的市场中最多⑤,但在一家垄断的经营者中则不然。在已经"倾斜"的数字平台市场中,进入壁垒很高,"创造性的破坏"的威胁大大降低。这意味着,在其他条件不变的情况下,垄断经营者为保护其垄断地位而进行创新的动力不足。

数据驱动的网络效应难以被竞争对手复制,即使竞争者获得了所有必要的关键技术设施,也仍然缺乏持续不断的用户数据的流入,这对创造同样的数据驱动能力及提供更好的产品或服务的算法是十分必要的。例如,在极端情况下,潜在的竞争者会复制谷歌庞大的以数据为中心的关键技术设施,并雇佣谷歌所有的成熟劳动力来复制(未经培训的)搜索算

---

① 此处重点关注市场驱动的网络效应,但是市场"倾斜"可能不仅仅是数据驱动的网络效应的结果,可能会在更普遍的网络效应下发生,例如,由于社会网络而产生的直接网络效应。

② See Ilya Segal, Michael D. Whinston, Antitrust in Innovative Industries, 97 American Economic Review, 1703(2007).

③ See Kenneth J. Arrow, Economic Welfare and the Allocation of Resources for Invention: The Rate and Direction of Inventive Activity, Princeton University Press, 1962, pp. 609-626.

④ See Joseph A. Schumpeter, The Theory of Economic Development: An Inquiry into Profits, Capital, Cred It, Interest, and the Business Cycle, Harvard University Press, 1934 p. 46.

⑤ 关于竞争、寡头垄断市场与创新的关系,参见 Philippe Aghion, Nicholas Bloom, Richard Blundell, Rachel Griffith and Peter Howitt, Competition and Innovation: An Inverted U Relationship, 120 The Quarterly Journal of Economics, 701(2005)。

法,但还是一个较差的搜索引擎,因为缺乏用户数据来训练和调整算法,使其具有相同的竞争力。从社会创新和社会福利的角度来看,只有竞争者提供了更好的算法(假设它有充分的数据完成训练),这才不会是一个真正的问题。这些数据驱动的网络效应阻碍了进入者的创新,不太可能获得风险投资的青睐。

三、数据驱动的"多米诺"效应与进入壁垒

数据驱动的网络效应也会引发包络效应或"多米诺"效应。[1] 由于数据驱动的网络效应,拥有丰富数据的经营者可能更容易进入其他数据驱动的市场。

一方面,它们具有规模效应和范围效应,存储和分析大量数据所需的关键设施和技术可以很容易地应用于相关市场,而在这些市场中,数据也是关键要素。虽然进入相关市场通常需要该领域的知识来理解数据或业务,但一家经营者在处理和分析数据方面的优势,与客户偏好的识别能力相结合,能够比数据(用户)较少的经营者更好地进行创新。例如,阿里巴巴为支撑其电子商务活动而获得的数据技术和关键设施,使其得以进军流媒体视频市场,并利用数据中心提升推荐合适内容的能力。数据驱动的网络效应和对相关市场的数据利用在横向搜索中尤为明显,因为一般搜索查询中的用户数据不仅可以提高算法本身的效率,而且也能有效识别用户对其他活动的偏好。因此,数据驱动的网络效应不仅可以巩固经营者在其创建的市场中的支配性地位,还可以帮助其进入相关市场,获得更多用户和更多数据,从而进一步强化现有数据驱动的网络效应,并再次进入更多的数据市场。

另一方面,数据驱动的网络效应驱使经营者冒险进入其他也表现出网络效应的市场,否则将会被屏蔽在竞争之外,即"包络"(envelopment)[2]的过程。已经拥有大量用户基础的竞争者可以通过捆绑现有服务与新服

---

[1] 关于"多米诺"效应的定义与解释,参见 Jens Prüfer, Christoph Schottmüller, Competing with Big Data, 69 The Journal of Industrial Economics, 967(2019)。

[2] 关于所谓"包络"的定义,参见 Thomas Eisenmann, Geoffrey Parker and Marshall Van Alstyne, Platform Envelopment, 32 Strategic Management Journal, 1270(2011)。

务,突破网络效应带来的进入壁垒。即使对于和功能不相关的服务,如电子商务和短视频,只要它们大致面向相同的用户群,那么就可以进行捆绑。例如,在亚马逊一案中,捆绑是通过"Prime"会员制进行的,该会员制将免费送货与免费使用其(部分)短视频服务捆绑,同时添加了新服务。基于此,通过捆绑隐私政策,也可以实现"包络"。消费者在同意经营者在一项服务中使用数据时,还必须同意同一经营者在另一项可能不相关的服务中使用数据。① 显然,这将促进数据驱动的网络效应和"多米诺"效应。

在经营者进行数字化转型的情况下,更容易受到相关市场的"多米诺"效应的影响。在过去10年里,科技巨头主要止步于数字科技领域,但可以想象,未来他们将更多地进入物理领域,比如健康、农业、能源、物流或自动驾驶。拥有丰富数据的现有经营者不断扩大在物理领域的数据收集范围,涉及本地搜索和各种家庭自动化设备上语音助手的推荐。因此,在这些有利条件下,如果没有进一步的保障措施,"多米诺"效应可能会继续下去,那么越来越多的市场,包括数字化市场和经历数字化转型的市场,将会变得更加集中,降低竞争力和创新力。然而,该过程可能会无限期地循环下去,因为除数据驱动的网络效应之外,经营者还受到其他因素的限制,如管理问题和其他业务的交易成本。②

值得强调的是,在上文讨论中,假设即使没有任何明显的不当行为,如通过自我偏好滥用支配地位,也会发生上述情况,并为竞争者增加额外的进入壁垒。正如许多学者指出的,竞争法已经被证明对这一动态过程的有效干预过于缓慢,因为几乎不可能找到有效的救济措施将数据驱动的网络效应恢复到滥用之前的状态。③ 这些论点强调了事前监管对事后救济进行补充的重要性。④

---

① See Daniele Condorelli, Jorge Padilla, Harnessing Platform Envelopment in the Digital World, 16 Journal of Competition Law & Economics, 143(2020).

② 关于其他因素,参见 Bengt Holmstrom, John Roberts, The Boundaries of the Firm Revisited, 12 Journal of Economic Perspectives, 73 (1998)。

③ 关于竞争法相对于数据驱动市场的滞后性,参见 Jason Furman, Diane Coyle, Amelia Fletcher and Philip Marsden, Unlocking Digital Competition: Report of the Digital Competition Expert Panel, 2019, accessed March 26, 2024, https://assets.publishing.service.gov.uk/government/uploads/system/u ploads/attachment_data/file/785547/unlocking_digital_competition_furman_review_web.pdf。

④ 关于事前监管如何对事后救济进行补充,请参见本书第四章。

还应该注意的是,前文讨论的是数据驱动的网络效应,数字平台市场中也同时存在传统的网络效应。它们可以是直接的,如在社交网络或消息服务中,也可以是间接的,如在双边市场中(如亚马逊市场)。此外,经营者往往通过构建服务和设备相互操作的生态系统,创造范围经济和规模经济。例如,苹果的智能手表只能与苹果手机一起使用,这些做法加剧了集中的趋势,进一步提高了进入壁垒,对创新产生负面影响。[①]

四、数据驱动的纵向一体化与对创新的扼杀

如果数据丰富的现有经营者实现了纵向一体化,并在同一平台上提供自己的下游服务,那么就会出现与辅助服务相类似的问题。这在数字经济中极为常见,例如,在电子商务市场中,亚马逊既作为运营平台,又充当平台卖家;在线上搜索领域中,谷歌同时运营搜索引擎和其他可通过搜索引擎找到的服务,如购物点评服务或地图服务;在媒体方面,谷歌在广告价值链的各个环节都有参与运营,将广告商与发布商联系起来,谷歌本身也是一家发布商。

作为下游市场的中介和供应商,纵向一体化的平台可以获得下游市场其他供应商和经营者的数据,以及其他客户的数据。这带来了与辅助服务相类似的困境。由于平台在其中一项服务(如搜索引擎、电子商务市场平台或广告服务者)中占据着"数字守门人"的地位,第三方供应商被迫使用该平台开展业务来吸引消费者的注意力。但在此过程中,数据被迫披露给平台,而平台同时也是下游市场的竞争者。这必然削弱独立供应商与数据丰富的经营者竞争的能力。例如,平台了解当前流行的产品、消费者偏好和成功的设计,在此基础上可以利用这些信息改进下游服务和产品,融入创新的理念或设计或者保持在收集消费者资料方面的优势(如广告投放)。因此,该问题十分严重,平台不仅具有数据驱动的优势,还可以利用其中介的角色,将消费者的关注引导至自身的产品和服

[①] 更多的相关例证,参见 Jay-Pil Choi, Christodoulos Stefanadis, Tying, Investment, and the Dynamic Leverage Theory, 32 RAND Journal of Economics, 52(2001)。与之相关的所谓"聚合效应"的讨论,并非章节的重点,可参见 Marc Bourreau, Alexandre de Streel, Digital Conglomerates and EU Competition Policy, 2019, accessed March 26, 2024, https://ssrn.com/abstract=3350512。

务,而不是使用平台上独立供应商的产品和服务。

有观点认为,亚马逊利用来自独立卖家的数据,以其品牌的名义推出竞争产品,然后利用其中介力量,使自己的产品比独立卖家的产品更显眼。① 在收到此类投诉之后,欧盟委员会就这些做法对亚马逊展开了正式的反垄断调查。② 尽管这些数据优势使第三方处于不利地位,并阻碍了它们在平台上的扩张,但有观点认为,消费者短期内不会受到损害,因为他们最终还是能够获得创新的产品和服务,只是通过平台本身而非第三方。短期来看,损害来自第三方和平台之间的创新租金的分配不公。然而,与前文所述的思路相同,长远来看,平台去中介化的威胁可能会扼杀第三方的创新力,这意味着以放弃创新力来损害消费者的利益。这种长期损害较难从经验上评估③,因为需要以某种方式重建缺失的现实假设,即创新难以被平台复制。

针对亚马逊的实证研究④,分析了其平台上销售的 22 个子类别,包含 163853 种产品的相关数据,一方面,证明亚马逊更有可能进入客户评级平均超过三星(满分五星)的产品类别,并且其中已经存在相对较多的独立卖家。然而,在亚马逊进入后,顾客满意度并没有显著提高或降低。因此,从客户的角度来看,亚马逊的产品并没有改进。相反,这表明亚马逊的进入会导致创新租金从第三方卖家转移到亚马逊。另一方面,从动态福利的角度看,更突出的问题是,与未受影响的卖家相比,受影响的第三方卖家更有可能减少他们在亚马逊上提供的产品数量,甚至完全退出。这种影响对规模较小的卖家而言更为明显。这意味着亚马逊的进入削弱了第三方卖家的创新力和竞争力。与此相类似,实证研究发现,在安卓系

---

① 关于亚马逊的相关新闻,参见 Dana Mattioli, Amazon Scooped up Data from Its Own Sellers to Launch Competing Products, 2020, accessed March 26, 2024, https://www.wsj.com/articles/amazon-scooped-up-data-from-its-own-sellers-to-launch-competing-products-11587650015。
② 欧盟针对亚马逊启动调查程序的文件,参见 European Commission, Antitrust: Commission Opens Investigation into Possible Anticompetitive Conduct of Amazon, 2019, accessed March 26, 2024, https://ec.europa.eu/commission/presscorner/detail/en/IP_19_4291。
③ 参见殷继国:《大数据经营者滥用市场支配地位的法律规制》,载《法商研究》2020 年第 4 期。
④ See Feng Zhu, Qihong Liu, Competing with Complementors: An Empirical Look at Amazon. com, 39 Strategic Management Journal, 2618 (2018).

统上的移动应用市场中,单是谷歌进入某些移动应用市场的威胁,就足以导致这些市场的独立卖家减少创新并提高价格。① 这表明,在平台所有者进入后,独立卖家追求的是剥削策略,即尽可能从现有客户群中提取剩余价值,而不是与平台所有者竞争。然而,随后独立卖家的注意力转移到了未受影响的新应用之上。这意味着在平台所有者进入后,创新力不会完全被扼杀,进入的威胁显然降低了创新的预期租金。

第三节 数据驱动的排他性垄断行为:强制开放数据是否为最优救济措施

在数据驱动市场中,认定具有市场支配地位的经营者实施滥用市场支配地位的行为之后,核心的问题在于如何补偿对消费者福利的损害,并且如何实施恢复竞争秩序的救济措施。在谷歌安卓案中,欧盟委员会认为谷歌滥用其在相关市场的支配地位,对安卓设备的制造商与移动网络运营商实施了非法限制,以巩固市场支配地位。② 此案件亦证明了数据驱动市场中的排他性行为旨在剥夺竞争者获取用户数据的能力。这些数据为算法学习提供信息,构成商业活动的核心。③ 基于机器学习的算法在与大数据结合后得到不断的发展④,换言之,亦是数据驱动市场渐进式创新的本质。在数据驱动市场中,基于机器学习的数据驱动,竞争往往伴随着快速的数据迭代,尤其是基于机器学习的市场,不断的技术迭代是竞争的特征。⑤

---

① 关于安卓移动应用市场的实证研究,参见 Wen Wen, Feng Zhu, Threat of Platform-owner Entry and Complementor Responses: Evidence from the Mobile App Market, 40 Strategic Management Journal, 1336(2019)。
② 关于此案的评论,参见 Vikas Kathuria, Greed for Data and Exclusionary Conduct in Data-driven Markets, 35 Computer Law & Security Review, 89(2019)。
③ Case AT. 40099 Google Android v. Commission [2018].
④ 关于所谓机器学习的定义,参见 Case M. 8124 Microsoft v. LinkedIn [2016]。
⑤ 关于数据驱动与机器学习市场竞争的特点的讨论,有相当数量的论文,可参见 John Temple Lang, European Community Antitrust Law: Innovation Markets and High Technology Industries, 20 Fordham International Law Journal, 717(1996); Christopher Pleatsikas, David Teece, The Analysis of Market Definition and Market Power in the Context of Rapid Innovation, 19 International Journal of Industrial Organization, 665(2001)。并且,在欧盟委员会针对微软与雅虎的并购审查中发现,互联网搜索引擎市场具有快速创新迭代的特点,参见 Case COMP/M.5727, Microsoft v. Yahoo! [2010]。

在受到网络效应和数据访问等其他限制的情况下,创新平台可以超越竞争对手。数据驱动市场通常具有网络效应,其中数据量和数据种类对平台的市场份额有积极影响。① 通过剥夺竞争者获得数据的机会,占支配地位的参与者可以成功地利用需求侧的网络效应在双边市场中受益。长期以来,反垄断执法机构一直对具有市场支配地位的经营者的行为保持警惕,主要是限制竞争者获得质变的机会,使自己能够在数据驱动市场中持续生存。②

具有市场支配地位的经营者利用排他性垄断行为剥夺竞争者对数据的应用,构成滥用市场支配地位行为。针对排他性垄断行为,最佳的救济措施似是强制开放数据。有学者赞成通过这种"反射"的措施进行救济。谷歌通过反竞争的手段获取了大量数据,可能的补救办法是,责令其向因反竞争行为而受到损害的竞争者赋予某种形式的数据访问权。③ 然而,欧盟委员会在谷歌安卓案的行政决定中并未通过救济措施给予数据访问权限。④ 基于此,本章第三节拟从理论与实践两个角度,分析强制开放数据作为恢复数据驱动市场竞争秩序的救济措施是否具有正当性。

一、强制开放数据作为滥用市场支配行为的救济措施

(一)强制开放数据在反垄断法框架下的可行性

在某些情况下,试图仅通过"禁令"的方式恢复市场竞争秩序可能是无效的。当占据市场支配地位的经营者实施滥用市场支配地位的行为

---

① 关于平台竞争的讨论,可参见 Maurice E. Stucke, Ariel Ezrachi, When Competition Fails to Optimize Quality: A Look at Search Engines, 18 Yale Journal of Law & Technology, 70 (2016); OECD, Data-driven Innovation for Growth and Well-being: Interim Synthesis Repor, 2014, accessed March 26, 2024, https://www.oecd.org/sti/inno/data-driven-innovation-interim-synthesis.pdf; President's Council of Advisors on Science and Technology, Report to the President, Big Data and Privacy: A Technological Perspective, 2014, accessed March 26, 2024, https://bigdatawg.nist.gov/pdf/pcast_big_data_and_privacy_may_2014.pdf.

② 关于排他性行为在以网络效应为主的市场中是否应当被注意并且被长期监视,参见 Carl Shapiro, Exclusivity in Network Industries, 7 George Mason Law Review, 673(1999)。

③ See Damien Geradin, Monika Kuschewsky, Competition Law and Personal Data: Preliminary Thoughts on a Complex Issue, 2013, accessed March 26, 2024, https://ssrn.com/abstract-2216088.

④ See Case AT. 40099, Google Android v. Commission [2018].

时,如果其面临的唯一后果是来自反垄断执法机构的"禁令",那么其将继续从违法行为中获益。这不仅会损害消费者福利,还会对其他经营者造成错误的激励。对于数据驱动市场可能更是如此,在没有救济措施对市场秩序进行恢复时,相关市场甚至可能出现有利于实施行为的经营者的情况,故需要采取一些"禁令"以外的措施,以消除不利后果,恢复市场竞争秩序。

对此,美国最高法院明确表示,可以剥夺实施行为的经营者从非法行为中获得的任何利益,打破或削弱垄断权力。[1] 这类恢复性救济措施需要超越"禁令"的积极义务。与此同时,在2004年微软搭售案中,尽管微软曾有权提供 Windows 客户端 PC 操作系统和 Windows Media Player 的捆绑版本,但最终被要求提供具有 Windows 客户端 PC 操作系统完整功能的版本,该版本不得包含 Windows Media Player。[2]《欧盟第 1/2003 号条例》授权欧盟委员会,在经营者和行业协会违反《欧盟运作条约》第 102 条的情况下,可以实施针对经营者和行业协会与其所实施的侵权行为相称的任何行为性或结构性救济措施,以及有效终止侵权行为所必需的救济措施。[3]《欧盟第 1/2003 号条例》赋予欧盟委员会有效终止侵权行为的广泛权力,唯一的要求是救济措施必须与侵权行为相称。然而,目前尚不清楚要求侵权人分享其重要资源的救济措施是否能有效终止侵权行为。

在 AKZO 一案[4]中,欧盟法院维持了禁止 AKZO 对竞争者的客户实施选择性降价行为的救济措施。法院认为,有关措施旨在防止侵权行为的重复,并消除后果。在 UFEX 一案中也有关于消除侵权后果的明确指导,欧盟法院认为,在这种情况下,欧盟委员会必须在每个案件中评估被指控的干扰竞争的行为有多严重,后果有多持久。这一义务尤其意味着必须考虑到被指控的侵权行为的持续时间和程度,以及对欧盟的竞争状况的影响。如果反竞争的影响在相关做法停止后仍然存在,那么根据《欧

---

[1] 以上观点源自 20 世纪 60 年代的两起判决,参见 United States v. Grinnell Corp (1966) 384 US 563, 577; United States v. United Shoe Mach Corp (1968) 391 US 244, 250。
[2] See Case COMP/C-3/37/792, Microsoft v. Commission [2004].
[3] See Council Regulation (EC) No. 1/2003.
[4] See Case C-62/86 AKZO v. Commission [1991], ECR Ⅰ-03359.

盟运作条约》第 2 条、第 3(g)条和第 102 条,欧盟委员会仍然有权采取行动,以消除或抵消这些影响。①

在 Commercial Solvents 一案②中,法院进一步明晰了欧盟的救济范围,并指出救济措施可能包括命令作出某些行为或提供某些被不当获取的利益。

综合来看,这些案例表明,为了消除反竞争行为的后果,欧盟委员会可以责令具有市场支配地位的经营者分享利益。尽管缺乏判例法,欧盟委员会仍有权通过要求侵权人分享"被不当获取"的利益来消除后果,但可以或者应该在多大程度上行使这一自由裁量权尚不清楚。

显然,现有的判例规则承认"侵权"不仅限于行为,还包括带来的后续影响。③ 但需要追问的是,救济措施能在多大程度上消除侵权的后果。反垄断执法机构有两种选择:第一种是将竞争恢复至侵权之前的状态;第二种是维持如果没有侵权就会存在的竞争水平。④ 虽然欧盟法院在 AKZO 一案中选择了前一种方案,采取救济措施将竞争恢复到侵权之前的水平。⑤ 但有观点认为,如果要真正消除垄断行为所带来的反竞争效果,需要将竞争者置于没有侵权而本可能存在的状况,由此,可以不因垄断行为的后果阻碍自身的发展。⑥ 尤其当侵权人因违法行为获得了"长期"优势时,将市场调整为"如果没有"的情况是有意义的。⑦ 以已经向侵权者"倾

---

① See Case C-119/97 P UFEX v. Commission [1999], ECR Ⅰ-1341; Case 6/72 Europemballage and Continental Can v. Commission [1973], ECR 215.

② See Cases 6 and 7-73 Istituto Chemioterapico Italiano S.P.A.; Commercial Solvents Corporation v. Commission [1974], ECR 00223.

③ 一旦认定垄断行为,须处理垄断行为本身及其产生的反竞争后果。

④ 换言之,救济措施不仅要结束侵权行为,而且要消除该行为对有关市场产生的扭曲影响。救济措施的目的应该是重新建立竞争状况,即在没有垄断行为的情况下本应存在的竞争状态。

⑤ See Case C-62/86 AKZO v. Commission [1991], ECR Ⅰ-03359.

⑥ See Cyril Ritter, How Far can the Commission Go When Imposing Remedies for Antitrust Infringements? 17 Journal of European Competition Law and Practice, 587(2016); Erling Hjelmeng, Competition Law Remedies: Striving for Coherence or Finding New Ways? 50 Common Market Law Review, 1007(2013). 另外,也有论文支持相类似的观点,参见 R. Craig Romaine, Steven C. Salop, Preserving Monopoly: Economic Analysis, Legal Standards, and Microsoft, 7 George Mason Law School Anitust Symposium, 617(1998)。

⑦ See Cyril Ritter, How Far can the Commission Go When Imposing Remedies for Antitrust Infringements? 17 Journal of European Competition Law and Practice, 587(2016).

斜"的互联网行业为例,对此观点合乎逻辑的延伸,是通过支配性经营者提供部分竞争优势,如交出客户名单或技术许可证,来恢复被其排除在外的竞争者的市场地位。但也有观点认为,垄断行为救济措施的目的是让市场回到底线状态。① 因此,强制开放数据是否作为一种恰当的救济措施取决于恢复竞争秩序的程度,即恢复底线竞争水平。

(二)强制开放数据作为恢复性救济措施的局限性

欧盟的判例规则没有对上述两种标准的选择提供指导。美国司法部选择恢复底线竞争水平的标准,指出其任务是将行为性救济措施集中在重建受影响市场的竞争机会上,而不是决定市场结果或任何特定的竞争水平。② 在救济阶段,仅仅假设在没有侵权行为的情况下可能会存在的竞争水平都非常困难。诚然,在进行实质性分析时经常会对现实进行假设。③ 针对滥用市场支配地位行为,为了评估反竞争效果和对消费者的损害,可以进行适当的现实假设。④ 例如,将发生滥用市场支配地位的行为的市场的价格与不同地区市场的价格进行比较,可以帮助评估对消费者的损害。然而,在救济阶段,利用现实假设和提供获得"不当利益"的机会来恢复"如果没有"下的竞争水平,就不仅仅是确定对消费者的损害,而是人为地确定竞争者的市场地位。更重要的是在救济阶段,将核心资源分配给竞争者将直接影响到他们的市场份额。

在 2002 年微软案⑤中,经营者被要求在每份 Windows 操作系统中强

---

① See John E. Lopatka, William H. Page, Devising a Microsoft Remedy That Serves Consumers, 9 George Mason Law Review 691, 700(2001). 作者在描述救济措施的目标时指出,是"恢复",而不是"创造":救济措施的目标应该是将市场恢复到如果没有反竞争行为的状态,市场普遍存在的基线状态,而不是重塑市场以接近竞争的理想。

② See The United States Department of Justice, Competition and Monopoly: Single-firm Conduct Under Section 2 of the Sherman Act, 2008, accessed March 26, 2024, https://www.justice.gov/atr/competition-and-monopoly-single-firm-conduct-under-section-2-sherman-act-chapter-9.

③ See Damien Geradin, Ianis Girgenson, The Counterfactual Method in EU Competition Law: The Cornerstone of the Effects-based Approach, in Jacques Bourgeois, Denis Waelbroeck (eds.), Ten Years of Effects-based Approach in EU Competition Law: State of Play and Perspectives, Bruylant, 2012, pp. 211–241.

④ 所谓适当的现实假设,可参见 European Commission, Communication from the Commission Guidance on the Commission's Enforcement Priorities in Applying Article 82 of the EC Treaty to Abusive Exclusionary Conduct by Dominant undertakings [2009], OJ C45/7, para. 21。

⑤ See New York v. Microsoft Corp [2002].

制安装符合 Sun 标准的 Java 虚拟机(JVM)作为救济措施。之所以要求这种救济措施,是因为微软的反竞争行为也旨在禁止符合 Sun 标准的 Java 在市场上扩大规模。如果符合 Sun 标准的 Java 获得成功,它就会作为一个成功的跨平台中间件,从而挑战微软在操作系统中的市场地位。在拒绝这种救济措施的同时,地区法院指出,一旦微软对 Java 分销渠道的反竞争限制被法院的其他救济措施所解除,任何行业对符合 Sun 标准的 Java 持续缺乏兴趣都不是法院在该诉讼中应当解决的问题。这是一个特定竞争者的问题,而不是竞争本身,因此,根据反垄断法进行救济是不合适的。① 法院还指出,没有证据表明,如果没有微软的反竞争行为,Java 今天会与微软在分销方面拥有同等地位。② 这意味着除去微软的反竞争行为,仍可能有其他原因阻止用户选择符合 Sun 标准的 Java。法院的作用是结束非法行为,并尽一切努力防止类似行为,而不是去塑造某种特定的市场结果。③ 因此,地区法院作出了倾向于将竞争恢复到"底线"标准的选择。

地区法院在 2002 年微软案中采取的方法是正确的,因为市场是变幻莫测的,尤其是一个快速发展的行业,要求实施救济措施的目标是恢复到"如果没有"滥用市场支配地位的行为下的竞争水平几乎是不可能的。反垄断执法机构任何此类尝试不仅具有高度的投机性,而且有可能是在保护竞争者,而不是竞争秩序本身。有观点认为,实施滥用市场支配地位的行为损害竞争者,这也是滥用市场支配行为救济措施的重点,但是竞争者的利益却非反垄断法的目的。④ 通过垄断行为救济措施进行的任何形式的市场塑造都是不合适的选择,会对消费者产生不利影响。

在强制开放核心资源的背景下,当经营者被认为通过数据而锁定自身优势时,反垄断执法机构便开始建议竞争者强制访问经营者的数据包,以作为一种潜在的市场救济措施。例如,欧盟委员会的《数字市场法案》允许经营者用户访问终端使用者数据,线上搜索引擎可以访问最大搜

---

① See Massachusetts v. Microsoft Corp〔2004〕.
② See New York v. Microsoft〔2002〕.
③ See New York v. Microsoft〔2002〕.
④ See Thomas O. Barnett, Section 2 Remedies: What to Do After Catching the Tiger by the Tail, 76 Antitrust Law Journal, 35(2009).

索提供商的潜在"排名、查询、点击和查看"数据。① 英国数字市场工作组也提出了类似的建议。② 这些都可归于开放数据访问的更广泛的监管趋势,肇始于银行业,并正在其他行业蔓延。强制开放数据在某些情况下可能会导致意想不到的后果,即隐私保护水平降低、相关数据服务价格上涨或创新力降低。

第一,通过开放数据促进数字公司竞争的机制不利于隐私保护。例如,反垄断执法机构可以通过鼓励(或强制)经营者间更大程度的数据共享来降低数据收集成本。然而,当数据共享导致更多的公司有能力获得用户数据时,用户隐私的保护水平也会随之降低。③ 当然,通过用户决定的安全措施是有可能减轻这种风险的。

第二,在广告平台和广告商之间更广泛的数据共享也可能会在特定情况下提高价格。④ 例如,数据共享提高了市场的透明度,经营者能够更好地识别消费者的支付意愿,但也同时会导致价格歧视的加剧。

第三,旨在提高市场竞争性的数据共享政策可能会对经营者在数据收集和处理方面的投资和创新产生负面作用。⑤ 对于进入者来说,数据共享可能会降低其参与竞争的积极性,因为它预期可以在未来通过数据共享和"搭便车"的方式获得数据。现有经营者对竞争者未来"搭便车"的预期,可能会降低其从数据收集、投资与创新中获取收益的能力,从而降低积极性。⑥

---

① See European Commission, Proposal for a Regulation of the European Parliament and of the Council on Contestable and Fair Markets in the Digital Sector (Digital Markets Act), COM(2020) 842 final, 2020, accessed March 26, 2024, https://ec.europa.eu/competition/sectors/ICT/digital_markets_act.html.

② 英国数字市场工作组的建议,参见 Competition and Markets Authority, A New Pro-competition Regime for Digital Markets, Advice of the Digital Markets Taskforce, CMA, 2020, accessed March 26, 2024, https://www.gov.uk/cma-cases/digital-markets-taskforce。

③ 而且还有可能造成信息交换型限制竞争的行为,参见郭珺:《信息交换反垄断规制的域外法镜鉴》,载《电子知识产权》2019 年第 5 期。

④ 关于互联网广告与隐私的关系,参见 Alexandre de Corniere, Romain de Nijs, Online Advertising and Privacy, 47 RAND Journal of Economics, 48 (2016)。

⑤ 参见殷继国:《大数据市场反垄断规制的理论逻辑与基本路径》,载《政治与法律》2019 年第 10 期。

⑥ See Oxera, European Regulation of Digital Markets Puts Future Innovation at Risk, 2021, accessed March 26, 2024, https://www.oxera.com/agenda/whats-the-data-on-equity-trading-market-data-taking-stock-of-the-debate.

立法者应该注意到对数据市场的任何干预都可能产生意外的后果,如损害隐私、价格或创新激励。为了解如何权衡适当的干预,并推进关于开放数据获取的决策,有必要进一步考虑如何量化数据的价值。任何此类救济措施都会通过让竞争者访问经营者的数据将市场份额分配出去,而这些数据本来应该是竞争的目标。如果不能将竞争者当前的市场地位完全归因于支配性经营者的滥用行为,那么这种方法就更加不准确。更重要的是,在以快速创新为特征的数据驱动市场中,寻求实现"假设现状"或"如果没有"下的竞争水平的救济措施是不合适的。有趣的是,数据的"速度"特性能够让竞争者在通过反垄断措施消除限制后,迅速在市场上占据一席之地。由此,可以得出恢复性救济措施具有一定的局限性,即虽然反垄断执法机构在认定违法行为之后会采取救济措施,以在未来恢复竞争秩序,但是这种解决方案需要符合要求的结构性或者行为性救济措施,而其效果在实际执行中也可能被质疑。从这样的角度来看,更好的解决方案可能是停止侵权行为,让市场自行恢复竞争秩序。①

二、强制开放数据作为救济措施:以谷歌广告案为例

(一)谷歌广告案的基本情况

2020 年 7 月英国竞争与市场管理局发布《关于英国在线平台和数字广告的报告》。② 该报告将重点放在了谷歌和 Facebook 上,并表示其担心这两个平台现在受到强大的现有优势的保护,包括网络效应、规模经济和无与伦比的用户数据访问权限,潜在的竞争对手无法再在平等的条件下竞争。2019 年 7 月,英国竞争与市场管理局开始对英国的在线平台和数字广告市场进行市场研究。这项市场研究的启动是因为人们

---

① See Erling Hjelmeng, Competition Law Remedies: Striving for Coherence or Finding New Ways? 50 Common Market Law Review, 1007 (2013).

② 参见 Competition and Markets Authority, Online Platforms and Digital Advertising Market Study, accessed March 26, 2024, https://www.gov.uk/cma-cases/online-platforms-and-digital-advertising-market-study. 同样,欧盟委员会发布的《数字市场法案》提出了将数字平台列为"数字守门人"的标准及其应遵守的义务。See European Commission, Proposal for a Regulation of the European Parliament and of the Council on Contestable and Fair Markets in the Digital Sector, accessed March 26, 2024, https://eur-lex.europa.eu/legal-content/en/TXT/? uri=COM:2020:842:FIN.

担心数字广告领域的在线平台,特别是谷歌和 Facebook 具有的市场影响力,而该行业(正在)发展不佳。虽然英国竞争与市场管理局从未定义"发展不佳"在消费者福利损失方面的含义,但其在 2019 年 12 月发布中期报告,在 2020 年 4 月发布对中期报告的回应,并在 2020 年 7 月 1 日发布的报告中包含对谷歌在搜索广告市场支配地位的担忧及建议的救济措施,其中包括一项旨在纠正其担忧的数据获取的救济措施。①

正如英国竞争与市场管理局的报告指出的,谷歌提供搜索广告,广告可以根据用户点击、查询行为及个人用户信息进行匹配。② 该报告侧重于搜索广告的静态份额,指出 2019 年谷歌占英国搜索广告收入的 90% 以上。谷歌和数字广告市场所具有的六个特征可能会抑制竞争者的进入或扩张:①网络效应和规模经济;②消费者行为;③不平等地获取用户数据;④缺乏透明度③;⑤生态系统的重要性;⑥纵向一体化和利益冲突。④ 点击和查询数据规模对搜索引擎的性能提升是有利的,由此而产生的数据能够促进算法的改进,更好地匹配广告商。报告还认为,对于不常见的或新的查询,即"尾部查询"(tailqueries),这种优势更大。由于尾部查询在用户查

---

① 根据英国竞争与市场管理局的调查,数字广告有三种类型:搜索、展示和分类,并将搜索广告定义为响应用户在搜索引擎上查询而提供的赞助广告。广告商为广告付费,例如,当用户输入特定的关键词或短语时,会显示一个文本链接。根据该调查,展示广告使广告商能够以各种形式在网站或应用程序上投放广告。与其他两类广告不同,分类广告涉及广告商向在线公司支付费用,以便在专门的网站上列出特定的产品或服务。根据英国竞争与市场管理局的观点,搜索和展示广告在客户的决策过程中发挥着不同的作用,因此不容易相互替代。鉴于数字广告与传统媒体不同,数字广告允许广告商通过数据锁定特定受众,因此数字广告与传统媒体之间的可替代性有限。值得注意的是,英国竞争与市场管理局在调查中并未正式进行相关市场界定,而是"考察了整个行业的竞争限制"。然而,尽管没有提出正式的市场定义,英国竞争与市场管理局隐含地定义了搜索广告("搜索广告市场")和展示广告("展示广告市场")的独立相关市场,并在其对潜在危害的评估和救济措施的评估中使用这些市场。

② See Google, Google Safety Center, accessed March 26, 2024, https://safety.google/privacy/ads-and-data/.

③ 英国竞争与市场管理局认为,数字平台使用复杂的算法,使得市场参与者在理解和质疑谷歌和其他平台的决定方面面临特别大的挑战。市场参与者在数字广告的多个方面,如广告的质量和效果及拍卖的运作方面,都严重缺乏透明度。

④ See Competition and Markets Authority, Online Platforms and Digital Advertising Market Study, accessed March 26, 2024, https://www.gov.uk/cma-cases/online-platforms-and-digital-advertising-market-study, paras. 23-30(网络效应和规模经济); paras. 31-40(消费者行为); paras. 41-48(不平等地获取用户数据); paras. 49-55(缺乏透明度); paras. 56-60(生态系统的重要性); and paras. 61-68(纵向一体化和利益冲突)。

询中占相当大的比例,因此,根据尾部查询生成更准确或有用的搜索结果,对使用搜索引擎的用户来说很有价值,也可以提高用户对搜索引擎的参与度。广告商也受益于更精确的广告定位,并获得更高的投资回报。最后,谷歌通过面向用户的服务、安卓移动设备,以及它们在第三方网站和应用程序上的标签,收集了大量用户数据,而跟踪用户在线行为的能力使谷歌能够提供许多有价值的个性化广告选项,并衡量广告的有效性。

英国竞争与市场管理局在一周内分析了谷歌和必应上超过 30 亿次的搜索事件,并估计必应所收到的每个尾部查询,谷歌也都会收到。在 80% 以上最受欢迎的网站上都可以找到谷歌标签,这一比例远远高于其他任何平台。可以得出,谷歌有能力获取大量用户数据,而潜在的竞争者却无法获得相匹配的数据,这导致搜索广告市场的竞争限制,消费者也遭受损害。

鉴于谷歌在相关市场的支配地位,英国竞争与市场管理局建议,对通过数字广告赚取收入的网络平台采取两部分救济措施。

其一,对具有"战略市场地位"的平台制定基于公平交易、开放选择,以及信任透明的可执行的行为准则,旨在解决市场力量对相关市场的潜在影响,而不是仅仅针对市场力量的来源。然而,报告没有提供任何具体的标准用以评估某一数字平台是否具有"战略市场地位",仅仅提供了粗略的定义,即获得"数字守门人"地位,并对其产品用户具有持久市场力量的公司。[①] 2020 年 11 月英国竞争与市场管理局下属的数字市场工作组提出了《关于设计和实施有利于竞争措施的建议》。这些措施包括为该行业引入一个可执行的行为准则以有利于竞争干预,以及在合并调查期间加强对被指定为"战略市场地位"的公司的审查。[②]

其二,解决广告市场中市场力量来源的救济措施。英国竞争与市场管理局建议采取具体的干预措施,以克服搜索需求和供应方面的进入和

[①] See Competition and Markets Authority, Online Platforms and Digital Advertising Market Study, 2020, accessed March 26, 2024, https://www.gov.uk/cma-cases/online-platforms-and-digital-advertising-market-study.

[②] 数字市场工作组的建议,参见 Competition and Markets Authority, A New Pro-Competition Regime for Digital Markets: Advice of the Digital Markets Taskforce, accessed March 26, 2024, https://www.gov.uk/cma-cases/digital-markets-taskforce#taskforce-advice。

扩张限制。建议设立专门的监管部门并赋予其权力,以限制谷歌在多种设备和浏览器上锁定默认状态的能力,要求谷歌向第三方搜索引擎提供点击和查询数据,并改进搜索算法。① 这些数据将包括部分或全部用户查询、用户交互,如点击、定位、历史搜索、搜索结果。

在谷歌广告案中,由于谷歌滥用其市场支配地位,使得竞争者无法获得与谷歌相当的用户点击与查询的数据,因此,英国竞争与市场监管局将调查的重点放在进入壁垒上,在评估数字广告市场的竞争条件及其建议的救济措施时,含蓄地应用了关键设施原则。虽然关于该原则的适用范围在各国反垄断实践中存在较大的差异②,但一般而言,基础设施被认为是"关键的",前提是:①在商业运作中广泛使用;②由于法律、经济、物理或地理限制,对其复制即使并非不可能,但也被认为是极其困难的。③ 如果一个设施确实至关重要,那么控制该设施的公司将不受大多数形式的竞争的影响。④ 在此情况下,关键设施原则要求,为了确保竞争,控制的公司必须以合理的价格提供设施的使用权。

关键设施原则的使用可以追溯到 1912 年美国最高法院审理的 Terminal Railroad 一案。⑤ 该案中,法院要求控制通过圣路易斯的所有铁路通道的铁路协会以合理的条件,向竞争者的铁路承运人提供进入其设施的渠道。⑥ 自 Terminal Railroad 一案以来,关键设施原则已被应用于美国

---

① 欧盟委员会颁布的《数字市场法案》也包含了一些与数据可移植性和访问有关的条款,但这些建议更为有限,一般仅限于为最终用户和经营者提供对其自身数据的访问。同时,该法案也包含一项规定,要求竞争者的搜索引擎在公平、合理和不歧视的条件下访问点击和查询数据;但是,这些数据将受到匿名化处理。

② 关于关键设施原则的相关条例较多,此处列举 OECD 的报告,该报告详细分析和比较了各国反垄断法在运用中的差异。See OECD, The Essential Facilities Concept, 1996, accessed March 26, 2024, http://www.oecd.org/competition/abuse/1920021.pdf.

③ See Directorate-General for Competition, Glossary of Terms Used in EU Competition Policy: Antitrust and Control of Concentrations, European Commission, 2002, p. 18.

④ 关于关键设施原则在美国反垄断法中的运用,参见 Robert Pitofsky, Donna Patterson and Jonathan Hooks, The Essential Facilities Doctrine under United States Antitrust Law, 70 Antitrust Law Journal, 443 (2002)。

⑤ See United States v. Terminal Railroad Association of St Louis [1912].

⑥ 美国最高法院指出,相互竞争的承运人几乎不可能发展自己的设施,承运人必须通过圣路易斯的铁路才能进入城市周边的铁路。对于此案件进一步的分析,参见 Marissa A. Piropato, Open Access and the Essential Facilities Doctrine: Promoting Competition and Innovation, 1 University of Chicago Legal Forum, 380(2000)。

诸多影响深远的案例中,然而却遭到了质疑。由此,在 2004 年的 Trinko 一案①中,美国第二巡回法院将关键设施原则的适用范围限制在"完全无法进入"的状况下,从而大大缩小了适用范围。此外,还要求经营者证明不存在合法或有利于竞争的理由拒绝进入,并且需提供相关证据表明,占市场支配地位的经营者试图消灭竞争者。由于构成要件的标准提高,自该案以后,关键设施原则在美国就很少被成功援引。②

与美国相比,欧盟法院和反垄断执法机构更容易接受关键设施原则。③ 关键设施的问题可归属于《欧盟运作条约》第 102 条的规定范围,该条涵盖了支配性经营者拒绝提供产品或服务的情况,拒绝允许使用其设施或者以与拒绝具有相同效果的方式设定产品价格、产品交付和产品质量。欧盟委员会首先在 Sealink 一案中提到了该原则。该案中,欧盟委员会竞争事务总局确定,Sealink 拥有的并拒绝他人进入的港口设施,即 Holyhead 港是一个关键设施,因为它是唯一为市场服务的英国港口。此后,该原则被多个法院和成员国竞争管理局采用。在这些裁决中,海湾、港口、隧道和类似设施的所有者被指控利用对关键设施的控制来阻止下游竞争者。

这一原则也适用于涉及知识产权的案件。在 Magill 一案中,欧盟法院确认了欧盟委员会此前的一项判决,即拒绝他人获取电视节目列表信息可能构成滥用市场支配地位行为。欧盟法院的判决形成了经营者拒绝交易行为如何构成滥用市场支配地位的基本构成要件,即①电视节目表是必要的;②拒绝提供节目表且无正当理由;③拒绝提供行为阻碍了新产品的出现;④拒绝提供的行为实际上使广播公司在每周电视指南的下游

---

① See Verizon Communications Inc. v. Law Offices of Curtis v. Trinko [2004]. 关于该案的相关讨论,参见 Frank X. Schoen, Exclusionary Conduct after Trinko, 80 New York University Law Review, 1625 (2005)。

② See Spencer Weber Waller, Willian Tasch, Harmonizing Essential Facilities, 76 Antitrust Law Journal, 745 (2010)。

③ 欧洲学者对于关键设施原则的讨论,参见 Giuseppe Colangelo, Mariateresa Maggiolino, Big Data as Misleading Facilities, 13 European Competition Journal, 249 (2017); Sergio Baches Opi, The Application of the Essential Facilities Doctrine to Intellectual Property Licensing in the European Union and the United States: Are Intellectual Property Rights Still Sacrosanct? 11 Fordham Intellectual Property, Media & Entertainment Law Journal, 418 (2001)。

市场中获得了事实上的垄断地位。① 在随后的 Bronner 和 Health/IMS 两个案件中,欧盟法院确认了使用该标准来确定是否应授予访问权限。特别是在 Health/IMS 方面,欧盟法院发现需要满足 Magill 中规定的每一个"特殊情况",才能授予访问权限。在微软搭售案中,欧盟法院又扩大了第三项要件(拒绝提供是否会阻碍新产品的出现),变更为拒绝行为是否会阻碍开发具有附加价值的改良产品。

在每一项判决中,法律决定的逻辑都与一系列潜在的经济问题保持一致,即竞争者无法通过开发自己的关键设施替代品来增加消费者福利,这导致关键设施所有者的垄断收益,进一步降低了市场总福利。此外,在这些案例中,均未发现任何客观正当的或有利于竞争的理由,以缓解因拒绝获取而导致的消费者福利减损。如前所述,根据关键设施原则,仅行使知识产权并不构成滥用市场支配地位,除非:①数据对市场竞争必不可少;②拒绝行为限制了技术改进;③拒绝行为无客观正当的理由。

(二)谷歌相关用户数据是否构成关键设施

根据前述关键设施原则的逻辑,只有在广告商没有其他选择的情况下,谷歌搜索点击和查询数据才是必要的。然而,替代品很容易识别。

第一,目前仍有许多其他搜索引擎在搜索广告市场中运行。② 虽然谷歌搜索收集的数据规模可能更大,但没有证据表明,能够访问数百万个或数十亿个数据的较小搜索引擎没有提供足够的替代品,特别是考虑到

---

① 在 Bronner 一案中,日报的发行量小,建立第二个全国性的递送网络是不可行的。在此案中要论证报纸投递网络是否是"关键设施",须证明建立与 Mediaprint 规模相当的全国性的递送网络是不可行的。因此,Mediaprint 现有的递送网络才可被认为是"关键设施"。更详细的关于 Bronner 一案的讨论,参见 S. J. Evrard, Essential Facilities in the European Union: Bronner and Beyond, 10 Columbia Journal of European Law, 13(2004).

② 事实上,在谷歌、雅虎和必应之外,还有数以百计的搜索引擎,而消费者在搜索引擎之间轻松转换的能力制约了谷歌反竞争行为的能力。关于搜索引擎市场的调查与讨论,参见 Rahul Telang, Uday Rajan, and Tridas Mukhopadhyay, The Market Structure for Internet Search Engines, 21 Journal of Management Information Systems, 138(2004); Robert H. Bork, J. Gregory Sidak, What Does the Chicago School Teach About Internet Search and the Antitrust Treatment of Google? 8 Journal of Competition Law & Economics, 671(2012); Michael A. Salinger, Robert J. Levinson, Economics and the FTC's Google Investigation, 46 Review of Industrial Organization, 25(2015).

复杂算法、采样策略和对外推广的可用性和持续发展,使得它们能够更好地利用这些数据。①

　　第二,谷歌搜索的竞争者目前收集了大量用户数据,而且他们有可能收集到更多,并且还可以从其他活跃于搜索或广告供应的参与者那里获得额外的点击和查询数据。例如,2010 年,微软收购了雅虎的搜索和搜索广告业务,以及雅虎收集的点击和查询数据。② 换言之,可以从数据供应商那里购买大量的数据集,这些数据集可以与竞争对手的搜索引擎控制的数据集成。③ 此外,数据科学的进步使竞争者的搜索引擎能够自行生成质量更好的数据。例如,必应最近开发了一种新型人工智能,用于生成大量高质量的标记数据,以训练他们的机器学习算法。④

　　第三,必要性需要进行前瞻性的评估。除当前谷歌搜索的替代方案外,还可能开发出潜在的替代方案。创新型公司通常会找到新的方法,以不同的方式使用现有数据或从不同来源获取数据以开展竞争。例如,虽然智能冰箱制造商可能会使用其数据来预测个人的饮食习惯,但超市可能会通过分析信用卡记录来尝试同样的预测。类似的,虽然谷歌搜索的数据可以提供对消费者偏好的判断,但许多社交网络也可以提供类似信

---

① See Ying Zhan, Chen Ling, A Strategy to Apply Machine Learning to Small Datasets in Materials Science, 4 Computational Materials, 1–8(2018); H. James Wilson, Paul R. Daugherty, Small Data Can Play a Big Role in AI, 2020, accessed March 26, 2024, https://hbr.org/2020/02/small-data-can-play-a-big-role-in-ai.

② See Jared Newman, Will Bing's Back-End Make Yahoo Better? PC World, 25 August 2010, accessed March 26, 2024, https://www.pcworld.com/article/204134/Will_Bing_Back_End_Make_Yahoo_Better.html; Jared Newman, Yahoo-Microsoft Deal Makes Bing Better, DOJ Says, accessed March 26, 2024, https://www.pcworld.com/article/189801/yahoo_microsoft_deal_makes_bing_better_doj_says.html; J. E. Vascellaro, N. Wingfield, Microsoft, Yahoo Reach Search Deal, The Wall Street Journal, July 2009, accessed March 26, 2024, https://www.wsj.com/articles/SB124886852386589989.

③ See Anja Lambrecht, Catherine E. Tucker, Can Big Data Protect a Firm From Competition? CPI Antitrust Chronicle (2017).

④ 关于必应的人工智能技术,参见 Kuang-Huei Lee, Xiaodong He, Lei Zhang and Linjun Yang, CleanNet: Transfer Learning for Scalable Image Classifier Training with Label Noise, accessed March 26, 2024, https://arxiv.org/pdf/1711.07131; Bing Blogs, Artificial Intelligence + Human Intelligence: Training Data Breakthrough, accessed March 26, 2024, https://blogs.bing.com/search-quality-insights/2018-06/Artificial-intelligence-human-intelligence-Training-data-breakthrough。

息。谷歌搜索本身就证明了其有能力创造出相类似的关键设施。① 尽管谷歌最初缺乏竞争者,但它使用 PageRank 算法提高了搜索的速度,并超越了雅虎。简言之,数据的排他性并不意味着所需特定信息的排他性。

第四,在搜索广告市场之外,其他的竞争市场也很庞大。在直接搜索广告之外,广告商有很多与消费者互动的选择,这些其他替代品的存在对搜索广告市场的参与者构成竞争约束。对于搜索引擎和其他多边平台来说,市场界定已经非常困难,数字广告领域更是如此。② 谷歌面临多方面的竞争限制,包括但不限于垂直搜索网站、专业购物网站、在线显示广告③和离线广告。例如,垂直搜索网站允许用户对特定类型的信息进行专门搜索,并提供替代平台在线推广品牌和产品。

从纯粹的经济角度来看,如果不是与垂直搜索网站竞争,为什么人们会期望垄断产品的价格更低?垂直搜索网站的用户透露了大量自己的信息,包括他们对这些网站上的目标信息的兴趣。这是在专业网站上发布广告的基本优势。同样的,亚马逊等在线零售商也有关于产品浏览和购买决策的用户信息。此外,展示广告存在竞争,尤其是在 Facebook 上的展示广告,正越来越多地被用于定位市场内的转换。这表明 Facebook 未来可能会对谷歌形成越来越大的竞争约束。

谷歌搜索点击和查询数据远未形成一个独特的市场或关键设施。相反,包括垂直搜索网站和在线零售商在内的其他网站拥有关于商业客户类似价值的信息,并且可以利用数据与一般的搜索引擎开展竞争。鉴于对欧盟判例中关键设施原则的必要性的前瞻性评估,将谷歌搜索点击和查询数据归为此类似乎与行业事实不符。

---

① 在 Health/IMS 一案中,欧洲法院重复了在 Bronner 一案中的评估,即对于与权利人规模相当的公司来说,生产类似的设施在经济上是不可行的。

② See Geoffrey A. Manne, Joshua Wright, Google and the Limits of Antitrust: The Case Against the Antitrust Case Against Google, 34 Harvard Journal of Law & Public Policy, 26-27(2011); Marina Lao, Search, Essential Facilities, and the Antitrust Duty to Deal, 11 Northwestern Journal of Technology and Intellectual Property, 291 (2013).

③ 线下广告也可作为对谷歌和其他搜索引擎的有效竞争制约,参见 Avi Goldfarb, Catherine Tucker, Search Engine Advertising: Channel Substitution When Pricing Ads to Context, 57 Management Science, 458 (2011).

(三)拒绝访问谷歌相关用户数据是否会抑制相关市场的竞争

如前所述,缺乏对谷歌搜索点击和查询数据的访问似不太可能限制搜索广告市场的创新。搜索引擎性能的提高,以及由此带来的用户体验的改善,主要是由专利算法推动的,算法不一定依赖于用户反馈或增加的数据访问。在没有增加用户访问数据的情况下,搜索引擎在改进服务和提高竞争能力方面并不会受到限制,无论是否缺少谷歌搜索的点击和查询数据。因此,市场竞争秩序不太可能因为竞争者无法访问这些数据而受到限制。例如,必应的研究人员通过创新开发了一种基于人工智能的新方法,生成大量带标签的训练图像数据,以便更好、更快地对图像进行分类,从而改善图像搜索结果。此外,百度通过专注于当地的内容、语言和相关服务,成为我国最普遍使用的搜索引擎。这表明这些竞争者的搜索引擎在各自国家或地区的表现优于谷歌搜索。①

在线控制实验也被证明能够在不访问海量数据的情况下生成高质量的搜索结果。例如,微软为必应进行了一个简单的测试,以评估改变搜索引擎显示广告标题的方式所产生的影响。测试表明这一变化使收入惊人地增加了12%,仅在美国每年的收入就超过了1亿美元,并且没有损害关键用户的体验指标。这是必应历史上最好的创收创意,在这次测试之前,它的价值并未得到重视。②

有学者研究了欧盟《一般数据保护条例》对经营者收集消费者数据能力的影响。有关个人数据的竞争问题往往与隐私法重叠。虽然消费者是数据的生产者,但这是与经营者共同完成的。经营者建立了系统来获取与组织这些数据。当消费者无法知道或理解他们的数据是在哪里收集、如何收集或使用的,经营者无法为消费者提供足够的透明度和对数据的控制时,隐私问题就会出现。③ 隐私通常被视为竞争的非价格维度之

---

① See Wugang Zhao, Edison Tse, Competition in Search Engine Market, 28 Journal of Business Strategies, 124 (2011).
② See Ron Kohavi, Stefan Thomke, The Surprising Power of Online Experiments, Harvard Business Review, accessed March 26, 2024, https://hbr.org/2017/09/the-surprising-power-of-online-experiments.
③ 但这并不必然意味着隐私保护水平的降低,参见丁晓东:《论数据垄断:大数据视野下反垄断的法理思考》,载《东方法学》2021年第3期。

一,故公司可以提高或降低消费者数据的隐私级别。① 这可以通过降低数据收集和使用的透明度或授予用户对此的控制权来实现。但消费者群体的偏好存在异质性,因此,精准确定不同消费者对隐私的价值是异常困难的。② 该条例要求经营者允许消费者阻止网站收集和分享他们的个人数据。研究发现,虽然该条例降低了数据可用性,但经营者使用中介专有的机器学习算法预测消费者行为的能力,并未因该条例引起的变化而被削弱。相反,经营者的预测能力有所改善,可能是因为那些选择加入并分享数据的消费者拥有更完整的搜索历史。③ 因此,重要的可能是收集的数据类型,而非数据的数量。④ 学术界的研究表明,搜索引擎的创新依然活跃,而且谷歌搜索的点击和查询数据有多种替代方案。这些替代方案及算法的创新和进步,产生了高质量的搜索结果,并为有意接触具有明确偏好的特定客户的潜在广告商提供了有用的信息。

如果在改善隐私方面展开竞争,不同经营者之间的竞争将可能导致更大的隐私问题。⑤ 而具有市场支配地位的经营者可能会对消费者施加在充分竞争环境下不太可能会被消费者接受的隐私条款。在这种情况下,采取措施增加平台之间的竞争可以改善消费者可获得的隐私服务。然而,促进竞争的行为又可能会降低隐私服务水平,后文将讨论这一潜在后果。额外利益的产生与市场失灵的纠正是开放数据获取的两

---

① 相关案件中对数据隐私的考量,参见 Case M. 4731 Google v. DoubleClick［2008］; Case M. 7217, Facebook v .WhatsApp［2014］; Case M. 8124, Microsoft v. Linked In［2016］; Case M. 9660 Google v. Fibit［2011］。

② 隐私的经济学特征,参见 Alessandro Acquisti, Curtis Taylor and Liad Wagman, The Economics of Privacy, 54 Journal of Economic Literature, 442(2016)。

③ See Guy Aridor, Yeon-Koo Che and Tobias Salz, The Economic Consequences of Data Privacy Regulation: Empirical Evidence from GDPR, accessed March 26, 2024, https://papers.ssrn.com/sol3/papers.cfm? abstract_id=3522845.

④ See Maximilian Schaefer, Geza Sapi, Szabolcs Lorincz, The Effect of Big Data on Recommendation Quality, accessed March 26, 2024, https://www.dice.hhu.de/ fileadmin/red.aktion/Fakultaeten/Wirtschaftswissenschaftliche_Fakultaet/DICE/Discussion_Paper/284_Schaefer_Sapi_Lorincz.pdf. 该文章的作者对雅虎数据的研究也支持这一点,即数据类型(如个性化信息)和搜索算法的整体质量对搜索结果质量的重要性,并且当一个给定的术语被搜索超过 500 次后,搜索质量改进的边际收益就会递减。

⑤ 有学者将此称为大数据时代对反垄断的三大挑战之一。参见丁晓东:《论数据垄断:大数据视野下反垄断的法理思考》,载《东方法学》2021 年第 3 期。

个主要动机。其一,通过开放数据,更多经营者将有机会创新或改进其产品和服务。其二,开放数据可以纠正或防止市场的失灵。当强制开放数据作为救济措施时需考量数据普遍存在差异,需要仔细考虑提供了什么数据,数据的价值是什么,以及开放访问会影响价值创造的哪些部分。开放数据可能是一种提高福利的解决方案,但也可能会导致意想不到的相反后果。

(四)谷歌拒绝开放相关用户数据是否有合理理由

如上文所述,谷歌搜索的点击和查询数据远非关键设施。在搜索广告市场上,竞争的经营者有很多选择,缺乏对谷歌搜索点击和查询数据的访问似乎与强大的市场创新共存。然而,值得研究的是,拒绝访问谷歌搜索点击和查询的数据,是否可以保护投资和创新的动力,是否可以保护用户的隐私,从而表明开放数据可能会导致市场总福利的损失而非增长。英国竞争与市场管理局认为,数据访问救济措施旨在解决搜索广告市场的市场力量来源。前提是,第三方搜索引擎对谷歌搜索点击和查询数据的访问将使得竞争者的搜索引擎改进其搜索算法,并且数据访问将降低谷歌相对于当前和潜在竞争者的规模经济优势。如上文所述,此前提是难以立足的,任何对投资和创新的激励或对隐私的负面影响,都必须认真审视。

谷歌搜索的质量让谷歌在吸引用户注意力方面更加成功。用户和广告商的共同需求激励着谷歌不断提高搜索质量。用户重视在互联网上快速查找到相关信息,而广告商则重视获得具有明确偏好的搜索用户。谷歌正在开展一场创新竞赛,用户搜索准确度和质量的体验感的下降,也将导致广告商获得搜索者信息质量的下降。这给谷歌带来了巨大的经济激励,通过以用户友好的方式快速提供与用户查询相关的信息,并吸引用户使用其搜索引擎。如果不能持续投资和创新,那么将减少垂直搜索网站或谷歌的主要收入。换言之,上文所述的竞争者存在也是谷歌不断创新的动力。

单纯从经济角度来看,强制第三方搜索引擎访问谷歌搜索点击和查询数据,可能会对创新和投资产生负面影响。

首先,它将降低谷歌的现实和潜在竞争者的投资和创新水平。正如前文所述,访问谷歌搜索的点击和查询数据并不是搜索市场创新和竞争的必要前提条件。事实上,在没有访问这些数据的情况下,算法改进仍然具有可能性。相反,强制开放数据并不能促进创造力和更大的竞争力,反而让竞争者搭上谷歌投资的"顺风车",减少创新投资,削弱搜索领域的创新力。

在竞争者拥有对谷歌搜索点击和查询数据的访问权时,其将放弃对改进自身搜索算法的长期战略的投资,而只需投资少量的资源来模仿谷歌搜索的性能。换言之,竞争者将只会复制谷歌搜索的性能或采用谷歌的算法来模仿其性能,而非投资于独特的、具有前瞻性的技术改进与研发。[1] 此外,强制开放数据将降低竞争者成为市场领导者的动力,从而受到相同的数据访问法规的约束。竞争者投资的减少将降低市场的竞争水平,减少消费者福利,并与反垄断法的公认宗旨相矛盾。

其次,强制竞争者访问谷歌搜索的点击和查询数据,将直接阻碍谷歌在其搜索引擎上的创新。因为搜索方面的任何改进如果转化为对潜在客户的搜索数据价值的增加,都会立即与竞争者分享。如果竞争者可以利用谷歌搜索的点击和查询数据,轻松调整算法,以匹配谷歌搜索的性能,那么谷歌继续投资改进算法的动力就会极大降低。通过抑制前瞻性的长期创新,并鼓励竞争者"搭便车",将削弱竞争者与谷歌的创新力,减少在线搜索领域的持续改进,并最终导致消费者福利的减少。

最后,与用户数据相关的另一个重要问题是用户隐私和数据控制。特别是数据保护法让消费者能够对数据处理表示同意。通过拒绝同意,消费者可以阻止网站收集个人数据并与第三方附属机构共享。尽管英国竞争与市场管理局的报告中明确表示了对用户隐私的担忧,但仍然认为此类干预的安排方式不会涉及个人数据的传输,因此不会引起对隐

---

[1] 最近的研究表明,研究人员有能力复制、反向设计或实际上窃取机器学习算法,其中只有算法是通过应用程序编程接口(API)提供的。在没有直接接触到算法参数的情况下,通过API收集,就有可能复制其性能。此外,这项研究表明,只需要少量的查询样本和收集与其相关的输出,就可以提取一个100%的等效模型。See Florian Tramèr, Fan Zhang, Ari Juels, Michael K. Reiter and Thomas Ristenpart, Stealing Machine Learning Models via Prediction APIs, 3 USENIX Security Symposium, 601(2016); Binghui Wang, Neil Zhen Qiang Gong, Stealing Hyperparameters in Machine Learning, 2 IEEE Symposium on Security and Privacy, 36(2018).

私问题的担忧。个性化信息对提高搜索引擎的性能具有非常高的价值。① 数据访问的既定目的是帮助竞争者改进其搜索引擎的算法,可能只有通过访问必然会引起隐私问题的数据才能实现。换言之,制定的任何开放数据的要求都可能导致开放数据的价值较低或可能发生被隐私法所阻止的行为。② 数据保护法规定,只有当用户清楚地知道经营者使用个人数据的具体用途时,才会向经营者共享个人数据。要求用户同意任何数字平台的竞争者索取数据,将违反数据保护法的原则。③

在数据访问的案例中,隐私的重要性并非首次出现。在 Health/IMS 一案中,隐私问题是欧盟委员会要求 IMS 公司授予使用 1860 砖型结构图许可的原因之一。通过与 1860 砖型结构图进行比较,创建一个替代结构可以识别个别的药店,也违反了德国的数据保护法。然而,相比之下,鉴于谷歌搜索点击和查询数据的性质及其在改善搜索引擎性能方面的作用,只要这些数据对预期受益者有价值,那么隐私问题就会对开放数据构成重大障碍。

三、强制开放数据的权衡:数据控制者与数据主体之间的权利边界

数据的创建速度通常也被视为数据的"新鲜度",决定了大数据变化的速度,并在动态市场中占据核心地位。在过去 10 年中,市场中所创建的数据量呈几何倍数地增长。根据国际数据公司(International Data Corporation)的研究,2013 年全球收集了 4.4 兆字节的数据,在 2025 年将增长到 175 兆字节。④ 不断产生新数据,旧数据很快会失去价值,由此,数据

---

① 个性化的信息是至关重要的。特别是,在搜索引擎看到更多的个性化信息的查询中,相比个性化信息,搜索信息的质量更高。

② See Catherine E. Tucker, Online Advertising and Antitrust: Network Effects, Switching Costs, and Data as an Essential Facility, 2 CPI Antitrust Chronicle, 2(2019).

③ 但也有观点提出,个人信息具有公共性,需关注制度如何更为有效地实现公共利益,而非实现单纯的私人利益秩序,此时可以超越一般的"告知—同意—授权"模式。参见胡凌:《功能视角下个人信息的公共性及其实现》,载《法制与社会发展》2021 年第 5 期。

④ 相关的研究报告,参见 International Data Corporation, The Digitization of the World From Edge to Core, 2020, accessed March 26, 2024, https://www.seagate.com/files/www-content/our-story/trends/files/idc-seagate-dataage-whitepaper.pdf。

的主要特点之一是"贬值性"①。以数据为核心的经营者需要平台不断收集数据,将数据用于算法学习,并根据相关算法处理的用户数据作出相应的产品或服务推荐。② 对用户有用的相关预测,需要实时数据(real-time data)来提供更为准确的预测服务。③ 例如,实时数据对搜索引擎至关重要,谷歌每天都有15%的来自用户的全新查询。④ 可以得出结论,对于以数据驱动或数据为核心的经营者,数据的"新鲜度"可能是核心竞争优势,甚至比数据量或对过往数据的获取更重要。⑤ 此外,由于用户数据的时间跨度有限,任何有意义的开放数据都应当包括即时更新的数据,提出请求对未来数据进行共享的期限需有明确的限制。从某种程度上看,对未来数据的开放会抑制竞争者开发自己的技术或服务。⑥

以强制开放数据作为救济措施,除了前述的前提性问题,即相关数据是否构成对于相关竞争者来说的关键设施⑦,另一关键问题为,开放数据

---

① 关于数据的主要特征,参见本章第一节。亦可参见如下论文的详细讨论,Joe Kennedy, The Myth of Data Monopoly: Why Antitrust Concerns About Data Are Overblown, accessed March 26, 2024, http://www2.itif.org/2017-data-competition.pdf; Andrew McAfee, Erik Brynjolfsson, Big Data: The Management Revolution, 2012, accessed March 26, 2024, https://hbr.org/2012/10/big-data-the-management-revolution; Brent Dykes, Big Data: Forget Volume and Variety, Focus on Velocity, 2017, accessed March 26, 2024, https://www.forbes.com/sites/brentdykes/2017/06/28/big-data-forget-volume-and-variety-focus-on-velocity。

② 更详细的关于机器学习的过程与大数据的运用,参见 IM Cockburn, Rebecca Henderson and Scott Stern, The Impact of Artificial Intelligence on Innovation, Paper prepared for the NBER Conference on Research Issues in Artificial Intelligence, Toronto, September 2017。

③ See Giuseppe Colangelo, Mariateresa Maggiolino, Big Data as Misleading Facilities, 13 European Competition Journal, 249(2017). 该论文将实时数据对数据驱动公司的作用与需要历史数据的保险公司作比较,说明实时数据对于以数据为核心的公司的重要性。再如,上个月的天气数据对于从事全球变暖研究的科学家或提供收成预测服务的公司来说可能仍有意义;但对于从事天气预报业务的公司而言,几乎没有任何意义,他们中的任何人都不太可能对1970年夏天的数据感兴趣。

④ 更多的关于实时数据运用的例子可以参见 Andres V. Lerner, The Role of "Big Data" in Online Platform Competition, 2014, accessed March 26, 2024, https://ssrn.com/abstract-2482780。

⑤ See Nils-Peter Schepp, Achim Wambach, On Big Data and Its Relevance for Market Power Assessment, 7 Journal of European Competition Law & Practice, 120(2015)。

⑥ 关于未来开放数据问题的详细论述,参见 Martin Cave, Encouraging Infrastructure Competition via the Ladder of Investment, 30 Telecommunications Policy, 223 (2006); Martin Cave, Ingo Vogelsang, How Access Pricing and Entry Interact, 27 Telecommunications Policy, 717(2003)。

⑦ 关于关键设施原则的讨论,参见本章第三节第三部分。

可能在发生滥用的相关市场以外①。例如,在谷歌搜索滥用市场支配地位案中,如果强制要求谷歌与其竞争者(如必应)开放数据,后者可能会使用这些数据来训练不同市场中的算法,而并非仅仅用于搜索引擎。因此,接收数据的竞争者根据数据集的内容,不仅可以在发生竞争性损害的市场上使用,还可以在其他市场上使用。这种开放数据的义务会给竞争者带来不适当的竞争优势,甚至明显超出了有效制止侵权行为的必要范围。故此种救济措施有可能会对其他市场造成扭曲。当然,反垄断执法机构或者法院可以限制救济措施中对相关数据集的访问权限,然而这种限制在实践中难以监控,并非可行的解决方案。

由此,本部分将探讨数据保护法能够在多大程度上允许以强制开放用户数据作为救济措施。② 数据保护法赋予用户对其个人数据的控制权,并适用于对个人数据的任何处分,即直接或间接识别自然人的相关信息。③ 强制开放数据在某种程度上可以理解为使某一数据变得可用,由此可以得出数据共享是数据处分行为的其中一类。④ 反垄断执法机构或法院应遵守数据处理的相关原则和具体规则,其设计的以开放数据为核心的救济措施应满足数据保护法的相关规则。换言之,尽管救济措施是由反垄断执法机构进行设计与实施,但具体实施救济措施的经营者仍需

---

① 数据可以被重新用于不同的应用,当前转移学习的技术允许被应用于另一个领域,例如,一般图像的识别可以运用于视网膜图像,以检测糖尿病视网膜的病变。同理,背景知识亦可以帮助改善图像中的物体检测等任务。对图像识别等不同任务的数据进行训练,可以帮助完成另一项完全不同的任务,如语言翻译。关于数据重新开发利用的讨论,可参见 Paul Groth, 5 Reasons Data Is a Key Ingredient for AI Applications, 2017, accessed March 26, 2024, https://www.elsevier.com/connect/5-reasons-data-is-a-key-ingredient-for-ai-applications。

② 虽然类似的问题也可能出现在其他应该共享个人数据的情况下,但结论不一定相同,因其在一定程度上取决于预定数据共享活动的法律和事实情况。

③ 此处可参见欧盟《一般数据保护条例》第 4 条第 1 款关于个人数据的定义。关于个人数据与竞争法实施中的冲突问题,可参见 Josef Drexl, Legal Challenges of the Changing Role of Personal and Nonpersonal Data in the Data Economy, Max Planck Institute for Innovation and Competition Research Paper No. 18-23, 3-4, accessed March 26, 2024, https://ssrn.com/abstract_3274519。

④ 关于数据处理的定义,可参见欧盟《一般数据保护条例》第 4 条第 2 款中"处理"的定义,即针对个人数据或个人数据集合的单一操作或一系列操作,如收集、记录、组织、建构、存储、自适应、修改、检索、咨询、使用、披露、传播或以其他方式应用,排列、组合、限制、删除或销毁,无论此操作是否采用自动化手段。同时,欧盟相关数据处理的规则亦载入《欧盟基本权利宪章》第 8 条第 2 款。

遵守相关数据保护法的规则,并不能以反垄断执法机构的要求排除责任。

(一)数据控制者是否应遵守相应的法定义务

所谓数据控制者,一般认为是单独或联合决定个人数据处理目的和处理方式的自然人、法人、公共机构、行政机关或其他非法人组织。① 由此,数据控制者应遵守法律义务,在此前提下对数据的处理才是合法的。反垄断执法机构针对具体案件的判决或决定,如在滥用市场支配地位案件中的决定,不足以作为数据共享的法律依据。有观点认为,反垄断执法机构关于救济措施的决定确有法律依据,如反垄断法关于滥用市场支配地位的相关条文。针对数据处理也需有明确且专门的法律依据,明确数据处理的目的与具体情况,由此,以反垄断法为法律依据并不合适。换言之,数据处理的法律依据必须能够让数据主体预见其采取的处理活动的方式是否合法。鉴于此,反垄断法的相关规则显然不符合此标准。

对于数据处理,强制开放数据需考虑具有市场支配地位的经营者及其竞争者的合法利益②,出于合法利益的需要可以处理相应的数据。以欧盟《一般数据保护条例》为例,其中第 6 条第(1)(f)款规定,为了控制人或第三方所追求的合法利益,处理是必要的,除非这种利益与保护个人数据的数据主体利益或基本权利和自由相冲突。③ 根据上述规定,可以推论,强制开放数据具有合法性需同时满足以下三个要件:①具有市场支配地位的经营者或竞争者之一对数据共享拥有合法利益;②出于特定的合法利益的目的,数据共享是必要的;③受影响的相关自然人没有必须保护个人数据的利益或者基本权利与自由。

然而,第一个要件中对"合法利益"如何解释是核心问题。在数据保护法的语境下,对于"合法利益"的定义是相当有弹性和开放性的,只要它们是合法的。很难将哪种利益排除在外,"合法利益"的概念涵盖了广泛的利益,包括法律、经济、道德或其他利益。因此,具有市场支配地位的经营者在接受与其商业行为有关的个人数据,尤其是有关其客户的个人

---

① 关于"数据控制者"的相关定义,可参见欧盟《一般数据保护条例》第 4 条第 7 款。
② 参见殷继国:《大数据经营者滥用市场支配地位的法律规制》,载《法商研究》2020 年第 4 期。
③ 参见欧盟《一般数据保护条例》第 6 条第(1)(f)款。

数据时，可能会援引第三方的竞争者的利益。对竞争者而言，获取此类数据将是有益的，因为这将使他们能够直接与占支配性地位的经营者的客户取得联系，并向他们提供产品和服务或者至少根据获取的数据改进产品和服务。这些都取决于自然人的权利和自由，但通常情况下它们优先于经营者的"合法利益"。在数据驱动的垄断案件中，涉及的数据可能源自数千万甚至数亿用户，在个案中需仔细评估以上三个要件，充分考虑用户的个人数据权，否则可能无法实施强制开放数据的救济措施。①

(二)是否取得相关数据主体的同意

强制开放数据所面临的第二个问题是，是否应当取得相关数据主体的同意，以及如何征得相关数据主体的同意。根据我国《个人信息保护法》第 13 条的规定，取得个人的同意后，个人信息处理者方可处理个人信息。同理，以欧盟《一般数据保护条例》为例，其中第 6 条第(1)(a)款规定，只有在以下情况下，处理个人数据才被视为合法：数据主体同意个人数据为一个或多个特定目的而处理。虽然两部法律中"个人信息"与"个人数据"的定义不尽相同②，但是处理的基本原则应当是一致的，即需征得数据主体的同意。

在明确应当取得相关数据主体的同意之后，如何征得相关数据主体的同意则成为核心问题。我国《个人信息保护法》第 14 条明确，同意应当在个人充分知情的前提下自愿、明确作出。对于如何作出同意，依照法律、行政法规规定取得个人单独同意或书面同意的，从其规定。③ 与此相类似，欧盟《一般数据保护条例》第 4 条第 11 款将同意定义为，自愿给出的具体、知情且明确表明数据主体意愿的行为，通过声明或明确的积极行动表明其同意处分与其相关的个人数据。

---

① 相关案件参见 Cases C-468/10 and 469/10 ASNEF, [2011] ECR I-12181; Case C-13/16 Valsts Policijas, [2017] EU:C:2017:336。
② 但在实际研究中，关于计算机语境下的个人信息与个人数据，学者往往不作过多区分，如高富平:《个人信息处理:我国个人信息保护法的规范对象》，载《法商研究》2021 年第 2 期。
③ 有学者结合《民法典》之规定，基于解释论的立场，提出基于处理行为的判断基准，即"行为区分说";对不涉及人格尊严和自由发展的个人信息处理行为，可适用默示同意;反之，则应适用明示同意。参见吕炳斌:《个人信息保护的"同意"困境及其出路》，载《法商研究》2021 年第 2 期。

理论上,个人用户可以在反垄断执法机构的决定发布之前或之后给予同意。然而,根据目的限制原则,任何没有明确规定数据处理的目的而保持一般性同意的条款都是无效的。因此,在反垄断执法机构的决定发布之前给予的任何同意,都不太可能符合数据保护法的规定。例如,对"为所有适当目的而使用数据"[1]、"与其他经营者共享数据"[2],甚至"根据反垄断执法机构的要求使用数据"的一般同意是不充分的,因为该条款缺乏具体性和明确性。因此,实践中,具有市场支配地位的经营者在收到反垄断执法机构的决定后,必须向用户征得与特定竞争者共享数据的同意。毋庸置疑,这样的程序对具有市场支配地位的经营者而言将是非常繁重的。[3] 在 Suez 一案[4]中,Suez 被要求允许竞争者访问客户数据。法国当局采取了一种不同的方法,从而部分规避了获得每个客户同意的困难。根据法国数据保护局的建议,其要求 Suez 通知客户向竞争者披露数据的计划,并让他们有机会选择不共享个人数据,即明示退出,默示同意。[5]

为了在保护客户权利和垄断行为救济措施有效之间找到适当的平衡,法国竞争执行部门决定选择退出式的解决方案。[6] 虽然当时生效的《数据保护指令》没有回答选择退出这一解决方案是否可行,但大多数法院认为是可接受的。[7] 然而,根据新法规,这种解决方案不再可能实现,因为根据欧盟《一般数据保护条例》第 4 条第 11 款的规定,同意需要一份声明或明确的积极行动,这意味着数据主体必须明确选择同意

---

[1] 不能以数据处理的一般授权的形式表示同意。
[2] 数据控制者和任何可能依赖同意的第三方必须在同意条款中指明。在一个类似的案件中,经营者确认了这一立场。关于 cookies 数据,应明确告知用户是否允许任何第三方访问且必须披露他们的身份。参见相关案例,Case C-673/17 Planet 49, [2019] EU:C:2019:246, Opinion of AG Szpunar, para. 120。
[3] 尤其是在用户不能立即从同意中获益的情况下,获得同意可能是一个特别的负担。
[4] See Case COMP/M.4180, Gaz de France v. Suez [2006].
[5] See Case COMP/M.4180, Gaz de France v. Suez [2006].
[6] 一般来说,法国反垄断执法机构最好只定义主导经营者要实现的目标,而不具体说明如何实现这些目标,因为该部门不适合定义为遵守数据保护法而需要采取相关措施。通过干预数据保护规则在具体案例中的应用,该部门甚至可能超越其权限。
[7] 只是在《数据保护指令》不再适用之后,欧盟法院才对这个问题采取了接受的立场。法院裁定,即使在旧指令下,也需要用户的主动行为。See Case C-672/17 Planet 49, [2019] EU:C:2019:801, paras. 52-54.

数据处理。因此,具有市场支配地位的经营者需要获得所有相关自然人明确的同意。[①] 考虑到在 Suez 一案中,大量消费者选择不将与其相关的数据传输给竞争者[②],因此,尽管基于同意的数据共享看起来是最安全的选择,但在实践中可能无法达到预期的目标。

(三)是否对敏感个人数据进行共享

敏感个人数据作为一种特殊类别,需将其置于更加严格的法律框架之下。所谓敏感个人数据,包括涉及生物识别、宗教信仰、特定身份、医疗健康、金融账户、行踪轨迹等信息,以及不满 14 周岁的未成年人的个人信息。[③] 对于此类信息,在反垄断法背景下进行强制共享,唯一的法律依据是数据主体同意。此处的同意在欧盟《一般数据保护条例》中表述为"明确同意"[④],而在我国《个人信息保护法》中则是需要个人"单独同意"并"书面同意"。[⑤]

虽然对于敏感个人数据的处理是数据处理一般规则的例外,但范围非常广泛。[⑥] 它可能适用于大数据案件中应该共享的大量数据。例如,一张显示数据主体参加抗议或示威的照片将揭示个人的政治观点,而显示在教堂或诊所待过一段时间的 GPS 数据可以分别揭示个人的宗教信仰或健康状况。此外,即使只是显示用户对特定疾病或伤残的搜索历史,也可以被视为健康数据,因为从中可以间接得出有关健康状况的结

---

① 但也有学者指出,由于信息主体的有限理性、知觉定式等认知问题,告知同意的规则可能只会流于形式,而无实际效果。参见吕炳斌:《个人信息保护的"同意"困境及其出路》,载《法商研究》2021 年第 2 期。

② See Autorite de la concurrence, Bundeskartellamt, Competition Law and Data, 2016, accessed March 26, 2024, https://www.bundeskartellamt.de/Shared Docs/Publikation/DE/Berichte/Big%20Data%20Papier.pdf? blobpublicationFile&v-2.

③ 关于敏感个人信息或个人数据,我国《个人信息保护法》与欧盟《一般数据保护条例》的定义基本相同。参见欧盟《一般数据保护条例》第 9 条第(1)款、《个人信息保护法》第 28 条。

④ 参见欧盟《一般数据保护条例》第 9 条第(2)(a)款。除此以外,根据第 9 条第(2)(e)款,如果敏感个人数据是明显由数据主体公开的,也可以进行处理。在没有用户账户的情况下可以访问的社交网络中的资料被认为属于这一类别;另外,很难想象在这种情况下,敏感个人数据可以根据《一般数据保护条例》第 9 条第(2)(g)款进行处理,该条允许出于重大公共利益的原因,根据欧盟或成员国法律进行必要的处理,如果它与追求的目标相称,尊重数据保护权的本质,并提供适当和具体的措施来保障数据当事人的基本权利和利益。

⑤ 参见《个人信息保护法》第 29 条。

⑥ 参见吕炳斌:《个人信息保护的"同意"困境及其出路》,载《法商研究》2021 年第 2 期。

论。上述例子表明,许多数据都属于敏感个人数据。此外,即使数据中只有一部分包含了敏感个人数据,但要作出区分也十分困难,因为无论是数据公司还是个人通常都无法区分一般个人数据和敏感个人数据。

(四)强制开放匿名数据是否更具有可行性

根据前述三个问题,无论是界定数据控制者的法定义务,还是取得数据主体对一般或者敏感个人数据的同意都面临相当大的困难①,由此引申出一种新的路径,即强制开放匿名后的数据,从而规避数据保护法的相关规定。实际上,数据保护法一般不适用于匿名信息,即与已识别或可识别的自然人无关的信息,以及通过无法识别自然人的方式匿名的个人数据。② 为了确定自然人是否可识别,应考虑所有合理的可能用于识别该自然人的方式。同时也应考虑所有相关因素,如重新识别所需的成本和时间,包括处理时可用的技术,以及未来可能的技术发展。数据成功匿名后将不再被视为个人数据,这也意味着相关个人数据保护法或个人信息保护法都不再适用。此类数据就可以不受任何限制地被共享。

然而,实践中,数据的匿名化比预想得要更困难。③ 仅仅删除直接识别元素本身并不足以确保不再可能识别出数据主体。相反,通常需要采取额外的措施来防止被重新识别,具体取决于处理匿名数据的背景和目的。④ 在决定某个数据集已成功匿名后,还必须注意,应通过将一个数据集与另一个数据集连接来达到匿名化的目的。此时,与竞争

---

① 有学者认为,设置个人对泛在信息的控制不仅对个人信息保护不具有实际意义,并且信息收集者也将徒增合规成本。参见高富平:《个人信息处理:我国个人信息保护法的规范对象》,载《法商研究》2021 年第 2 期。

② 个人信息处理的规范本意应当是对个人的识别分析,参见高富平:《个人信息处理:我国个人信息保护法的规范对象》,载《法商研究》2021 年第 2 期。

③ See Jacques Crémer, Yves-Alexandre de Montjoye and Heike Schweitzer, Competition Policy for the Digital Era, Final Report, European Commission, Directorate-General for Competition, 2019, accessed March 26, 2024, https://ec.europa.eu/competition/publications/reports/kd0419345enn.pdf.

④ See Article 29 Working Party, Opinion 05/2014 on Anonymisation Techniques, WP 216, accessed March 26, 2024, https://ec.europa.eu/justice/article-29/documentation/opinion recommendation/files/2014/wp216_en.pdf. 为了使匿名化的可能性降低,可以采用的其他措施有:加噪(修改数据集中的属性,使其不那么准确,同时仍保留整体分布)、置换(对信息的属性值进行洗牌,使其中一些属性人为地与不同的数据主体相联系),以及聚合(对数据进行分组)。虽然没有哪种技术是没有缺点的,但更多技术的结合提高了匿名化的质量。

者共享数据集甚至可能增加匿名化的可能性,因为后者可能拥有一个包含可用作辅助知识的个人数据的数据库,从而对接收到的数据进行匿名化。当个人是多平台用户时,更是如此。①

尽管如此,关于开放的数据及其披露的方式都取决于预期的用途。例如,基于数据集的真正价值在于推荐特定自然人,开放匿名的数据可能并非可行方案。②当竞争对手的目标是直接面向客户时,更是如此。另外,在其他一些情况下,以相对较低的力度开放数据集或许已经足够。然而,在算法学习的环境中,这就远远不够了。为了实现高效的算法学习,必须基于单个数据片段而非基于将数据汇总的结论输入到算法中。

第四节 强制开放数据作为救济措施的完善路径

一、路径之一:限制对用户数据的收集

(一)提供第三方数据仓

在数据驱动的竞争中,整合来自不同服务商的数据集,对获得更深入、更精确的用户资料具有重要价值。拥有丰富数据的公司的特征之一是从各种来源收集用户数据。用户数据通常不仅可以直接从面向消费者的网络服务中收集,还可以从辅助软件和设备中收集。具有丰富数据的经营者通常拥有多个面向消费者的服务和产品,尤其是在"多米诺"效应③与并购方面,通过这些服务和产品收集更多的用户数据。然而,对于用户数据,也可以由公司提供辅助数据服务。

---

① See Josef Drexl, Legal Challenges of the Changing Role of Personal and Nonpersonal Data in the Data Economy, Max Planck Institute for Innovation and Competition Research Paper No. 18-23, 3-4, accessed March 26, 2024, https://ssrn.com/abstract=3274519. 例如,如果谷歌被授权与同样收集用户位置数据的移动应用程序供应商分享包含安卓用户 GPS 位置数据的匿名数据集,后者可以比较两个数据集的位置数据,并能够识别谷歌匿名数据集的特定数据与哪个用户有关。
② 参见吕炳斌:《个人信息保护的"同意"困境及其出路》,载《法商研究》2021 年第 2 期。
③ 关于"多米诺"效应的概念,参见本章第二节第三部分。

为了在新兴市场创造公平的竞争环境,潜在的救济措施一方面可能限制拥有相当数据的经营者持续整合来自各方数据源的用户数据,从而减缓"多米诺"效应;另一方面,数据应该保存在与最初收集数据的服务相关的单独数据库或数据仓中。理论上,数据仓的运用可以提供更公平的竞争环境,从而鼓励经营者进入小众市场。这是因为不论数据丰富还是数据匮乏的公司,都必须先在新市场中发展数据驱动的范围经济。

不论是未来还是当前的服务生态系统,人为构建的"数据墙"也限制了数据驱动的规模经济和范围经济所带来的内在效率性优势。例如,电子邮件服务、日历服务和地图服务之间的数据协同可以给消费者带来明显好处,因为通过传入的电子邮件可以轻松创建预约,而且还可以通过地图服务轻松获取出行时间和方向。但有些情况下,数据协同对消费者的好处并不明显,甚至是有害的。例如,为了定向推送广告而通过网络跟踪消费者,隐私权就会受到损害。

然而,由于下列两个原因,提供第三方数据仓的救济措施难以完成有效的监督和执行。

第一,监管机构和被监管经营者之间存在固有的信息不对称。实践中,难以追踪和准确证明消费者的数据来源,以及数据集是否整合。同时,对经营者来说,由于信息不对称,整合来自各种服务的数据集并利用数据驱动的网络效应的诱惑太大。① Facebook 就是一个典型的例子,其在 2014 年收购 WhatsApp 时就多次向欧盟委员会表示,不打算将 WhatsApp 的用户资料与 Facebook 的用户资料进行匹配,并且它也无法这样做。② 此后的事实证明,Facebook 在 2014 年已经意识到这些用户资料可以进行匹配,但直到 2016 年 8 月 Facebook 公开宣布关联个人资料后,反垄断当局才知情。因此,尽管通过隐私政策可以实现一定程度的公共监督,但这些必然是由公司自己提供的。

第二,与竞争有关的政策措施和隐私监管之间存在某种权衡。这在

---

① 由此产生出"切香肠式"的扼杀式并购,参见王伟:《平台扼杀式并购的反垄断法规制》,载《中外法学》2022 年第 1 期。

② See Case M.7217, Facebook v. Whatsapp [2014].

第五章　数字经济下垄断行为救济措施的设计与实施：数据维度　219

Facebook 一案中得到了充分体现。在该案中，德国联邦卡特尔局首次下令以默认方式将数据仓作为一种救济措施。Facebook 被要求将其自身收集的有关用户的数据与在其他诸如 WhatsApp 或第三方网站和应用程序上收集的数据分开。根据该决定，未来若要将不同来源的数据进行组合，则必须得到消费者的明确同意。① 这一方案受到了学术界的质疑，德国联邦卡特尔局作为竞争主管部门，裁决的内容涉及的是隐私问题而非竞争问题，以致超出了法律的授权。② 这凸显了在将用户数据作为竞争因素进行监管时，可能出现的不同法律间的紧张关系。

　　Facebook 一案还涉及一个更广泛的问题，即隐私和竞争之间的权衡。数据保护法的确可能在某种程度上有利于数据丰富的公司占据市场支配地位。③ 除此之外，数据保护法的合规成本、经营者在获得消费者同意上的巨大能力，以及在促进数据共享上的障碍均导致某些国家数据保护机构拥有"不成比例的执法权力"。④ 在这种背景下，有观点认为，拥有丰富数据的经营者可以不遵守数据最小化和目的限制原则。例如，2012 年谷歌将六十多项单独的隐私政策整合为一项单独的隐私政策，这使得谷歌能够将其在面向消费者的各种服务中所收集到的数据进行整合，从而用于各种目的。在向国家数据保护机构提交的正式投诉中，小型网络浏览器公司 Brave 声称，谷歌将使用"数百个目的来证明数据处理活动的合理性"，包括收集数据的明确目的是"帮助开发新的服务"，并且这与上面强

---

　　① See Björn Lundqvist, Regulating Competition in the Digital Economy: With a Special Focus on Platform, https://www.bundeskartellamt.de/SharedDocs/Meldung/EN/Pressemitteilungen/2019/07_02_2019_Facebook.html, accessed March 26, 2024.
　　② 德国联邦反垄断局的决定是否会得到法院的支持，确实会表明竞争法能有效地补救数字公司的数据聚集行为。然而，无论决定如何，该案法律程序的持续时间支持了笔者最初的论点，即竞争法本身对于有效干预来说过于缓慢。更详细的讨论，参见 Viktoria H. S. E Robertson, Excessive Data Collection: Privacy Consideration and Abuse of Dominance in the Era of Big Data, 57 Common Market Law Review, 161(2020)。
　　③ See Damien Geradin, Dimitrios Katsifis and Theano Karanikioti, GDPR Myopia: How a Well-Intended Regulation Ended up Favoring Google in Ad Tech, 2020, accessed March 26, 2024, https://ssrn.com/abstract=3598130. 论文以欧盟《一般数据保护条例》为例，对此观点进行了多方面的论证。
　　④ See Damien Geradin, Dimitrios Katsifis and Theano Karanikioti, GDPR Myopia: How a Well-Intended Regulation Ended up Favoring Google in Ad Tech, 2020, accessed March 26, 2024, https://ssrn.com/abstract=3598130.

调的"多米诺"效应相一致。① 最终的结果将是一种"内部数据自由流通",即用户数据因为对一项服务的同意而被在"黑箱"内自由分发,并且与"数量不详的外部商业伙伴"产生合作②,即缺乏数据的处理方式和对象的透明度。这种"捆绑隐私政策"的做法也是数据驱动的"包络"效应的来源。③

与上述观点不同,笔者认为,似乎并不需要额外的监管来维护数据仓,或者说考虑到可能的效率损失,这样的做法收效甚微。相反,数据保护法的相关规则更符合上述目标。然而,为了营造公平竞争的环境,数据整合者需要为其提供的每项服务获得有效且针对特定目的的同意,要求用户选择加入而非退出其数据集聚。这需要有效实施和执行相关数据保护法,以及完备的执法人员,保证有足够的资源及时解决和惩罚滥用行为。在这种情况下,可能值得重新考虑一站式服务机制。

(二)缩短数据公司保存数据的期间

另一种可能的路径是控制原始数据的保存期,如搜索查询、点击流、位置数据或其他跟踪数据。原则上,数据经营者已经有义务仅在出于必要的情况下,保存个人数据。一旦目的实现,就必须删除数据。实践中,数据保留的最长期限却难以确定。通过数据的访问请求或数据的迁移请求,数据主体会发现用户数据已经存储多年。本部分讨论的内容并非数据经营者依据相关数据保护法保存数据的合法性,而是从经济角度讨论,如果个人数据的最长保留期限大幅缩短,可能会对市场竞争性和小众市场的进入产生什么影响。

第一,更短的数据保留期仍可能会在很大程度上保持公司从数据中学习的能力。例如,可以应用增量学习技术,在现有模型的基础上训练新模型,并且仅在过程中使用新的增量数据。即便如此,灵活性和效率仍会

---

① See Madhumita Murgia, Google Accused by Rival of Fundamental GDPR Breaches, Financial Times, 2020, accessed March 26, 2024, https://www.ft.com/content/66dbc3ba-848a-4206-8b97-27c0e384ff27.

② See Madhumita Murgia, Google Accused of Secretly Feeding Personal Data to Advertisers', Financial Times, 2019, accessed March 26, 2024, https://www.ft.com/content/e3e1697e-ce57-11e9-99a4-b5ded7a7fe3f.

③ 对此观点的详细论述,参见 Daniele Condorelli, Jorge Padilla, Harnessing Platform Envelopment in the Digital World, 16 Journal of Competition Law & Economics, 143(2020)。

丧失,因为如果原始数据被删除,就不可能返回并重新训练一个全新的模型。然而值得注意的是,当一些在线搜索缩短搜索查询日志的数据保留期时,并没有对搜索质量造成显著影响。① 然而,尽管雅虎首先将搜索查询的数据保留期从13个月减少到3个月,但该公司在3年后推翻了该决定,理由是需要提供"高度个性化的服务"。

第二,更短的数据保留期将更有利于那些已经拥有大量用户群体的公司,从而在给定的时间段内接收到更多数据。相比之下,用户群体相对较小的初创经营者可能需要花费更长时间来收集到足够的数据,以获得大量数据(在广度和深度上),从而使数据分析变得有意义。

第三,无论是出于商业原因还是监管原因,更短的数据保留期也会限制与他人共享的用户数据。例如,这将通过数据可携权②限制个人向新的经营者迁移的数据量。此外,这也将限制新的服务商从数据中获得与旧的服务商相同的算法能力,也降低了在其他情况下重复使用数据的次数。经过训练的算法不受数据可携权的约束,因为它代表的是"预测数据",而不是数据主体"提供"的数据。

第四,作为补充说明,更短的数据保留期也可能对数据驱动的兼并活动产生影响。如果可用的用户数据仅限3—6个月,那么经营者整合被收购公司的用户数据的动力也将降低。

综上所述,从隐私的角度来看,消费者数据默认保留期的明确限制可能是有益的。此外,在算法学习方面,可能不会牺牲太多的效率,并且能够减少通过兼并而传输到数据集聚的风险。然而值得怀疑的是,更短的数据保留期是否能够实现第三方竞争力的提高,以及实现小众市场进入的主要政策目标。③ 上文论述表明,数据经营者事实上更愿意让那些已经达到显著规模的经营者受益,从而进一步增加市场进入的壁垒。

---

① See Lesley Chiou, Catherine Tucker, Search Engines and Data Retention: Implications for Privacy and Antitrust, 2017, accessed March 26, 2024, https://www.nber.org/papers/w23815.

② 关于数据可携权的讨论,请参见本节第三部分。

③ 但也有学者认为,反垄断的目标应当以促进创新为主要目标乃至优先的价值目标,参见方翔:《论数字经济时代反垄断法的创新价值目标》,载《法学》2021年第12期。

二、路径之二:限制大批量共享用户的原始数据

(一)共享用户原始数据范围的权衡标准

根据前述分析,下文将讨论用户数据共享的基本原则,旨在权衡竞争及创新的潜在收益与用户隐私的潜在风险,同时维持对开发创新性的服务和从数据中获得可行性判断的激励。这些原则应被视为强制与第三方大量共享用户数据的一般指引,但显然,即使已经被纳入事前监管的范围,我们仍需要在个案基础上仔细评估数据的确切范围和条款。从行政管理的能力与成本看,这样的个案性评估依然可行,因为笔者预计只有小部分公司会受到如此大规模数据共享要求的影响。此外,笔者还将讨论在三种数字服务中强制共享大批量用户数据所导致的具体权衡问题。

当前有两个总体性的取舍需要考虑。

第一,数据共享的范围应聚焦于作为服务副产品而产生的用户数据,而非特定服务的主要产品。但显然,两者之间的界限可能在有些情况下会变得模糊。例如,当应用程序的主要服务是以记录 GPS 数据为目的时,那么得到的用户 GPS 数据就不应该被共享,以便今后可以在地图软件中进行分析和处理。这是为了确保数据共享不会破坏现有的服务商追求的主要价值和商业模式。当找到了一种比任何其他服务都更准确地定位用户位置的方法时,服务商将可能在市场上占据支配性地位。如果某软件提供的是地图服务,那么其主要目的和对终端用户的价值是帮助他们导航到某个准确的位置。显然,该应用程序也需要收集位置数据,但有观点认为,位置数据是作为导航的副产品而获取的,并且该应用程序的主要目的(至少对于终端用户而言)不是收集用户的位置数据。

尤其是要考虑市场中是否已经存在数据获取的商业交易。如果存在,那么强制共享可能就没有必要了。将监管聚焦于作为副产品而创建的数据的共享,依然具有部分优势,即能够正当地以零价格共享这些数据,而不会对数据提供商的商业模式和创新激励造成不当损害。尽管如此,笔者认为有必要根据具体情况确定适当的共享条件。然而,如果共享的数据不单单是副产品,那么这些数据的适当价格通常将不为零。这反

过来又引发了许多复杂的问题,涉及公平、合理和非歧视性原则(FRAND)的监管价格的确定。[①]

第二,考虑到相关市场的进入和增长的政策目标,需要平衡用户的隐私与数据中足够详细的信息,以确保其对第三方有价值,故应保留原始数据的文本和细节,允许其他公司通过数据分析和算法学习获得新的认识,以便他们能够在可能的应用中通过这些数据进行创新。部分学者认为,有可能实现这种权衡,因为去匿名化的方法和工具正在不断改进,即使是相对较少的细节也可能揭示了一个人的身份。[②] 当然,通过技术和机构的手段,以有意义的、保护隐私的方式来实现此种平衡是可行的。需要注意的是,保护隐私的工具的选择与组合需要高度具体化,并随着时间的推移而作出调整,因为或多或少有公司被要求共享数据而产生新的数据点。详细程度也可能取决于数据被提供给谁,以及根据何种条款和情况而提供。然而,由于这种权衡,匿名的用户数据永远不会具有与原始数据集相同的"深度"。

如上所述,这就是数据共享不太可能让第三方与提供这些数据的现有经营者展开竞争的原因,尽管数据共享可以成为创新和增长的基石,并最终促进市场的竞争性,但是数据共享意味着在许多应用程序中,数据以用户群广泛但不深入的方式使用,并且肯定会改善当前第三方(包括研究)的数据可用性。即使没有个人的可识别数据,对细粒度用户数据的访问也可以提高数据质量。例如,访问其他具有代表性的数据也可以让较小的公司更快、更准确地检测数据集中的错误和过时的记录。[③] 基于对一般用户行为和偏好模式的判断,提高更广泛和实时的数据访问量,可以进一步支持经营者在新的和不断增长的细分市场

[①] 关于 FRAND 原则与数据驱动竞争之间的关系,参见 Mathew Heim, Igor Nikolic, A FRAND Regime for Dominant Digital Platforms, 10 Journal of Intellectual Property, Information Technology and Electronic Commerce Law, 38(2019)。

[②] See Luc Rocher, Julien M. Hendrickx and Yves-Alexandre de Montjoye, Estimating the Success of Re-identifications in Incomplete Datasets Using Generative Models, 10 Nature Communications, 1 (2019).

[③] 相关讨论参见 Jan Krämer, Daniel Schnurr and Michael Wohlfarth, Trapped in the Data-Sharing Dilemma, 60 MIT Sloan Management Review, 22(2019)。

中提供更好的个性化服务。

(二)数据集共享的隐私保障:匿名化处理与"数据沙盒"

特定数据集中的去匿名化风险,很大程度上取决于不同个体相关特征的唯一性。因此,仅删除个人标识符号(如全名、生日和出生地的组合),并用虚拟标识符(如数字和字母的唯一组合)替换仍然是不够的。[1] 虽然个人与给定的数据记录有关联,可能不再显而易见,但数据集中其他属性的个体值(如血型、邮政编码和年龄的组合)仍然可以唯一地定位至个人。个体值越独特(如非常罕见的血型),这种可能性越大。

因此,"匿名"不是一个零散的概念,而是一个与个人可能被重新识别的特定概率有关的统计概念。在计算机科学中,经常使用两个概念来描述给定数据集的匿名程度:"匿名"(anonymity)和"差异隐私"(differential privacy)。[2] 苹果和谷歌开发的 iOS/macOS 和 Chrome 应用程序强调,这些隐私概念不仅是理论上的选择,而且确实可以在大规模数据收集的背景下应用,较为典型的如数字服务。这也意味着,受监管的公司可能不仅被要求共享数据,而且还被要求以某种方式收集其数据,以便今后能够通过保护隐私的方式共享数据。

除这些技术手段之外,还有保护隐私的机构设置手段可以结合使用。常见的机构建议是创建可信的数据信托(data trust),需要独立于受监管实体。该方案的主要思想是,用户数据(来自被强制共享数据的各个实体)由数据信托机构以原始和详细的形式收集。[3] 该机构可以将数据组合起来,并进行适当的匿名化。这种整合后的数据集的直接匿名化将优于源头单独数据集的匿名化,因为它将通过重新匹配不同的数据集来降低去匿名化的风险,其中每一个都可能有不同的属性被省略或被提炼。数据信托可能不需要直接披露任何原始数据,而是充当"数据沙盒"。这意味着第三方

---

[1] 也有学者强调了数据组合后的敏感性转化,参见吕炳斌:《个人信息保护的"同意"困境及其出路》,载《法商研究》2021年第2期。

[2] 关于两种匿名程度的差异,参见 Cynthia Dwork, Differential Privacy: A Survey of Results, 2008, in Agrawal M. (ed.), Theory and Applications of Models of Computation, Springer, 2008, p. 1。

[3] See Jens Prüfer, Competition Policy and Data Sharing on Data-driven Markets: Steps Towards Legal Implementation, 2020, accessed March 26, 2024, https://pure.uvt.nl/ws/portalfiles/portal/32855151/BeMo_Wettbewerbspolitik_EN.pdf.

需要向信托机构提交分析数据的算法,然后信托机构将代表第三方根据详细的原始数据运行算法。第三方会收到经过训练的算法,但永远不会看到原始数据本身。"数据沙盒"也可以直接应用于原始数据。①

然而,数据信托和"数据沙盒"存在几个实际问题,尤其是在数字经济背景下应用时。出于所有的实践目的,数据信托需要庞大的基础设施才能够以有效的方式进行持续存储、整合与匿名化数据。例如,单是谷歌搜索,平均每秒就要处理近9万个搜索查询数据,相当于每天超过75亿次的搜索量。要实现数据信托的方案,似乎必须复制谷歌和亚马逊的数据中心的基础设施。那么,谁来资助和运营这个项目,并在出现故障或数据泄露时承担责任?

同样,"数据沙盒"需要更大的基础设施才能拥有足够的计算能力,以便运行复杂的算法。这些算法将对详细的原始数据进行操作,因此还需要付出巨大的努力和专业知识,以确保算法不会损害隐私。如果算法直接在数据控制者的基础设施和原始数据上运行,那么必然会给公司带来巨大的计算负担和成本。反过来,这不仅需要一些补偿,而且还很可能会引发利润的压缩乃至亏损②,这些问题都会增加额外的监管措施③。原始数据控制者将能够通过其基础设施上运行的算法获取有关第三方业务的敏感个人数据。④

如果将数据信托和"数据沙盒"限制在数据的子集上,特别是关注时间的长短,并且限制在特定时间训练的少数精选算法上,那么数据信托和"数据沙盒"仍然是可行的。然而,数据信托不应该是获取广泛用户数据的唯一来源,尤其是它只能提供有限的访问。原始数据的控制

---

① See Jens Prüfer, Competition Policy and Data Sharing on Data-driven Markets: Steps Towards Legal Implementation, 2020, accessed March 26, 2024, https://pure.uvt.nl/ws/portalfiles/portal/32855151/BeMo_Wettbewerbspolitik_EN.pdf.

② See David M. Mandy, David E. M. Sappington, Incentives for Sabotage in Vertically Related Industries, 31 Journal of Regulatory Economics, 235(2007). 参见《2023年200多个有影响力的谷歌统计数据》,载谷歌官网 https://marketsplash.com/top-google-statistics/,访问时间:2024年3月24日。

③ 除隐私问题外,还有学者注意到算法带来价格合谋的反垄断规制问题,参见周围:《算法共谋的反垄断法规制》,载《法学》2020年第1期。

④ 算法因违规而需要问责的路径,有学者提出了备案、评估与解释规则,参见张凌寒:《网络平台监管的算法问责制构建》,载《东方法学》2021年第3期。

者还应该通过标准化的接口(A Standard Interface, API)提供广泛的数据,尽管这些数据需要比数据信托或"数据沙盒"的数据具有更大的匿名程度。

欧盟《数据治理法案》(Data Governance Act)①可以视为建立新机构和中介的第一步,促进了大规模的数据共享,特别是承认了需要安排特定的机构,以支持数据的商业和社会再利用,同时尊重经营者与个人权利,如由于数据保护、知识产权或商业秘密信息而产生的权利。值得注意的是,该法案并不强制要求共享数据,而是旨在建立对数据信托的信任,并降低自愿共享的交易成本。尽管如此,该法案建议的数据信托的条件和维护他人权利的原则,以及治理结构都可以适用于那些旨在促进强制共享数据的机构。

三、路径之三:完善用户数据可携权

从竞争法的角度看,数据可携权可以使用户抵制数字服务中的锁定效应,并且能够促进其自由切换到其他内容或者服务商。尽管数据可携权具有促进竞争的效果,但值得注意的是,数据可携权建立在基本权利之上,并非竞争法或反垄断法,目的是使用户能够对个人数据行使更多的控制权。② 由此,在讨论数据可携权是否可以作为救济措施时,需先检视数据可携权给市场竞争秩序所带来的实际影响。

(一)数据可携权的市场竞争功能

转换成本通常被认为是消费者不愿意转换数字服务平台的核心因素,尤其是转换过程中需再次提供数据,让大多数消费者感到畏惧。③ 例如,当使用在线流媒体服务时,如果已经收藏了数千首歌曲,那么转换到新的数字服务平台需再一次收藏,给消费者增加了一种不合理的负担。并且

---

① 关于欧盟《数据治理法案》,参见 Proposal for a Regulation of the European Parliament and of the Council on European Data Governance。
② 但也有观点认为,数据可携权的目的是实现个人信息权益、平台数据权益、数据市场竞争秩序和创新,以及数据安全等平衡的分配正义。参见王锡锌:《个人信息可携权与数据治理的分配正义》,载《环球法律评论》2021年第6期。
③ 有学者认为,除了锁定效应阻碍数据可携权的实行,高昂的转换成本也是重要原因。参见殷继国:《大数据市场反垄断规制的理论逻辑与基本路径》,载《政治与法律》2019年第10期。

当前的音乐流媒体服务平台可能还记录了歌曲被播放的频率、播放的时间。这些自愿提供的数据,以及被观察到的数据都构成了一种典型的转换成本。在关于转换成本的经典论述中,转换成本可以成为一个重要的进入壁垒,使得具有市场支配地位的经营者免受竞争的影响。① 在既有的服务存在转换成本的情况下,对新用户的争夺往往是激烈的,而对既有的用户则会维持不变。从长远的角度看,在存在转换成本的情况下,市场的竞争程度往往较低。② 数据可携权可以降低这些转换成本,因为它使得自愿提供的数据和观察到的数据以结构化的、常用的及机器可读的格式提供给消费者③,他们可以将这些数据传递给新的供应商。因此,根据前述经典的转换成本文献,数据可携权可以使数字市场长期内更具有竞争力,并降低新的服务提供商的进入壁垒,从而有利于消费者福利的实现。

然而,在博弈论模型中,需对数据可携权的福利进行重新评估④,数据可携权会对数据密集型经营者收集的数据量产生影响。如果没有数据可携权,市场进入者须设计节约使用数据的相关服务,以便吸引消费者。但是,由于数据可携权使得数据较为容易地被移植到新进入者之中,新进入者在节约数据使用方面的动力就会降低,反而会增加收集的数据量。与此相类似,在经营者披露用户数据方面⑤,由于转换成本降低,竞争加剧,数据可携权可能会使现有用户受益,特别是那些转向新供应商的用户,因为在数据可携权下,进入者的竞争地位得到加强。反之,如果没有数据可携权,进入者将为新用户进行更激烈的竞争。这一模型表明,并不是所有的消费者都可以从数据可携权中受益,尽管这一权利明确地降低了转换成本。因此,数据可携权是否增加了相关市场的竞争,取决于消费

---

① See Paul D. Klemperer, The Competitiveness of Markets with Switching Costs, 18 RAND Journal of Economics, 138(1987).

② See Paul D. Klempere, Alan W Beggs, Multi-period Competition with Switching Costs, 60 Econometrica: Journal of the Econometric Society, 651(1992).

③ 此处援引欧盟《一般数据保护条例》第 20 条对于数据可携权的定义:经过整理的、普遍使用的和机器可读的。

④ See Michael Wohlfart, Data Portability on the Internet: An Economic Analysis, 61 Business & Information Systems Engineering, 29(2019).

⑤ See Jan Krämer, Nadine Stüdlein, Data Portability, Data Disclosure and Data-induced Switching Costs: Some Unintended Consequences of the General Data Protection Regulation, 181 Economics Letters, 99(2019).

者是否真正利用了数据可携权,以及是否有可能在其他服务中心导入相关数据,从而切实降低相应的转换成本。

除转换成本以外,网络效应也造成了另一种锁定的情况。由于网络效应的存在使得相关产品的价值直接地间接地取决于使用者的人数。与转换成本不同,网络效应带来的锁定似乎更为严重,因为只有当服务的相关使用者都同时转换时,才可能最终形成有效的转换。值得注意的是,与数据引起的转换成本的情况相反,单一的数据可携权并不能影响网络效应带来的锁定,可能需要某种协议互操作性(protocol interoperability),即服务的互操作性达到相当程度,使得用户可以无缝互动。① 尽管身处不同的网络,但仍然可以相互沟通。② 有学者认为这是某种"身份可移植性"(identity portability)③或者某种"社交图谱的可移植性"(social graph portability)④。身份可移植性是指个人可以自由切换到新的网络,并带走其身份,由此与之相关的所有信息都会转移到新的网络,反之亦然。

在数据分析能力方面,算法也会产生间接的网络效应。由算法学习的正反馈循环产生的网络效应,可以构成有效的进入壁垒。某项服务的使用者数量决定产生的数据,包括自愿提供的及观察到的数据,在这些数据上可以进行分析,并且训练算法,从而进一步改进算法,吸引更多的使用者。在这种情况下,进入壁垒并不是由狭义的转换成本造成的,也不是因为缺乏对用户网络的访问,而是由于缺乏对其他用户所创造的数据的访问,又因为算法而产生的间接的网络效应,最终造成了进入壁垒。新的服务商由于缺乏相应的数据,算法洞察力与数据分析的竞争能力则存在

---

① 但这种要求被学者质疑新技术、新标准的运用可能受到限制,甚至已经超出了个人数据保护法的边界。参见王锡锌:《个人信息可携权与数据治理的分配正义》,载《环球法律评论》2021 年第 6 期。

② See Jacques Crémer, Yves-Alexandre de Montjoye, Heike Schweitzer, European Commission, and Directorate-General for Competition, Competition Policy for the Digital Era, European Commission, 2019, accessed March 26, 2024, https://ec.europa.eu/competition/publications/reports/kd0419345enn.pdf.

③ See Joshua Gans, Enhancing Competition with Data and Identity Portability, The Hamilton Project, 2018, accessed March 26, 2024, https://www.brookings.edu/wp-content/uploads/2018/06/ES_THP_20180611_Gans.pdf.

④ See Zingales. L., Rolnik. G., A way to Own your Social-Media Data, The New York Times, 2017, accessed March 26, 2024, https://www.nytimes.com/2017/06/30/opinion/social-data-google-facebook-europe.html.

不足。① 简而言之,难以在推断数据或知识的基础上进行竞争。

因此,如果有足够多的用户同意转让他们的原始数据,并且如果有可能通过标准化的接口持续转让数据,那么数据可移植性就有可能促进相关市场的竞争。值得注意的是,依托数据可携权的数据转移,是由一个特定的用户发起的,并且只涉及该用户的数据,这与前文所述的由一家公司发起的涉及大量用户的匿名数据访问请求截然不同。这种数据转移的优点在于,可以转移个人身份识别数据,也无须考虑竞争与隐私监管之间的权衡问题。相应的问题在于,用户主动转移他们数据的可能性非常小。由此,这样的数据集对竞争的数据服务商是否有用,需要视情况而定,也取决于消费者对数据可携权的利用程度。

(二)界定数据可携权的范畴

数据可携权的范畴至少需从以下三方面进行清晰的界定。

第一,在数据可携权中,是否应当并以多大程度包含观察到的数据(observed data)。似乎数据可携权应当包含自愿提供的及观察到的数据,这对于激励当前"孤岛"之外的数据驱动的创新是有益的。

第二,观察到的数据是否应当包含在被进一步分析或者提炼之前的位置、跟踪和点击流数据。点击流数据是否需要提供上下文,以便数据主体能够真正观察该数据的信息内容。例如,用户到底消费了哪些内容,到底点击了哪些广告。是否存在相关的法律、经济或者技术为不提供位置、跟踪和点击流数据提供合理原因。例如,用户对数据安全的担忧,以及对接收数据的控制者因数据泄露或滥用而可能导致的声誉损失的担忧,是否都可以成为合理理由。

第三,数据控制者是否有义务安装措施和工具,以便在另一个数据主

---

① See Andrei Hagiu, Julian Wright, Data-enabled Learning, Network Effects and Competitive Advantage, Working Paper, 2020, accessed March 26, 2024, https://andreihagiu.com/wp-content/uploads/2020/05/Data-enabled-learning-20200426-web.pdf. 论文对数据中"学习曲线"的形状进行假设,表明数据占有者取得了相应的竞争优势。另外,有学者证明在搜索引擎的背景下,算法学习中存在这种间接的网络效应。See Maximilian Schäfer, Geza Sapi and Szabolcs Lorincz, The Effect of Big Data on Recommendation Quality: The Example of Internet Search, 2018, accessed March 26, 2024, http://www.dice.hhu.de/fileadmin/red.aktion/Fakultaeten/Wirtschaftswissenschaftliche_Fakultaet/DICE/Discussion_Paper/284_Schaefer_Sapi_Lorincz.pdf.

体要求移植时,影响其数据权利,数据主体可以明确提出同意或者反对的意见。例如,在可移植的照片上增加数据主体的标签。如果一些可移植的数据影响到其他数据主体的数据权利,是否意味着没有数据可以被移植或者数据控制者必须至少提供不影响其他主体的数据权利的那部分数据?[1]

数据可携权的有效实施,需符合以数据为核心的竞争的必要特征。但是以上三方面的问题除明确相应的基本原则以外,还需要在个案中进行合理分析,明确哪些是主要的因素,得以权衡数据控制者与用户之间的利益关系。在此情况下,对数据控制者进行"沙盒监管"[2],以合作的方式获得隐私监管机构的具体指导,从而获得某种监管的"安全港",在此"安全港"中进一步发展数据可携权。

除对数据可携权的界定之外,对于以数据为核心的竞争,数据公司作为数据控制者,对持有的个人数据的类别与范围都需有更清晰的界定。在正式请求数据可携权之前,用户就应当清楚自己的哪些信息已经被数据公司实际控制。但在现实情况下,各数据主体的数据收集程度似乎仍然缺乏相当的透明度。例如,数据控制者可以通过设置仪表板(dashboard)[3],告知用户其收集、跟踪数据的情况与程度,并且可以用于同意其他数据控制者对某种数据进行数据可携权的请求。

在明确了数据可携权的范围与限制,并且提升了数据可携权的相关内容的透明度,用户可以明确其数据是否可以被移植之后,需遵循有效的监督与执行数据可携权的相应规定。第一,数据可携权请求的及时性;第二,可移植数据(包括自愿提供的与观察到的数据)的完整性;第三,技术的可行性及数据执行请求的接受性。

---

[1] 对此,有学者提出场景化与风险评估的方案,监管框架中创设一套定义明确的数据类别与数据"白名单",区分监管的优先级别,对个人数据进行分级分类处理。参见王锡锌:《个人信息可携权与数据治理的分配正义》,载《环球法律评论》2021年第6期。但也有学者提出应放弃场景区分的思路,而采用功能视角的分析,即"确保数字要素有序流动,市场秩序安全稳定"。参见胡凌:《功能视角下个人信息的公共性及其实现》,载《法制与社会发展》2021年第5期。

[2] 关于"沙盒监管"的具体论述,请参见上文。

[3] 所谓仪表板的设置,相关情况可参见 Facebook, accessed March 26, 2024, https://www.facebook.com/your_information/, https://www.facebook.com/off_facebook_activity/。

(三)提供持续、实时的数据可携权

从竞争角度来看,对个人数据的"深度"访问可以促进细分市场的进入。因此,有必要引入持续性的数据可携权,使消费者在任何时间都能够及时、多次地将个人数据和非个人数据从现有的服务商转移到另一个服务商。持续的数据可携权的范围和实施原则至少包含以下四方面,以促进基于深度用户数据向第三方的数据共享。①只有原始的用户数据(观察到的和自愿的)可以用于持续的数据共享,但不包括从其中衍生的数据。②消费者必须能够就需要传输的数据在级别上给予同意。全有或全无的传输通常是不必要的,否则无论是在技术上(网络负载、空间要求)还是在经济上(更大的隐私问题),都会产生更多的交易成本。另外,经营者不得通过提供商业激励或抑制措施来影响消费者的选择。③在消费者同意的情况下,数据应该能够在经营者之间直接共享。在消费端不需要任何额外的设施,就可以实现持续的数据可携性。然而,这并不排除用户存储数据或促进该过程。应以通俗易懂的语言向消费者明确告知所移植数据的性质和范围。④数据传输需要安全,尽量减少将数据泄露给未参与传输的各方,减少数据修改或数据丢失的风险。在可能的情况下,应可以自由使用开放的、对开发者来说透明的标准和协议。

以上内容表明,持续的数据可携权法规涵盖的范围应与既有的相关规则相同。因此,该政策建议不是针对用户已经有权获得的数据访问权的范围,而是提高用户行使这些权利的有效性和及时性,以及其他经营者可以在用户同意之下及时访问用户数据的范围。尽管数据保护法适用于所有类型的经营者,而不只适用于数字经济领域,但持续的数据可携权专门针对数字经济中的技术可能性和经济现实性。

实践中,《一般数据保护条例》关于目的限制、数据最小化和数据可携权的规定,在数字经济背景下产生了强烈的紧张关系。数据主要通过自动化①手段处理,用户的每次点击都可能被记录下来。具体而言,《一般数据保护条例》应该在何种程度上将观察到的数据而非自愿提供

---

① 自动化虽然提升了效率,但也给过错归责的传统理论带来了挑战,参见张凌寒:《网络平台监管的算法问责制构建》,载《东方法学》2021年第3期。

的数据,纳入数据可携权客体的范围。在其解释性指南中,欧洲数据保护委员会采取了广义的观点,建议将观察到的和自愿提供的数据(但不包括分析后的数据)都包括进来。① 依此解释,详细的行为数据,如点击流、查看和购买历史记录数据等,应当可以根据用户的请求而进行迁移。笔者赞同此类解释,因为更大范围的数据可携权将促进数据驱动市场的创新和细分市场的进入。

此外,有观点认为,在数据可携权以外,还应使用开放标准和协议,标准和技术解决方案的开发可以建立在现有的开源项目上。② 然而,可以预料的是,一旦定义了开放标准并提供了标准化的接口,开源社区将会努力在各种服务之间提供导入和导出的适配器。笔者建议,这个过程应该由行业主导,效仿《欧盟非个人数据自由流动框架条例指南》第 6 条。根据该条例指南,本行业和其他利益相关者密切合作,为特定服务中非个人数据的可携权制定行为准则。然而,应该有一个适当的截止日期,决策者将在此期间对进展和实施情况进行评估。如果在规定的时间内,通过建立标准和操作界面的方式仍没有取得足够的进展,则可能需要加强政府干预或指导③,以确保取得进展并保证利益中立。例如,在开放式银行中,主银行被要求组成独立的受托人来制定标准。欧盟委员会根据欧洲银行管理局(European Banking Authority)所做的参与性工作,制定了相对详细的技术规定。最后,为了提升深度用户的数据可携权,不仅需要发展制度性的安排,还需要减少可信数据中介的使用障碍,后者为消费者提供了共享数据的技术和经济手段。

---

① 关于数据可携权的具体解释性指南,参见 Article 29 Data Protection Working Party, Guidelines on the Right to Data Portability, 2017, accessed March 26, 2024, http://ec.europa.eu/newsroom/document.cfm? doc_id=44099。

② 关于开放标准与协议的具体框架,参见 Jason Furman, Diane Coyle, Amelia Fletcher and Philip Marsden, Unlocking Digital Competition: Report of the Digital Competition Expert Panel, Government of the United Kingdom, 2019, accessed March 26, 2024, https://assets.publishing.service.gov.uk/government/uploads/system/uploads/attachment_data/file/785547/unlocking_digital_competition_furman_re view_web.pdf。

③ 例如,有学者提出了政府可以采取数据安全认证的思路,参见刘权:《数据安全认证:个人信息保护的第三方规制》,载《法学评论》2022 年第 1 期。

第五节 小 结

数字平台以数据作为驱动,构成了其所依赖的核心架构,因此平台要不断地争夺用户数据。在以网络效应为特征的市场中,具有市场支配地位的平台可以通过排斥竞争者而获得数据规模。由于这类市场的重要性,反垄断执法机构一直对与数据相关的排他性垄断行为保持警惕。然而,针对与数据相关的排他性垄断行为,应采取何种救济措施更好地恢复相关市场的竞争秩序未有定论。由此,本章讨论了要求具有市场支配地位的经营者与其竞争者分享大数据作为救济措施的可行性。

本章以欧盟竞争法为例,探讨了在救济阶段,强迫具有市场支配地位的经营者与竞争者分享数据资源的可能性。虽然立法与判例皆赋予反垄断执法机构有效终止违法行为的广泛授权,但是救济措施可以在何种程度上恢复市场竞争秩序并不明确。有观点认为,最佳的救济措施应该将竞争秩序恢复至违法行为未开始的水平,而非假设没有违法行为存在的市场竞争状态。本章的探讨表明,进行强制开放数据可能会导致后一种结果且对消费者福利产生负面的影响。

此外,大数据具有明显的"速度"特征,竞争者需要对现在或将来的数据进行分析与预测,强制具有市场支配地位的经营者分享过去的数据是徒劳的。简言之,竞争者需要的不是旧数据,而是能够迅速捕捉变化趋势的新数据。当数据构成商业模式的核心时,对创新产品和服务的投资可能会因为将强制开放数据作为救济措施而产生不利影响。更为重要的是,以强制开放数据作为垄断行为的救济措施,会涉及用户的个人数据,本章的最后部分对强制开放数据与数据保护法之间的衔接问题进行了较为深入的分析。基于数据保护法的三种不同的数据处理理由,即遵守法定义务、相关经营者的合法利益、数据主体的同意。在反垄断法框架下进行个人数据的共享,前两个理由并不成立,并且基于数据主体的同意似在实践中难以实现。因此,本章可以得出结论,强制开放数据并非最佳的救济措施。在此基础上,本章提出了针对强制开放数据的三种优化方案。所谓优化方案即基于不同的立场进行设计,而非仅仅站在反垄断法恢复市场竞争秩序的立场。

结论:"威慑之外,辅以救济"

本书从以下四方面探讨了在反垄断法框架下,如何构建垄断行为救济制度。

其一,建立垄断行为救济制度的必要性。在梳理救济制度现状的基础上,引证我国原料药行业反垄断的相关案例,凸显了垄断行为救济制度的缺位,提出在反垄断法框架下建立垄断行为救济制度的必要性。

其二,探讨构建垄断行为救济制度的理论框架。初步提出构成理论框架的四个要素,即垄断行为救济措施的概念界定、应然目标、比例原则作为其限制规则的适用,以及与民事诉讼中损害赔偿的关系。

其三,探讨垄断行为救济措施的分类。提出在传统行为性或结构性救济措施分类的基础上,从另外三个维度对救济措施进行分类,以及相应的选择与设计标准。

其四,基于上述基础问题的讨论,进而纵向延伸探讨了数字经济下垄断行为救济措施的设计与实施。首先从数字平台维度探索如何通过救济措施恢复数字平台市场竞争秩序,进而提出三种救济措施的新路径,即建立损害理论与救济措施的逻辑关系,运用复合型救济措施,将事后救济与事前监管相结合。此外,鉴于数据是数字经济的核心,由此进一步论证从数据维度设计与实施救济措施的可行性,从关键设施原则与数据归属的角度,尝试提出以数据为核心的救济措施设计路径。

综上所述,无论是针对一般性垄断行为的救济措施理论,还是具体市场条件下的救济措施设计,有两个要素具有普遍性,值得关注。

第一个是比例原则。比例原则原本作为公法领域的"帝王原则",在不同的法律体系与部门法中被广泛接受并不断完善。该原则在垄断行为救济措施的设计中,可以理解为过罚相当原则,亦可以理解为适当性原则或必要性原则。尽管既有研究与实践都已认识到在救济措施的设计与实施中适用比例原则的重要性,但因其本身的抽象性,难以演化为具体的设计规则。因此,今后的学术讨论或实践,应在以比例原则为核心作为救济措施的设计标准的基础上,更深入地探索其具体指标。

第二个是复合型救济措施。笔者尝试提出三个不同维度的复合型救济措施:不同类型救济措施的复合、事前监管与事后救济措施的复合,以及不同部门法律制度的复合。可见,复合型救济措施可取各单一类型救济措施之长并避其短,以增强实施的有效性。这也从另一角度显示了传统部门法的边界愈加模糊,从不同部门法的维度进行综合考量与设计救济措施,似可能成为今后发展的趋势。

贯穿上述研究的另一个值得关注的观点是"威慑之外,辅以救济"。在反垄断法的实践与完善中,关于市场竞争的规制与介入的措施,传统做法是,重在发挥反垄断法的威慑力以阻止经营者的垄断行为,以及对竞争损害进行救济,前者相较于后者更有效率。但是,值得深入思考的是,任何一种法律,即使赋予完美的威慑力,也不可能阻止违法行为的发生。因此,反垄断法须与和市场竞争相关的各个领域齐头并进,如经济领域、商业领域、科技领域,否则,仅仅依靠威慑力阻止违法行为似会愈加困难,且可能带来负面效果,本书引证的大量案例可见其端倪。

再者,反垄断理论的发展趋势之一,是逐渐从"当然违法原则"转变到"合理原则",从一味地严格禁止某类垄断行为,到开始不断关注某类垄断行为在具体情形下对市场竞争、创新,以及消费者福利等诸多因素的影响。在这个意义上,惩罚措施是对"当然违法"的直接干预,而救济措施则更多地关注垄断行为的损害理论,以及实际造成的竞争损害或可能带来的福利。因此,需转变"重惩罚,轻救济"的观念。显然,这种观念的转变并不意味着对惩罚措施的轻视甚至偏废,而是应充分发挥救济措施对惩罚措施的辅助效果,从而使两者相得益彰。如针对核心卡特尔的"当然违法"行为,应给予严格的禁止及足够的惩罚,以起到威慑的作用,但并不影响反垄断执法机构在事后采取适当的救济措施,消除该行为带来的损害,并促进相关市场竞争秩序的恢复。

《反垄断法》自2008年生效以来,为维护市场竞争秩序、促进创新、提高经济运行效率,以及保护消费者福利与社会公共利益起到了重要的作用。随着市场经济的发展,特别是数字经济的发展,《反垄断法》的部分条款已经不能适应现在与未来的需要,对部分垄断行为的处置乏力,以及对新型垄断行为的应对失灵。在此背景下,全国人大常委会于2022年6月24日正式通过《反垄断法》的修订,并于2022年8月1日起施行。至此,《反垄断法》完成了自2008年实施后的首次修改。新法强化了竞争政策的基础地位,设立了公平审查制度,明确了垄断协议的范围与认定标准,完善了规制数字经济领域的滥用行为,确立了"安全港"制度,依法申报,以及大幅提高了罚款数额等。

遗憾的是,此次修法仍然延续了"重惩罚,轻救济"的思路,将修法的重点放在垄断行为的认定范围与标准及其相应的惩罚措施。由此,此次修法普遍加大反垄断处罚力度,新增特别威慑条款,对"情节特别严重、影响特别恶劣、造成特别严重后果"的违法行为处以大额罚款,以及增加对达成垄断协议负有个人责任的"个人罚款"。而针对垄断行为的事后处置模式,仍延续实施责令停止违法行为的"禁令",并辅以罚款与没收违法所得来防止垄断行为的反复。然而,这种"重惩罚,轻救济"的处置模式,似无法指导相关经营者对违法行为的竞争损害进行补救,难以恢复相关市场的竞争秩序,尤其是应对数字经济下的垄断行为,即使是特别威慑条款亦恐难以起到预期的威慑作用。

本书初步提出了构建垄断行为救济制度的必要性,以及构建该制度的理论框架;较为系统地阐述了不同类型的垄断行为救济措施,尤其是数字平台垄断行为救济措施的设计思路与部分实施要素。此外,从一个侧面论证了"威慑之外,辅以救济"的重要性,试图提出完善《反垄断法》值得关注的趋势,以及为下一轮修法提供可借鉴的思路。

参考文献

一、中文著作

1. 〔美〕戴维·J. 格伯尔:《二十世纪欧洲的法律与竞争》,冯克利、魏志梅译,中国社会科学出版社2004年版。
2. 〔美〕理查德·A. 波斯纳:《反托拉斯法》,孙秋宁译,中国政法大学出版社2003年版。
3. 〔美〕罗斯科·庞德:《法理学》(第3卷),廖德宇译,法律出版社2007年版。
4. 〔美〕莫里斯·E. 斯图克、〔美〕艾伦·P. 格鲁内斯:《大数据与竞争政策》,兰磊译,法律出版社2019年版。
5. 〔美〕欧内斯特·盖尔霍恩、〔美〕威廉姆·科瓦契奇、〔美〕斯蒂芬·卡尔金斯:《反垄断法与经济学》,任勇、邓志松、尹建平译,法律出版社2009年版。
6. 〔英〕西蒙·毕晓普、〔英〕麦克·沃克:《欧盟竞争法的经济学:概念、应用和测量》,董红霞译,人民出版社2016年版。
7. 〔德〕卡尔·拉伦茨:《法学方法论》,陈爱娥译,商务印书馆2003年版。
8. 〔德〕弗诺克·亨宁·博德维希:《全球反不正当竞争法指引》,黄武双、刘维、陈雅秋译,法律出版社2015年版。
9. 〔希〕扬尼斯·科克雷斯、〔美〕霍华德·谢兰斯基:《欧盟并购控制:法律与经济学分析》,戴健民、邓志松译,法律出版社2018年版。
10. 方燕:《互联网竞争逻辑与反垄断政策:纷争与出路》,社会科学文献出版社2020年版。
11. 顾培东:《社会冲突与诉讼机制》,法律出版社2004年版。
12. 胡祖舜:《竞争法之经济分析》,元照出版公司2019年版。

13. 韩伟:《迈向智能时代的反垄断法演化》,法律出版社2019年版。

14. 韩伟:《经营者集中附条件法律问题研究》,法律出版社2013年版。

15. 候利阳:《市场地位的反垄断剖析》,中国书籍出版社2019年版。

16. 刘权:《比例原则》,清华大学出版社2022年版。

17. 兰磊:《论反垄断法的多元价值平衡》,法律出版社2017年版。

18. 万江:《中国反垄断法:理论、实践与国际比较》(第二版),中国法制出版社2017年版。

19. 王炳:《反垄断法中的经营者集中附条件许可问题研究:争议与反思》,中国政法大学出版社2015年版。

20. 王晓晔:《竞争法学》,社会科学文献出版社2007年版。

21. 吴振国、刘新宇:《经营者并购反垄断审查制度之理论与实践》,法律出版社2012年版。

22. 殷继国:《反垄断执法和解制度:国家契约化之滥觞》,中国法制出版社2013年版。

23. 叶明:《互联网经济对反垄断法的挑战及对策》,法律出版社2019年版。

二、中文期刊论文

1. 陈兵:《反垄断法实施与消费者保护的协同发展》,载《法学》2013年第9期。

2. 陈景辉:《比例原则的普遍化与基本权利的性质》,载《中国法学》2017年第5期。

3. 丁晓东:《论数据垄断:大数据视野下反垄断的法理思考》,载《东方法学》2021年第3期。

4. 丁晓东:《论算法的法律规制》,载《中国社会科学》2020年第12期。

5. 方翔:《论数字经济时代反垄断法的创新价值目标》,载《法学》2021年第12期。

6. 高富平:《个人信息处理:我国个人信息保护法的规范对象》,载

《法商研究》2021 年第 2 期。

7. 郭珺:《信息交换反垄断规制的域外法镜鉴》,载《电子知识产权》2019 年第 5 期。

8. 胡凌:《功能视角下个人信息的公共性及其实现》,载《法制与社会发展》2021 年第 5 期。

9. 韩伟:《美国横向合并指南的最新修订及启示》,载《现代法学》2011 年第 3 期。

10. 黄勇、蒋涛:《非横向经营者合并的反垄断规制——以欧盟〈非横向合并指南〉为基础展开》,载《清华法学》2009 年第 2 期。

11. 黄尹旭、杨东:《超越传统市场力量:超级平台何以垄断?》,载《社会科学》2021 年第 9 期。

12. 蒋悟真等:《反垄断法中的公共利益及其实现》,载《中外法学》2010 年第 4 期。

13. 焦海涛:《我国反垄断法修订中比例原则的引入》,载《华东政法大学学报》2020 年第 2 期。

14. 金美蓉、董艺琳:《经营者集中反垄断域外救济冲突与国际合作机制》,载《法学家》2022 年第 2 期。

15. 李世刚、包丁裕睿:《大型数字平台规制的新方向:特别化、前置化、动态化——欧盟〈数字市场法(草案)〉解析》,载《法学杂志》2021 年第 9 期。

16. 林洹民:《自动决策算法的风险识别与区分规制》,载《比较法研究》2022 年第 2 期。

17. 李国海:《反垄断法公共利益理念研究——兼论〈中华人民共和国反垄断法(草案)〉中的相关条款》,载《法商研究》2007 年第 5 期。

18. 李剑:《论反垄断法的实质理性》,载《学习与探索》2013 年第 12 期。

19. 李俊峰:《全球平行审查背景下的中国经营者集中救济》,载《当代法学》2015 年第 2 期。

20. 刘宁元:《反垄断法政策目标的多元化》,载《法学》2009 年第 10 期。

21. 刘权:《比例原则的精确化及其限度:以成本收益分析的引入为视角》,载《法商研究》2021年第4期。

22. 刘权:《比例原则适用的争议与反思》,载《比较法研究》2021年第5期。

23. 刘权:《权利滥用、权利边界与比例原则——从〈民法典〉第132条切入》,载《法制与社会发展》2021年第3期。

24. 刘权:《数据安全认证:个人信息保护的第三方规制》,载《法学评论》2022年第1期。

25. 吕炳斌:《个人信息保护的"同意"困境及其出路》,载《法商研究》2021年第2期。

26. 刘水林:《反垄断诉讼的价值定位与制度建构》,载《法学研究》2010年第4期。

27. 秦国荣:《维权与控权:经济法的本质及功能定位——对"需要干预说"的理论评析》,载《中国法学》2006年第2期。

28. 盛杰民、焦海涛:《反垄断法承诺制度的执行难题与激励》,载《清华法学》2009年第2期。

29. 邵晨:《搜索中立与搜索引擎平台的博弈》,载《法律适用》2020年第4期。

30. 沈伟伟:《算法透明原则的迷思——算法规制理论的批判》,载《环球法律评论》2019年第6期。

31. 时建中:《共同市场支配地位制度拓展适用于算法默示共谋研究》,载《中国法学》2020年第2期。

32. 孙晋、钟原:《大数据时代下数据构成必要设施的反垄断法分析》,载《电子知识产权》2018年第5期。

33. 孙晋:《数字平台的反垄断监管》,载《中国社会科学》2021年第5期。

34. 孙晋:《谦抑理念下互联网服务行业经营者集中救济调适》,载《中国法学》2018年第6期。

35. 王晓晔:《反垄断法(修正草案)的评析》,载《当代法学》2022年第3期。

36. 王晓晔:《数字经济反垄断监管的几点思考》,载《法律科学(西北政法大学学报)》2021年第4期。

37. 王晓晔:《数据互操作的竞争法思考》,载《竞争法律与政策评论》2021年第7期。

38. 王晓晔:《我国反垄断法执法10年:成就与挑战》,载《政法论丛》2018年第5期。

39. 王炳:《反垄断执法和解的制度机理》,载《安徽大学学报(哲学社会科学版)》2010年第2期。

40. 王翀:《论反垄断法的价值目标冲突及协调》,载《政法论丛》2015年第3期。

41. 王健:《反垄断法私人执行制度初探》,载《法商研究》2007年第2期。

42. 王先林:《涉及专利的标准制定和实施中的反垄断问题》,载《法学家》2015年第4期。

43. 王晓晔:《举足轻重的前提——反垄断法中的相关市场界定》,载《国际贸易》2004年第2期。

44. 王伟:《平台扼杀式并购的反垄断法规制》,载《中外法学》2022年第1期。

45. 王锡锌:《个人信息可携权与数据治理的分配正义》,载《环球法律评论》2021年第6期。

46. 吴汉洪:《转换成本视角下互联网经营者的创新竞争策略》,载《经济理论与经济管理》2019年第3期。

47. 吴太轩:《算法默示合谋反垄断规制困境及其对策》,载《竞争政策研究》2020年第6期。

48. 许光耀:《反垄断法上的卡特尔宽大制度》,载《政法论丛》2015年第3期。

49. 许明月:《侵权救济、救济成本与法律制度的性质——兼论民法与经济法在控制侵权现象方面的功能分工》,载《法学评论》2005年第6期。

50. 杨东:《论反垄断法的重构:应对数字经济的挑战》,载《中国法学》2020 年第 3 期。

51. 阳东辉:《搜索引擎操纵搜索结果行为的反垄断法规制》,载《法商研究》2021 年第 6 期。

52. 杨明:《平台经济反垄断的二元分析框架》,载《中外法学》2022 年第 2 期。

53. 杨文明:《算法时代的垄断协议规制:挑战与应对》,载《比较法研究》2022 年第 1 期。

54. 叶军:《经营者集中反垄断控制限制性条件的比较分析和选择适用》,载《中外法学》2019 年第 4 期。

55. 叶卫平:《反垄断法的价值构造》,载《中国法学》2012 年第 3 期。

56. 殷继国:《大数据市场反垄断规制的理论逻辑与基本路径》,载《政治与法律》2019 年第 10 期。

57. 应飞虎:《信息如何影响法律:对法律基于信息视角的阐释》,载《法学》2002 年第 6 期。

58. 喻玲:《从威慑到合规指引:反垄断法实施的新趋势》,载《中外法学》2013 年第 6 期。

59. 喻玲:《算法消费者价格歧视反垄断法属性的误读及辨明》,载《法学》2020 年第 9 期。

60. 张晨颖:《比例原则视角下经营者集中反垄断执法的规则修正》,载《当代法学》2021 年第 4 期。

61. 张浩然:《事后反垄断与事前管制——数字市场竞争治理的范式选择》,载《河南社会科学》2021 年第 8 期。

62. 张守文:《反垄断法的完善:定位、定向与定则》,载《华东政法大学学报》2020 年第 2 期。

63. 张昕:《垄断行为没收违法所得的美国经验及对我国的启示》,载《价格理论与实践》2013 年第 11 期。

64. 郑鹏程:《美国反垄断法三倍损害赔偿制度研究》,载《环球法律评论》2006 年第 2 期。

65. 张凌寒:《网络平台监管的算法问责制构建》,载《东方法学》2021 年第 3 期。

66. 张钦昱:《数字经济反垄断规制的嬗变——"守门人"制度的突破》,载《社会科学》2021 年第 10 期。

67. 张新宝:《互联网生态"守门人"个人信息保护特别义务设置研究》,载《比较法研究》2021 年第 3 期。

68. 周围:《算法共谋的反垄断法规制》,载《法学》2020 年第 1 期。

69. 朱巧玲:《算法陷阱与规制跨越》,载《经济学家》2022 年第 1 期。

70. 周旺生:《法的功能和法的作用辨异》,载《政法论坛》2006 年第 5 期。

三、英文著作

1. Alison Jones, Brenda Sufrin, EU Competition Law: Text, Cases, and Materials, 6th ed., Oxford University Press, 2016.

2. Ariel Ezrachi, Reflections on Its Recent Evolution, Hart Publishing, 2009.

3. Ariel Ezrachi, EU Competition Law: An Leading Guide to the Leading Cases, 6th ed., Hart Publishing, 2018.

4. Ajay Agrawal, Joshua Gans and Avi Goldfarb, Prediction Machines: The Simple Economics of Artificial Intelligence, Harvard Business Review Press, 2018.

5. Alan Devlin, Fundamental Principles of Law and Economics, Routledge, 2014.

6. Anthony Ogus, Costs and Cautionary Tales: Economic Insights for the Law, Hart Publishing, 2006.

7. Damien Geradin, Anne Layne-Farrar and Nicolas Petit, EU Competition Law and Economics, Oxford University Press, 2012.

8. David Rene, A Law of Remedies and a Law of Rights in English Law and French Law: A Comparison in Substance, Stevens and Sons, 1980.

9. E. Thomas Sullivan, Richard S. Frase, Proportionality Principles in American Law: Controlling Excessive Government Actions, Oxford University Press, 2008.

10. Fabiana Di Porto, Rupprecht Podszun(eds.), Abusive Practices in Com-

petition Law, Edward Elgar Press, 2018.

11. Federico Etro, Ioannis Kokkoris, Competition Law and the Enforcement of Article 102, Oxford University Press, 2010.

12. Lawson Frederick Henry, Remedies of English Law, Penguin Books, 1972.

13. Herbert Hovenkamp, The Antitrust Enterprise: Principle and Execution, Harvard University Press, 2005.

14. Kellis E. Parker, Modern Judicial Remedies: Cases and Materials, Little Brown Press, 1975.

15. Kenneth G. Elzinga, William Breit, The Antitrust Penalties: A Study in Law and Economics, 2nd ed., Yale University Press, 1976.

16. Mark Brealey, Maik Hoskins, Remedies in EC Law, 2nd ed., Cambridge University Press, 1998.

17. Roger J. Van den Bergh, Comparative Competition Law and Economics, Edward Elgar, 2017.

18. Rafal Zakrewski, Remedies Reclassified, Oxford University Press, 2005.

19. Reinhard Zimmermann, The New German Law of Obligations: Historical and Comparative Perspectives, Oxford University Press, 2006.

20. Renato Nazzini, The Foundations of European Union Competition Law: The Objective and Principles of Article 102, Oxford University Press, 2011.

21. Robert O'Donoghue QC, Jorge Padilla, The Law and Economics of Article 102 TFEU, 4th ed., Hart Publishing, 2013.

22. Richard Whish, David Bailey, Competition Law, 8th ed., Oxford University Press, 2015.

23. Stephen Davies, Bruce Lyons, Mergers and Merger Remedies in the EU: Accessing the Consequence for Competition, Edward Elgar Publishing, 2007.

24. Wouter P. J. Wils, Principles of European Antitrust Enforcement, Hart publishing, 2005.

25. Wouter P. J. Wils, Efficiency and Justice in European Antitrust Enforcement, Hart Publishing, 2008.

四、英文期刊论文

1. Aaron S. Edlin, Robert G. Harris, The Role of Switching Costs in Antitrust Analysis: A Comparison of Microsoft and Google, 15 Yale Journal of Law and Technology (2013).

2. Alexandre de Cornière, Romain de Nijs, Online Advertising and Privacy, 47 RAND Journal of Economics (2016).

3. Ambroise Descamps, Timo Klein and Gareth Shier, Algorithms and Competition: The Latest Theory and Evidence, 20 Competition Law Journal (2021).

4. Andrei Hagiu, Bruno Jullien, Search Diversion and Platform Competition, 33 International Journal of Industrial Organization (2014).

5. Bo Vesterdorf, Kyriakos Fountoukakos, An Appraisal of the Remedy in the Commission's Google Search (Shopping) Decision and a Guide to Its Interpretation in Light of an Analytical Reading of the Case Law, 9 Journal of European Competition Law & Practice (2017).

6. Carl Shapiro, Exclusivity in Network Industries, 7 George Mason Law Review (1999).

7. Catherine E. Tucker, Online Advertising and Antitrust: Network Effects, Switching Costs, and Data as an Essential Facility, 2 CPI Antitrust Chronicle (2019).

8. Cédric Argenton, Jens Prüfer, Search Engine Competition with Network Externalities, 8 Journal of Competition Law and Economics (2012).

9. Christopher Pleatsikas, David Teece, The Analysis of Market Definition and Market Power in the Context of Rapid Innovation, 19 International Journal of Industrial Organization (2001).

10. Christopher S. Yoo, When Antitrust Met Facebook, 19 George Mason Law Review (2012).

11. Charles J. Goetz, Robert E. Scott, Liquidated Damages, Penalties and the Just Compensation Principle: Some Notes on an Enforcement Model

and a Theory of Efficient Breach, 77 Columbia Law Review (1977).

12. Cyril Ritter, How far can the Commission Go When Imposing Remedies for Antitrust Infringements? Journal of European Competition Law and Practice (2016).

13. Daniel F. Spulber, Unlocking Technology: Antitrust and Innovation, 4 Journal of Competition Law and Economics (2008).

14. Daniel Berger, Roger Bernstein, An Analytical Framework for Antitrust Standing, 86 Yale Law Journal (1977).

15. Damien Geradin, Evi Mattioli, The Transactionalization of EU Competition Law: A Positive Development, 8 The Journal of European Competition Law & Practice (2017).

16. Daniele Condorelli, Jorge Padilla, Harnessing Platform Envelopment in the Digital World, 16 Journal of Competition Law & Economics (2020).

17. David S. Evans, Richard Schmalensee, Some Economic Aspects of Antitrust Analysis in Dynamically Competitive Industries, 2 Innovation Policy and the Economy (2002).

18. David Evans, A. Jorge Padilla, Designing Antitrust Rules for Assessing Unilateral Practices: A Neo-Chicago Approach, 72 The University of Chicago Law Review (2005).

19. David J. Teece, Next-Generation Competition: New Concepts for Understanding How Innovation Shapes Competition and Policy in the Digital Economy, 9 The Journal of Law, Economics & Policy (2012).

20. David M. Mandy, David E. M., Sappington, Incentives for Sabotage in Vertically Related Industries, 31 Journal of Regulatory Economics (2007).

21. Dimitrions Panagiotis L. Tzakas, Effective Collective Redress in Antitrust and Consumer Protection Matters: A Panacea or a Chimera? 48 Common Market Law Review (2011).

22. Donald I. Baker, Revisiting History—What Have We Learned About Private Antitrust Enforcement That We Would Recommend to Others? 16 Loyola Consumer Law Review (2004).

23. Douglas Ginsburg, Joshua Wright, Antitrust Settlements: The Culture of Consent, 13 Law & Economics (2013).

24. Erling Hjelmeng, Competition Law Remedies: Striving for Coherence or Finding New Ways? 50 Common Market Law Review (2013).

25. Eleanor M. Fox, Remedies and the Courage of Convictions in a Globalized World: How Globalization Corrupts Relief, 80 Tulane Law Review (2005).

26. Feng Zhu, Qihong Liu, Competing with Complementors: An Empirical Look at Amazon, 39 Strategic Management Journal (2018).

27. Florian Wagnervon Papp, Should Google's Secret Sauce be Organic? 16 Melbourne Journal of International Law (2015).

28. Florian Wagnervon Papp, Best and Even Better Practices in Commitment Procedures After Alrosa: The Danger of Abandoning the Struggle for Competition Law, 49 Common Market Law Review (2012).

29. Frank A. Pasquale, Oren Bracha, Federal Search Commission? Access, Fairness, and Accountability in the Law of Search, 93 Cornell Law Review (2008).

30. Frank H. Easterbrook, Limits of Antitrust, 63 Texas Law Review (1984).

31. Frank H. Easterbrook, Detrebling Antitrust Damages, 28 The Journal of Law and Economics (1985).

32. Frank X. Schoen, Exclusionary Conduct After Trinko, 80 New York University Law Review (2005).

33. Gabriela Zanfir, The Right to Data Portability in the Context of the EU Data Protection Reform, 2 International Data Privacy Law (2012).

34. Geoffrey A. Manne, Joshua D. Wright, Google and the Limits of Antitrust: The Case Against Google, 34 Harvard Journal of Law & Public Policy (2010).

35. Giacomo Luchetta, Is the Google Platform a Two-Sided Market? 10 Journal of Competition Law and Economics (2014).

36. Giorgio Monti, Managing the Intersection of Utilities Regulation and EC Competition Law, 4 Competition Law Review (2008).

37. Giuseppe Colangelo, Mariateresa Maggiolino, Big Data as Misleading Facilities, 13 European Competition Journal (2017).

38. Grainne De Burca, The Principle of Proportionality and Its Application in EC law, 13 Year of European Law (1993).

39. Gregory J. Werden, Remedies for Exclusionary Conduct Should Protect and Preserve the Competitive Process, 76 Antitrust Law Journal (2009).

40. Ilya Segal, Michael D. Whinston, Antitrust in Innovative Industries, 97 American Economic Review (2007).

41. Inge Graef, Mandating Portability and Interoperability in Online Social Networks: Regulatory and Competition Law Issues in the European Union, 39 Telecommunication Policy (2015).

42. Ian S. Forrester, Due Process in EC Competition Cases: A Distinguished Institution with Flawed Procedures, 34 European Law Review (2009).

43. Jan Krämer, Nadine Stüdlein, Data Portability, Data Disclosure and Data-induced Switching Costs: Some Unintended Consequences of the General Data Protection Regulation, 181 Economics Letters (2019).

44. Jay-Pil Choi, Christodoulos Stefanadis, Tying, Investment, and the Dynamic Leverage Theory, 32 RAND Journal of Economics (2001).

45. Jean-Charles Rochet, Jean Tirole, Platform Competition in Two-sided Markets, 1 Journal of the European Economic Association (2013).

46. Jens Prüfer, Christoph Schottmüller, Competing with Big Data, 69 The Journal of Industrial Economics (2019).

47. John E. Lopatka, William H. Page, Devising a Microsoft Remedy That Serves Consumers, 9 George Mason Law Review (2001).

48. John Temple Lang, Comparing Microsoft and Google: The Concept of Exclusionary Abuse, 39 World Competition (2016).

49. John Temple Lang, European Community Antitrust Law: Innovation Markets and High Technology Industries, 20 Fordham International Law Jour-

nal (1996).

50. Jonathan B. Baker, Evaluating Appropriability Defenses for the Exclusionary Conduct of Dominant Firms in Innovative, 80 Antitrust Law Journal (2016).

51. Jonathan B. Baker, Taking the Error out of "Error Cost" Analysis: What's Wrong with Antitrust Right, 80 Antitrust Law Journal (2015).

52. Jonathan B. Baker, Jonathan Sallet and Fiona Scott Morton, Unlocking Antitrust Enforcement, 127 Yale Law Journal (2017).

53. Joseph E. Harrington Jr. A Proposal for a Structural Remedy for Illegal Collusion, 82 Antitrust Law Journal (2017).

54. Joseph Farrell, Paul Klemperer, Coordination and Lock-in: Competition with Switching Costs and Network Effects, 3 Handbook of Industrial Organization (2007).

55. Joyce Verhaert, The Challenges Involved with the Application of Article 102 TFEU to the New Economy: A Case Study of Google, European Competition Law Review (2014).

56. Justus Haucap, Ulrich Heimeshoff, Google, Facebook, Amazon, eBay: Is the Internet Driving Competition or Market Monopolization? 11 International Economics and Economic Policy (2014).

57. Kristine Laudadio Devine, Preserving Competition in Multi-Sided Innovative Markets: How Do You Solve a Problem Like Google? 10 North Carolina Journal of Law & Technology (2008).

58. Kim Talus, Just What is the Scope of the Essential Facilities Doctrine in the Energy Sector? Third Party Access-friendly Interpretation in the EU vs Contractual Freedom in the US, 48 Common Market Law Review (2011).

59. Luca Aguzzoni, Gregor Langus and Massimo Motta, The Effect of EU Antitrust Investigations and Fines on a Firm's Valuation, 61 The Journal of Industrial Economics (2013).

60. Lina Khan, Amazon's Antitrust Paradox, 126 Yale Law Journal (2017).

61. Louis Kaplow, On the Meaning of Horizontal Agreements in Competition Law, 99 California Law Review (2011).

62. Malgorzata Sadowska, Bert Willems, Power Markets Shaped by Antitrust, 9 European Competition Journal (2013).

63. Malgorzata Sadowska, Energy Liberalization in an Antitrust Straitjacket: A Plant too Far? 34 World Competition (2011).

64. Marcel Boyer, Anne Catherine Faye and Rachidi Kotchoni, Challenges and Pitfalls in Cartel Policy and Fining, 31 Canadian Competition Law Review (2018).

65. Marc Bourreau, Germain Gaudin, Streaming Platform and Strategic Recommendation Bias, 31 Journal of Economics & Management Strategy (2022).

66. Marina Lao, Search, Essential Facilities, and the Antitrust Duty to Deal, 11 Northwestern Journal of Technology and Intellectual Property (2013).

67. Martin Cave, Ingo Vogelsang, How Access Pricing and Entry Interact, 27 Telecommunications Policy (2003).

68. Martin Cave, Encouraging Infrastructure Competition via the Ladder of Investment, 30 Telecommunications Policy, Elsevier (2006).

69. Marvin Ammori, Luke Pelican, Proposed Remedies for Search Bias: Search Neutrality and Other Proposals in the Google Inquiry, 11 Journal of Internet Law (2012).

70. Mathew Heim, Igor Nikolic, A FRAND Regime for Dominant Digital Platforms, 10 Journal of Intellectual Property, Information Technology and Electronic Commerce Law (2019).

71. Maurice E. Stucke, Ariel Ezrachi, When Competition Fails to Optimize Quality: A Look at Search Engines, 18 Yale Journal of Law & Technology (2016).

72. Melamed A. Douglas, Afterword: The Purposes of Antitrust Remedies, 76 Antitrust Law Journal (2009).

73. Michael A. Salinger, Robert J. Levinson, Economics and the FTC's

Google Investigation, 46 Review of Industrial Organization (2015).

74. Michael L. Katz, Carl Shapiro, Technology Adoption in the Presence of Network Externalities, 94 Journal of Political Economy (1986).

75. Michael Wohlfart, Data Portability on the Internet: An Economic Analysis, 61 Business & Information Systems Engineering (2019).

76. Michal Gal, Nicolas Petit, Radical Restorative Remedies for Digital Markets, 37 Berkeley Technology Law Journal (2021).

77. Michal Gal, Algorithms as Illegal Agreements, 34 Berkeley Journal of Law & Technology (2019).

78. Milton Handler, The Shift from Substantive to Procedural Innovations in Antitrust Suits—The Twenty-Third Annual Antitrust Review, 71 Columbia Law Review (1971).

79. Miro Prek, Silvere Lefevre, Competition Litigation Before the General Court: Quality if not Quantity? 53 Common Market Law Review (2016).

80. Niamh Dunne, Fairness and the Challenge of Making Markets Work Better, 84 The Modern Law Review (2020).

81. Nicholas Economides, The Economics of Networks, 14 International Journal of Industrial Organization (1996).

82. Nicholas Economides, The Incentive for Non-Price Discrimination by an Input Monopolist, 16 International Journal of Industrial Organization (1998).

83. Nicolas Economides, Ioannis Lianos, The Elusive Antitrust Standard on Bundling in Europe and in the United States in the Aftermath of the Microsoft Cases, 76 Antitrust Law Journal (2009).

84. Nicolo Zingales, Product Market Definition in Online Search and Advertising, 9 The Competition Law Review (2013).

85. Nils-Peter Schepp, Achim Wambach, On Big Data and Its Relevance for Market Power Assessment, 7 Journal of European Competition Law & Practice (2015).

86. Pablo Ibanez Colomo, Exclusionary Discrimination Under Article 102 TFEU, 51 Common Market Law Review (2014).

87. Pamela Jones Harbour, Tara Isa Koslov, Section 2 in a Web 2.0 World: An Expanded Vision of Relevant Product Markets, 76 Antitrust Law Journal (2010).

88. Per Hellström, Frank P. Maier-Rigaud and Friedrich Wenzel Bulst, Remedies in European Antitrust Law, 76 Antitrust Law Journal (2009).

89. Pinar Akman, D. Daniel Sokol, Online RPM and MFN under Antitrust Law and Economics, 50 Review of Industrial Organization (2017).

90. Paul D. Klemperer, The Competitiveness of Markets with Switching Costs, 18 RAND Journal of Economics (1987).

91. R. Craig Romaine, Steven C. Salop, Preserving Monopoly: Economic Analysis, Legal Standards and Microsoft, 7 George Mason Law School Antitrust Symposium (1999).

92. Ramsi A. Woodcock, The Hidden Rules of a Modest Antitrust, 11 Minnesota Law Review (2021).

93. Renata B. Hesse, Section 2 Remedies and U.S. v. Microsoft: What Is to be Learned, 75 Antitrust Law Journal (2009).

94. Renato Nazzini, Google and the (Ever-stretching) Boundaries of Article 102 TFUE, 6 Journal of European Competition Law & Practice (2015).

95. Richard A. Posner, Review of Kaplow, Competition Policy and Price Fixing, 79 Antitrust Law Journal (2014).

96. Richard A. Posner, An Economic Approach to Legal Procedure and Judicial Administration, 2 Journal of Legal Studies (1973).

97. Robert H. Bork, J. Gregory Sidak, What Does the Chicago School Teach About Internet Search and the Antitrust Treatment of Google? 8 Journal of Competition Law and Economics (2012).

98. Robert Pitofsky, Donna Patterson and Jonathan Hooks, The Essential Facilities Doctrine Under United States Antitrust Law, 70 Antitrust Law Journal (2002).

99. Robert Pitofsky, Antitrust at the Turn of the Twenty-First Century: The Matter of Remedies, 91 Georgetown Law Journal (2002).

100. Robert G. Harris, Lawrence Sullivan, Passing-on the Monopoly Overcharge: A Comprehensive Policy Analysis, 128 University of Pennsylvania Law Review (1979).

101. Robert W. Crandall, The Failure of Structural Remedies in Sherman Act Monopolization Cases, 80 Oregon Law Review (2001).

102. S. J. Evrard, Essential Facilities in the European Union: Bronner and Beyond, 10 Columbia Journal of European Law (2004).

103. Stephen Michael Waddams, Remedies as a Legal Subject, 3 Oxford Journal of Legal Studies (1983).

104. Stephen Calkins, Civil Monetary Remedies Available to Federal Antitrust Enforcers, 40 University of San Francisco Law Review (2006).

105. Steven Shavell, The Fundamental Divergence Between the Private and the Social Motive to Use the Legal System, 26 The Journal Legal Studies (1997).

106. Sergio Baches Opi, The Application of the Essential Facilities Doctrine to Intellectual Property Licensing in the European Union and the United States: Are Intellectual Property Rights Still Sacrosanct? 11 Fordham Intellectual Property, Media & Entertainment Law Journal (2001).

107. Spencer Weber Waller, Antitrust and Social Networking, 90 North Carolina Law Review (2012).

108. T. Takigawa, Super Platforms, Big Data, and Competition Law: The Japanese Approach in Contrast with the USA and EU, 9 Journal of Antitrust Enforcement (2021).

109. Thomas E. Sullivan, Antitrust Remedies in the U.S. and EU: Advancing a Standard of Proportionality, 48 Antitrust Bulletin (2003).

110. Thomas O. Barnett, Section 2 Remedies: What to Do After Catching the Tiger by the Tail, 76 Antitrust Law Journal (2009).

111. Tommy Staahl Gabrielsen, Erling Hjelmeng and Lars Sorgard, Rethinking Minority Share Ownership and Interlocking Directorships: The Scope for Competition Law Intervention, 36 European Law Review (2011).

112. Tracy A. Thomas, Proportionality and the Supreme Court's Jurisprudence of Remedies, 59 Hastings Law Journal (2007).

113. Tim Wu, Blind Spot: The Attention Economy and the Law, 82 Antitrust Law Journal (2018).

114. Walter van Gerven, Of Rights, Remedies and Procedures, 37 Common Market Law Review (2000).

115. Vikas Kathuria, Greed for Data and Exclusionary Conduct in Data-driven Markets, 35 Computer Law & Security Review (2019).

116. Viktoria H.S.E Robertson, Excessive Data Collection: Privacy Consideration and Abuse of Dominance in the Era of Big Data, 57 Common Market Law Review (2020).

117. Wen Wen, Feng Zhu, Threat of Platform-owner Entry and Complementor Responses: Evidence from the Mobile App Market, 40 Strategic Management Journal (2019).

118. William E. Kovacic, Designing Antitrust Remedies for Dominant Firm Misconduct, 31 Connecticut Law Review (1999).

119. Wouter P. J. Wils, The Judgment of the EU General Court in Intel and the So-Called More Economic Approach to Abuse of Dominance, 37 World Competition (2014).

120. Wouter P. J. Wils, Optimal Antitrust Fines: Theory and Practice, 29 World Competition (2006).

121. Wouter P. J. Wils, The Relationship Between Public Antitrust Enforcement and Private Actions for Damages, 32 World Competition (2009).

122. Wouter P. J. Wils, The Compatibility with Fundamental Rights of the EU Antitrust Enforcement System in Which the European Commission Acts Both as Investigator and as First-Instance Decision Maker, 37 World Competition (2014).

五、英文网络文献

1. Australian Competition and Consumer Commission, Digital Platforms

Inquiry-final Report, 2019, https://www.accc.gov.au/publications/digital-platforms-inquiry-final-report.

2. Autorite de la concurrence, Bundeskartellamt, Algorithms and Competition, 2019, https://www.bundeskartellamt.de/SharedDocs/Publikation/EN/Berichte/Algorithms_and_Competition_Working-Paper.pdfblob=publicationFile&v=5.

3. Bundeskartellamt, Amendment of the German Act Against Restraints of Competition, 2021, https://www.bundeskartellamt.de/SharedDocs/Meldung/EN/Pressemitteilunge n/2021/19_01_2021_GWB%20Novelle.html.

4. Competition and Markets Authority, A New Pro-competition Regime for Digital Markets: Advice of the Digital Markets Taskforce, 2020, https://www.gov.uk/cma-cases/digital-markets-taskforce.

5. Competition and Markets Authority, A New Pro-Competition Regime for Digital Markets: Advice of the Digital Markets Taskforce, 2020, https://www.gov.uk/cma-cases/digital-markets-taskforce.

6. Competition and Markets Authority, Online Platforms and Digital Advertising Market Study, 2020, https://www.gov.uk/cma-cases/online-platforms-and-digital-advertising-market-study.

7. Council of Economic Advisors, 2020 Economic Report of the President, 2020, https://trumpwhitehouse.archives.gov/articles/2020-economic-report-of-the-president/.

8. Dana Mattioli, Amazon Scooped up Data from Its Own Sellers to Launch Competing Products, 2020, The Wall Street Journal, https://www.wsj.com/articles/amazon-scooped-up-data-from-its-own-sellers-to-launch-competing-products-11587650015.

9. European Commission, Antitrust: Commission Accepts Microsoft Commitments to Give Users Browser Choice, 2009, https://ec.europa.eu/commission/presscorner/detail/e n/IP_09_1941.

10. European Commission, Antitrust: Commission Fines Google Billion for Abusing Dominance as Search Engine by Giving Illegal Advantage to Own Comparison Shopping Service, 2017, http://europa.eu/rapid/pressrelease_IP- 17-

1784_en.htm.

11. European Commission, Antitrust: Commission Opens Investigation into Possible Anti-competitive Conduct of Amazon, 2019, https://ec.europa.eu/commission/presscorner/detail/en/IP_19_4291.

12. European Commission, Communication: Shaping Europe's Digital Future, 2020, https://ec.europa.eu/info/sites/default/files/communication-shaping-europes-digital-future-feb2020_en_4.pdf.

13. European Commission, Statement by Commissioner Vestager on Antitrust Decisions Concerning Google, 2015, http://europa.eu/rapid/press-release_STATEMENT-15-4785_en.htm.

14. European Commission, The Digital Markets Act: Ensuring Fair and Open Digital Markets, 2020, https://ec.europa.eu/info/strategy/priorities-2019-2024/europe-fit-digital-age/digital-markets-act-ensuring-fair-and-open-digital-markets_en.

15. Federal Communications Commission, Open Internet Order, 2015, https://www.fcc.gov/document/fccreleases-open-internet-order.

16. Federal Communications Commission, Restoring Internet Freedom, 2018, https://www.fcc.gov/restoring-internet-freedom.

17. Foundem, Google CSS Auction: Different Name, Same Illegal Conduct, 2019, http://www.foundem.co.uk/fmedia/Foundem_Google_CSS_Auction_Revenue_Counts_As_Traffic_Nov_2019/.

18. Gabriel J. X. Dance, Michael LaForgia and Nicholas Confessore, As Facebook Raised a Privacy Wall, It Carved an Opening for Tech Giants, 2018, https://www.nytimes.com/2018/12/18/technology/facebook-privacy.html.

19. Auction Services: Anticompetitive Practices, 2016, https://www.gov.uk/cma-cases/auction-services-anti-competitive-practices.

20. International Data Corporation, The Digitization of the World-From Edge to Core, 2020, https://www.seagate.com/files/www-content/our-story/trends/files/idc-seagate-dataage-whitepaper.pdf.

21. Jacques Crémer, Yves-Alexandre de Montjoye and Heike Schweitzer,

Competition Policy for the Digital Era, Final Report, European Commission, Directorate-General for Competition, 2019, https://ec. europa. eu/competition/publications/reports/kd0419345enn.pdf.

22. Jason Furman, Diane Coyle, Amelia Fletcher and Philip Marsden, Unlocking Digital Competition: Report of the Digital Competition Expert Panel, Government of the United Kingdom, 2019, https://assets.publishing.service.gov.uk/government/uploads/system/uploads/attachment_data/file/785547/unlocking_digital_competition_furman_re view_web.pdf.

23. OECD, Data-driven Innovation for Growth and Well-being: Interim Synthesis Report, 2014, https://www. oecd. org/sti/inno/data-driven-inno vation-interim-synthesis.pdf.

24. Oxera, European Regulation of Digital Markets Puts Future Innovation at Risk, 2021, https://www. oxera. com/agenda/whats-the-data-on-equity-trading-market-data-taking-stock-of-the-debate.

25. Oxera, How Platforms Create Value for Their Users: Implications for the Digital Markets Act, Agenda, 2021, https://www. oxera.com/wp-content/uploads/2021/05/How-platforms-create-value.pdf.

26. Competition Law, Policy and Regulation in the Digital Era, 2021, https://unctad.org/system/files/official-document/ciclpd57 en.pdf.

27. United States Department of Justice, Competition and Monopoly: Single-firm Conduct Under Section 2 of the Sherman Act, 2008, https://www. justice. gov/atr/competition-and-monopoly-single-firm-conduct-under-section-2-sherman-act-chapter-9.